Wahrheitssuche und Toleranz

Jan Milič Lochman

Wahrheitssuche und Toleranz

Lebenserinnerungen eines ökumenischen Grenzgängers

Aus dem Tschechischen
von Rudolf Bohren

TVZ
Theologischer Verlag Zürich

Wir danken der Bertha Hess-Cohn Stiftung in Basel, die den Druck dieses Buchs mit einem großzügigen Publikationsbeitrag ermöglicht hat.

Titel der Originalausgabe:
«Oč mi v životě šlo. Cesty českého teologa doma i do širého světa»

Die deutsche Bibliothek – CIP-Einheitsaufnahme

Lochman, Jan Milič:
Wahrheitssuche und Toleranz : Lebenserinnerungen eines ökumenischen Grenzgängers / Jan Milič Lochman. Aus dem Tschech. übers. von Rudolf Bohren. - Zürich : TVZ, Theol. Verl., 2002
Einheitssacht.:
Oč mi v životě šlo <dt.>
ISBN 3-290-17238-4

Umschlaggestaltung:
Weiersmüller Bosshard Grüninger
AG für visuelle Kommunikation
Druck:
Orthdruk, Białystok / Polen

Inhaltsverzeichnis

Vorwort

Im November 1999 verbrachte ich nach der Operation der Achillessehne eine Woche im Basler Kantonsspital. Die Verletzung war nicht schwer, die Schmerzen erträglich; so hatte ich einmal einige Tage der ungestörten Ruhe. Solch eine unerwartete Situation begünstigt Erinnerungen und Nachdenken. Für einen ans Krankenbett Gebundenen, besonders wenn er sich bereits im achten Lebensjahrzehnt befindet, liegt die berühmte „Bilanzfrage" nahe: Worum ging es mir in meinem Leben? Sollte ich mir nicht darüber Rechenschaft geben? Von da aus ist es nicht mehr weit zum Versuch, die mannigfaltigen Erfahrungen an einzelne Lebensabschnitte in kleine „Kapitel" zu gliedern und sie schlussendlich in ein Ganzes, in „Memoiren" zusammenzufassen.

Es war im Krankenhaus nicht zum ersten Mal, dass bei mir der Gedanke an einen Rechenschaftsbericht auftauchte. Meistens kam er von außen in Form von Anfragen oder Aufforderungen. Dazu schien wohl der konkrete Verlauf meines Lebensweges anzuregen.

Ich war von Kind an recht tief im tschechischen Boden meiner Kirche und meines Volkes verwurzelt, in deren geistigem und bürgerlichem Erbe ich aufwuchs. Danach habe ich aber den größten Teil meines akademischen und ökumenischen Wirkens außerhalb meiner Heimat verbracht. Dadurch öffneten sich für mich auf beiden Tätigkeitsfeldern ungeahnte Möglichkeiten: ökumenisch etwa durch die Wahl in leitende Ausschüsse internationaler kirchlicher Organisationen; akademisch durch kürzere oder längere Lehraufenthalte auf einer Reihe von Universitäten und Hochschulen (über sechzig auf allen Kontinenten), an welche ich zu Vorlesungen eingeladen wurde. In Basel, an dessen Universität ich am längsten lehren durfte, wurde ich zum Rektor gewählt. Als Rektor trug ich Verantwortung für das Ganze der Universität und nahm am Universitätsleben im europäischen Maßstab teil. Dies alles brachte eine Fülle prägender Erlebnisse mit sich. Doch bei aller Dankbarkeit und Freude war da während zwanzig langen Jahren ein chronischer Schmerz: Die Welt stand mir offen, doch der Weg in die alte Heimat, an dem mir am meisten gelegen war, blieb aus politischen Gründen versperrt.

Als sich 1989 dieser Weg wunderbar auftat, „so war es wie im Traum". In die Begeisterung darüber mischte sich zugleich wenn nicht das Schuldgefühl, so doch das Bewusstsein, zunächst meinen Landsleuten in der Kirche und in der Gesellschaft eine Rechenschaft darüber schuldig zu sein, was mich in der Zeit der Trennung beschäftigt hat, vor allem auch, was ich auf meinem Weg „in die weite Welt" aus meinem heimatlichen Erbe gemacht habe. Wegen der Fülle konkreter Aufgaben – jetzt eben auch besonders intensiv im europäischen Osten – habe ich die Realisierung eines solchen Projektes immer wieder aufgeschoben. Erst in jenen Spitaltagen ergriff mich der Gedanke an einen solchen Rechenschaftsbericht so intensiv, dass ich während der Rekonvaleszenz zu Hause die Arbeit unverzüglich anpackte und sie im ersten Anlauf in relativ kurzer Zeit fertig stellen konnte – vielleicht auch unter dem Druck des Wissens, dass ich nicht mehr viel Zeit zur Verfügung haben würde und dass das Gedächtnis eines fast Achtzigjährigen bald nachlassen könnte.

Es gab noch einen weiteren Grund, warum mich gerade die Arbeit an diesem Buch spontan bewegte: Nach langen Jahrzehnten sind die Memoiren das erste umfangreichere Buch, das ich auf tschechisch geschrieben habe. Meine theologischen und philosophischen Fachbücher wurden auf deutsch oder englisch abgefasst – in meine Muttersprache wurden sie erst nach dem Zusammenbruch des kommunistischen Regimes von anderen übersetzt. Jetzt war es mir eine ausgesprochene Freude, über meinen Lebenslauf in der Sprache meiner Heimat schreiben zu dürfen.

Die ursprüngliche Fassung dieser Erinnerungen wurde also eindeutig für den tschechischen Kontext konzipiert und verfasst. Das gute Echo aus Tschechien hat aber nach außen gewirkt, und so ergriffen – zunächst ohne mein Mittun – einige Freunde die Initiative, auch eine deutsche Auflage zu veranlassen. Nach gewissem Zögern willigte ich ein – und möchte den Initiatoren und Realisatoren der deutschen Ausgabe herzlich danken: meinem ehemaligen Assistenten Pfarrer Andreas Hess, dem Slawisten und Übersetzer Rudolf Bohren, dem Leiter des Theologischen Verlags Zürich Dr. Niklaus Peter (des Verlags, in dem meine ersten deutsch geschriebenen Studien und Bücher erschienen sind) und den langjährigen Basler Freunden, welche die Veröffentlichung großzügig unterstützt haben.
Uns allen war klar, dass eine deutsche Version nicht einfach die tschechische tel quel übernehmen würde. So habe ich nach Beratungen einige nur lokal interessante tschechische Episoden gekürzt oder gar gestrichen, für den „Schweizer Teil" dagegen kleinere Erweiterungen vorgenommen. Doch das Wesentliche bleibt unverändert.

***

Beim Nachdenken über meine „Pilgerfahrt in Ost und West" kam mir immer wieder der Satz in den Sinn, den ich bereits als Student in Tschechien gelesen habe, und der mich seither begleitet: Hominum confusione – Dei providentia. Es handelt sich um ein altes helvetisches Wappenwort, das sich zunächst auf das Geschick der Eidgenossenschaft bezieht: „Die Schweiz wird regiert durch menschliche Verwirrungen und durch die Vorsehung Gottes". Für mich ist dieses Wort geradezu ein Schlüssel zur Geschichte der Völker, aber auch der Einzelnen. Ich wage es, dieses Wort auch über meinem Lebenslauf zu setzen, was in einigen Kapiteln dieses Buches konkretisiert werden wird: Es gab genug „menschliche Verwirrungen" um mich herum und in mir – unter dem Druck günstiger wie auch ungünstiger Umstände und wegen eigener Schwäche und Schuld. Wenn jedoch mein Lebenslauf nicht umsonst war und selbst an unübersichtlichen Wegbiegungen und Kreuzwegen dennoch das gute Ziel aufleuchtete, dann verdanke ich es nicht bloß den zufällig vorgegebenen Umständen, geschweige denn eigener Geschicklichkeit, sondern der „unsichtbaren Hand“ der Vorsehung Gottes. Soli Deo gloria.

Basel, 8. Oktober 2001 Jan Milič Lochman

Glückliche Kindheit

Kurz nach meiner Ankunft in Basel lud mich das Schweizer Fernsehen zu einem Neujahrsgespräch ein, an dem auch der Schriftsteller Adolf Muschg teilnahm. Nach der Aufnahme plauderten wir noch ein wenig. Plötzlich sagte er zu mir: „Ihnen sieht man an, dass Sie eine glückliche Kindheit hatten." Ich war freudig überrascht. Gleichzeitig regte mich diese Aussage dazu an, mir und vielleicht auch anderen Rechenschaft darüber abzulegen, worin das Glück meiner Kindheit bestand. Grundsätzlich müsste die Antwort lauten: in meiner Familie und meinem Heimatort. Deshalb möchte ich die Mitglieder meiner Familie aus Nové Město kurz vorstellen.

Die Eltern

Mein Vater Josef Lochman kam am 15. August 1878 in Černilov bei Hradec Králové (Königgrätz) zur Welt. Er stammte aus einer alten evangelischen Familie: Einer unserer Vorfahren ist schon im Jahre 1781, als Kaiser Josef II mit dem Toleranzpatent das seit dem Dreißigjährigen Krieg geltende Verbot der evangelischen Kirche in Böhmen und Mähren aufhob, als Evangelischer urkundlich erwähnt. Černilov ist eine der wenigen Ortschaften, in denen mit der Zeit zwei evangelische Gemeinden entstanden, so dass es dort bis heute ein reformiertes und ein lutherisches Gotteshaus gibt. Unsere Familie war reformiert, bevor beide Gemeinden und Glaubensrichtungen 1918 in der unierten „Evangelischen Kirche der Böhmischen Brüder" aufgingen.
Mein Vater stammte aus einer armen Familie. Der Großvater

war Kleinbauer und Maurer gewesen, im Sommer ging er jeden Tag nach Königgrätz zur Arbeit, während die Großmutter und später vor allem Tante Pavla den bescheidenen Haushalt führten. Vater war das jüngste von fünf Geschwistern. Trotzdem wurde er nach dem Tod meiner Großeltern, die beide vor meiner Geburt starben, zum eigentlichen Familienoberhaupt, da seine vier älteren Schwestern lange von ihm abhängig waren. Nach Abschluss der evangelischen Grundschule in Černilov steckte man ihn in eine kaufmännische Lehre. Dadurch gelangte er in ein deutsches Milieu, genauer gesagt nach Most (Brüx), wo er rasch Deutsch lernte. Ein Lehrling musste damals von morgens früh bis abends spät arbeiten, aber der Lohn erlaubte nur ein kärgliches Dasein. Mein Vater war wohl das letzte Familienmitglied, das noch am eigenen Leib erfahren hat, was Hunger ist. Er träumte davon, Lehrer zu werden, aber dafür fehlte das Geld. Immerhin schloss er eine höhere Handelsausbildung ab und erwarb dadurch die Qualifikation eines Buchhalters. Als solcher hatte er eine sichere Existenz und konnte langsam ans Heiraten denken. Seine Familie in Černilov wollte dabei ein Wörtchen mitreden.
Unter tatkräftiger Mithilfe seiner Schwestern fand er in der benachbarten evangelischen Gemeinde in Semonice eine um zehn Jahre jüngere Braut namens Marie Jelínková, die jüng-

Die Familie von Josef Lochman vor der Geburt von Jan Milič

ste Tochter eines Bauern. Trotz anfänglicher Bedenken der jungen Braut erwies sich die Ehe bald als eine glückliche Verbindung von Dauer.

Wohn- und Geschäftshaus der Familie Lochman in Nové Město nad Metují

Die Mitgift meiner Mutter ermöglichte es meinem Vater, von Vysočina wegzuziehen und ein Textil-Versandhaus in Nové Město nad Metují (Neustadt an der Mettau) zu übernehmen. Dort konnte er seine kaufmännischen Fähigkeiten voll entwickeln und die günstigen Umstände vor dem Ersten Weltkrieg nutzen. Die Länder der Habsburger Monarchie waren, insbesondere auf dem Balkan, ein ausgezeichneter Markt für tschechische Textilien. Eine Cousine, die acht Jahre lang Angestellte meines Vater gewesen war, schilderte uns in allen Farben, wie reichhaltig und anspruchsvoll diese Arbeit war: Tag für Tag waren Dutzende von Paketen in die entlegensten Gebiete der Monarchie zu spedieren. Das Geschäft blühte. Nach Kriegsende stellte das Auseinanderfallen der Monarchie den Versandhandel vor einige Probleme, zumal die Hauptabsatzmärkte auf dem Balkan nicht mehr zugänglich waren. Trotzdem waren mein Vater und die ganze Familie mit dem neuen tschechoslowakischen Staat und besonders mit seinem

Präsidenten T.G. Masaryk solidarisch. Niemals hörten wir den Vater über den Zerfall der Donaumonarchie klagen, sondern er sah sich nach neuen unternehmerischen Tätigkeitsfeldern um. Er fand sie in der Firma Vatela, in welcher er neben den Partnern Hudec und Turek Gesellschafter wurde. Anfänglich prosperierte die Firma „Hudec und Lochman". Als es aber wirtschaftlich bergab ging und die Partner sich nicht mehr auf eine gemeinsame Unternehmensstrategie einigen konnten, stieg mein Vater aus der Firma aus und gründete zusammen mit meiner Mutter ein kleineres Textilgeschäft in unserem Haus an der Comeniusstraße 104b. Das Geschäft sicherte der Familie während Jahrzehnten einen bescheidenen Lebensstandard und ermöglichte uns Kindern später eine gute Ausbildung.
Vaters Aktivitäten erschöpften sich jedoch nicht im rein Wirtschaftlichen. Seine bemerkenswerte Allgemeinbildung kam in seinem öffentlichen Engagement zur Geltung. Ein paar Jahre lang war er Mitglied des Gemeindeparlaments und – gegen ein symbolisches Entgelt – Direktor der Bürgerlichen Sparkasse. Sein größtes Engagement galt jedoch der Evangelischen Kirche. Zweifellos war er die Stütze der Predigtstation in Nové Město, wo er jahrelang Sonntagsschule sowie Lesegottesdienste abhielt. Am Leben der Gesamtkirche beteiligte er sich während vieler Jahre als Mitglied der Synode und als stellvertretender Vorsitzender des kirchlichen Hilfsvereins „Hieronymus". Die für seine ganze Familie typische Liebe zur Kirche erschöpfte sich nicht in den erwähnten Funktionen. Er war mit einer Reihe von Pfarrern und kirchlichen Mitarbeitern befreundet, die in unserer Familie ein Stück geistlicher Heimat fanden. Vater weckte unser Mitgefühl für sozial Schwache, denen er ein verlässlicher Helfer war. Er lehrte uns demokratisches Denken im Sinne Masaryks, manchmal aber auch asketische Sparsamkeit nach reformiertem Verständnis. Da er in alledem mit dem eigenen Beispiel voranging, fühlten wir Kinder uns nicht zurückgesetzt, auch wenn uns im Vergleich zu unseren Altersgenossen in manchen Bereichen Einschränkungen auferlegt waren. Treue zur Kirche, zu Familientraditionen, Ernsthaftigkeit und Freude an Gottes Geboten bildeten eine sichere Lebensgrundlage.

Seine letzten Lebensjahre waren überschattet von Altersschwäche. Vater ist am 8. April 1946 – also ein Jahr nach Kriegsende – sanft entschlafen.
Meine Mutter Marie Jelínková, geb. am 23. März 1888, wuchs am Oberlauf der Elbe in der stattlichen Gemeinde Semonice bei Jaroměř auf. Ihr Elternhaus stand genau an der Stelle, wo sich einst die Fluchtburg befand. Hier hatten ihre Eltern Jan und Aloisie Jelínek ein Gut mittlerer Größe. Ihr Vater war ein angesehener Mann im Dorf, einige Zeit auch Bürgermeister und Mitglied des evangelischen Kirchgemeinderates.
Meine Mutter musste in Semonice schon früh auf dem elterlichen Bauernhof mithelfen, genoss aber auch das Landleben. Mit 14 Jahren zog sie es vor, Gänse zu hüten, statt eine weiterführende Schule zu besuchen. Mich hat stets beeindruckt, welch gute Grundlage an Allgemeinbildung sie in der evangelischen Dorfschule und später in der städtischen Schule von Jaroměř erworben hat. Bis ins hohe Alter schrieb sie fehlerfrei und erweiterte ihren Horizont durch stetige Lektüre.
Als meine Eltern heirateten, war Mutter erst achtzehn. Ihr erster Sohn Čestmír kam in Počátky zur Welt. Leider starb Čestmír sehr früh. Obwohl meine Eltern reformiert waren, besuchten sie die Gottesdienste der lutherischen Gemeinde in Horní Dubenky, weil dieser Ort bedeutend näher lag als die reformierte Kirche in Hrubá Lhota. Schon damals zeigten sie, wie später in ihrem ganzen Leben, eine ökumenische Gesinnung.
Bald nach dem Tod ihres ersten Kindes zogen meine Eltern nach Nové Město nad Metují und kauften, offenbar mit Unterstützung der Familie Jelínek, das Haus, in welchem meine drei Geschwister und ich zur Welt gekommen sind. Es ist vor allem meiner Mutter zuzuschreiben, dass unsere Familie dieses Haus auch in schweren Zeiten halten konnte, als während der Herrschaft der Kommunisten der Wohnraum auf ein Minimum eingeschränkt wurde.
Uns Kindern war Mutter eine Freundin und Stütze, mit ihrer Freude verbreitete sie eine positive Energie im Elternhaus. Sie verstand es, uns mit ihrer Kochkunst aufzumuntern, selbst dann, wenn Mangel herrschte und Vater zu erhöhter Sparsam-

Věra, Jan Milič, Marie und Bohuslav Lochman bei Tante Pavla in Černilov

keit aufrief. Sie war eine gläubige Frau, die gerne erbauliche Lieder sang wie „Leg ab, was dich bedrückt" oder „Wer unterm Schutz des Höchsten steht". Die schwersten Schicksalsschläge waren für sie Vaters Tod und der frühzeitige Tod ihres Lieblingssohnes Bohuslav. Sie verwand diese schmerzlichen Verluste und hielt sich gerne bei den Familien ihrer übrigen Kinder auf. Der wichtigste Ort für sie blieb vor allem im Sommer Nové Město, wo sie oft Besuch von ihren sieben Enkeln erhielt. Sie nahm lebhaft Anteil am Gemeindeleben und litt so unter den Schikanen des Totalitarismus, auch wenn sie nicht direkt davon betroffen war. Sie freute sich an der Liberalisierung der sechziger Jahre und erlebte noch den fulminanten Beginn des „Prager Frühlings" Anfang 1968. Kurz vor ihrem 80. Geburtstag starb sie in Prag.

Die Geschwister

Am 3. April 1922 als „Nachzügler" geboren, war ich elf Jahre jünger als Bohuslav, neun Jahre jünger als Věra und sechs Jahre jünger als Marie. Dieser Altersabstand bedeutete, dass

ich während meiner Kindheit die Geschwister wie aus der Ferne wahrnahm, weil sie bald außer Haus gingen. Unvergesslich sind jedoch die Begegnungen während der Sommerferien und an Weihnachten. Im Erwachsenenalter ergab sich dann eine intensive gegenseitige Beziehung, die sich auch auf die folgende Generation übertragen hat.
Das galt vor allem für Bohuslav Lochman, den Ältesten von uns. Bohula, wie er seit jeher von uns Geschwistern und von Freunden genannt wurde, kam am 29. Mai 1911 in Nové Město zur Welt. Sprachlich zurückgeblieben, lernte er als kleiner Junge erstaunlich schnell, sämtliche Pferde von Nové Město am Klang ihrer Hufe zu unterscheiden. Vier Jahre besuchte er die Grundschule, dann wechselte er aufs Gymnasium in Náchod. Nach dem Abitur hätte er am liebsten Geschichte studiert, doch in den Krisenjahren Ende der zwanziger Anfang der dreißiger Jahre waren die Berufsaussichten für dieses Fach schlecht. Deshalb studierte Bohula Jura und legte auch das Doktorexamen ab. Oft hatte er Hemmungen, sich zu einem Examen zu melden, weil er nicht sicher war, wirklich gut vorbereitet zu sein. Bei einer Prüfung zum Staatsexamen begleitete ihn seine Schwester Věra bis zum Fakultätsgebäude. Noch auf der Brücke wollte er umkehren und eine Verschiebung der Prüfung beantragen, bis Věra damit drohte, in die Moldau zu springen, wenn er nicht sofort zur Prüfung antrete. Darauf bestand er die Prüfung mit Auszeichnung.
Der frisch promovierte Jurist hatte jedoch Mühe, eine Stelle zu bekommen, zumal er Militärdienst leistete und während der Mobilisierung als Offizier diente. Die einzige Arbeitsmöglichkeit für ihn ergab sich in Nové Město, wo er in den ersten Kriegsjahren als Hilfsnotar arbeiten konnte. Später erhielt er eine besser bezahlte Stelle im Notariat von Rakovník, wo er während des Krieges eine gute Zeit hatte, besonders in der dortigen Kirchgemeinde. Hier fand er Freunde, die bis an sein Lebensende zu ihm hielten. Nach erfolgreich bestandenem Notariatsexamen holte ihn der Präsident der Notariatskammer als Konzipienten in sein Büro nach Prag-Žižkov. Damals zeichnete sich die Machtergreifung der Kommunisten ab, was Bohula schwer zu schaffen machte. Obwohl er staatlich aner-

kannter Notar war, schoben ihn die Behörden als Nichtkommunisten von Stelle zu Stelle: nach Slaný, nach Velvary und schließlich für einige Jahre nach Příbram. Nirgendwo hatte er eine eigene Wohnung, sodass er wenn möglich fürs Wochenende zu uns nach Prag kam oder in den Ferien nach Nové Město fuhr. Diese widrigen Lebensumstände haben seiner Gesundheit arg zugesetzt. Vielleicht trug auch das Uranbergwerk in der Nähe von Příbram dazu bei, dass Bohula an Magenkrebs erkrankte. Zum großen Leid der ganzen Familie ist er dieser heimtückischen Krankheit am 15. August 1964 erlegen.

Bohula war ein gebildeter, zuverlässiger und sehr hilfsbereiter Mensch. In vielen Belangen hat er sein Licht „unter den Scheffel gestellt". Am meisten geprägt hat ihn, wie später auch seine Geschwister, seine Mitgliedschaft beim Akademischen CVJM. In dessen evangelisch geprägtem Geist und kulturell wie politisch weitem Horizont fand er eine geistige Heimat. Gerne nahm er an den CVJM-Konferenzen teil, eine in Nové Město abgehaltene organisierte er selbst. Als die Deutschen sämtliche akademischen Verbände, also auch den CVJM verboten hatten, holte er Jaroslav Šimsa und Jaroslav Valenta, zwei CVJM-Funktionäre, zu Vorträgen nach Nové Město, als beide schon Führungspositionen im Widerstand inne hatten.

In den ersten Kriegsjahren war Bohula Jugend-Vorsitzender der Nationalen Vereinigung, damals eine glaubwürdige Möglichkeit der Organisation tschechischen Lebens während der Okkupation. Bohula war einer der Gründer des legendären Sprechchores, der vielen jungen Menschen im Widerstand gegen die Nazis tschechische Literatur und Kultur vermittelte. Er leitete unvergessliche ökumenische Versammlungen im Haus des tschechoslowakisch-hussitischen Pfarrers Dlattla, in denen im Kleinen verwirklicht wurde, was im großen Maßstab verboten war, nämlich eine äußerst schöpferische ökumenische Gemeinschaft zu pflegen, die das Erbe des CVJM weiterführte.

Auch in der Familie fiel Bohula eine herausragende Rolle zu. Wie meine beiden Schwestern habe ich mich am älteren Bruder orientieren können. Unser gemeinsames Interesse für Sport

hat uns das ganze Leben lang verbunden. Ich kann mich erinnern, wie er mich als siebenjährigen Knaben einmal nach Náchod mitgenommen und getragen hat, als Olympique Marseille dort spielte. Später gingen wir in Prag mit den Pellar-Brüdern ins Fußballstadion, wenn mein Lieblingsclub Sparta oder Bohulas Lieblingsclub Slavia spielte.
Zu gegebener Zeit steckte er mir hilfreiche Bücher zu, die mich weiter brachten, im Erwachsenenalter war er mir ein vertrauenswürdiger Gesprächspartner, mit dem man auch in Zeiten der Gefahr reden konnte, z.B. als ich mich einem Verhör der Geheimpolizei unterziehen musste, das ich mit Bohulas Hilfe unkompromittiert überstand. Die Solidarität unter den Geschwistern übertrug sich auch auf unsere Ehepartner.
Für alle Nichten und Neffen war Bohula ein mustergültiger Onkel. Alle hingen an ihm, freuten sich auf jede Begegnung, auf die gemeinsamen Ferien in Nové Město. Später fand ich es bedauerlich, ihn nicht ins Ausland einladen zu dürfen. Überhaupt haben die Kommunisten Bohula die Reiselust vergällt. Meines Wissens konnte er nur ein einziges Mal ins Ausland, nämlich an die rumänische Schwarzmeerküste, reisen. Umso größere Freude entwickelte er bei touristischen Unternehmungen im Inland: Nové Město, Adlergebirge, Slowakei. Dorthin fuhr er gerne mit der evangelischen Gemeindegruppe aus Königgrätz. Seine auf diesen Reisen an den Tag gelegten Reiseführerfähigkeiten trugen ihm den Spitznamen „Rennläufer" ein. Sein Tod kam verfrüht. Aber er selber hat sein Schicksal ganz in Gottes Hand gelegt.
Meine ältere Schwester Věra kam am 11. Juli 1913 in Nové Město zur Welt. Nach der Grundschule in Nové Město und dem Gymnasium in Náchod begann sie an der Karlsuniversität in Prag Jura zu studieren, wechselte jedoch bald zur Medizin. Das Leben in der „Kolonie", d.h. in Studentenwohnheimen auf der Letná, hat sie geprägt. Dort schloss sie eine Reihe von Freundschaften, beteiligte sich in der sozialdemokratischen Linken am politischen Leben. Die totalitären Tendenzen ihrer kommunistischen Freunde waren ihr suspekt. Gleichzeitig war sie aktives Mitglied des Akademischen CVJM. Hier lernte sie den angehenden Pfarrer Jan Miřejovský, ihren zu-

künftigen Mann kennen. Geheiratet hat sie ihn noch während des Studiums.
Věra zog mit ihrem Mann nach Hvozdnice und später, als die Hochschulen bereits durch die Nazis geschlossen waren, nach Prag, wo Jan Miřejovský eine Stelle als Sekretär der Evangelischen Jugend fand.
Während des Krieges versuchte mein Schwager, im Rahmen des Akademischen CVJM Verfolgten des Naziregimes beizustehen. Einmal versteckte er einen englischen Offizier, dem der Freundeskreis zur Flucht in den Westen verhelfen wollte. Der Offizier wurde von einem Pfarrhaus ins andere weitergereicht, bis sie ihn schnappten. Offensichtlich unter Folter zwang man ihn dazu, seine Unterschlupfsorte preiszugeben. Viele Freunde haben dafür mit dem Leben bezahlt. Doch kurz vor uns ist diese Identifikationskette abgerissen und wir haben den Krieg überlebt.
Nach dem Krieg stand Věra vor der Frage, ob sie das Studium fortsetzen solle oder nicht. Bei den damals eingeführten Erleichterungen hätte sie es sicher geschafft. Doch ihre beiden kleinen Kinder waren auf mütterliche Obhut angewiesen. So blieb Věra zu Hause und sorgte für die Familie. Ihr Mann Jan übernahm als gut ausgebildeter und sprachbegabter Theologe die Stelle eines Jugendsekretärs beim Ökumenischen Rat der Kirchen in Genf, nachdem man dort auf ihn aufmerksam geworden war. Die Familie verbrachte ein unvergessliches Jahr in Genf. Věra fand dort eine Menge Freunde und die Buben waren in der neuen Umgebung bald zu Hause. Jan war nach dem Februar-Umsturz von 1948 vor dem Zugriff der totalitären Macht vorerst sicher, doch seine Tätigkeit in Genf war nur von kurzer Dauer. Er musste auf Geheiß des neuen Regimes zur Überprüfung nach Prag, angeblich für ein paar Tage, als der Vorhang fiel: die Fortsetzung seiner hoffnungsvollen ökumenischen Arbeit wurde durch ein Ausreiseverbot verhindert. Nach einer kurzen Frist reiste ihm seine Familie nach, diesmal von Genf zurück nach Prag.
Von da an war Jan Miřejovský aufgrund seiner Auslandskontakte für die politischen Behörden verdächtig. Deshalb übernahm er die Landgemeinde Třebechovice bei Königgrätz,

wo er in einer Zeit voller Drohungen und Schikanen seinem Beruf relativ unbeschwert nachgehen konnte. Die Gemeinde nahm die Pfarrfamilie herzlich auf, seine Söhne hingegen litten an der kommunistischen Schule und der damit verbundenen Diskriminierung von Pfarrerskindern.

Nach acht Jahren wurde mein Schwager an die Prager Stadtgemeinde St. Kliment berufen. So kam meine Schwester wieder in die Nähe unserer wachsenden Familie. Oft spazierten wir gemeinsam mit zwei, später mit drei Kindern im Kinderwagen von der Gerber- in die Färbergasse (Barvířská), wo meine Schwester und ihre Familie vor ihrem Umzug an die Klimentstraße 18 wohnten. Das Gemeindehaus an der Färbergasse rissen die Kommunisten später ab, um Platz für unterirdische Räume ihrer Zentrale zu gewinnen. Da das Pfarrergehalt für den Lebensunterhalt nicht reichte, leistete Věra für ein bescheidenes Entgelt Küsterdienste, später half sie im Gemeindebüro mit. Auch nach dem Tod ihres Mannes blieb sie an der Klimentstraße wohnen. Trotz mancher biographischer Brüche behielt Věra immer ihren politischen und theologischen Überblick und ihre treffende, jedoch nüchterne Urteilskraft. Obwohl sie ihre nähere Umgebung kaum verließ, war sie als regelmäßige Hörerin vornehmlich ausländischer Radiosendungen eine in jeder Hinsicht wache Zeitgenossin ohne irgendwelche ideologische Erstarrung. Damit machte sie auf die ausländischen Gäste, die sie auch in schwersten Zeiten nicht im Stich ließen, einen starken Eindruck.

Die letzten Monate ihres Lebens waren wegen einer fortschreitenden Krankheit qualvoll. Damals, aber auch früher schon, konnte sie auf die Unterstützung ihrer Schwester Marie in Königgrätz und deren Familie zählen, bei der sie gestorben ist. Kurz vor ihrem Tod habe ich sie dort noch besuchen können.

Meine jüngere Schwester Marie kam nach zweijährigem Aufenthalt in Polička nach Königgrätz, wo sie in den Jahren 1931–1935 die Wirtschaftsakademie absolvierte. Danach schickten sie die Eltern nach Trutnov, damit sie dort ihre Deutschkenntnisse auffrischen konnte. Im Gegenzug lebte ein Kind aus ihrer deutschen Gastfamilie ein Jahr lang bei uns. Diesen Helmut Russ, der den ganzen Krieg als deutscher Soldat mitmachen

musste, habe ich in den Fünfzigerjahren in Stuttgart angetroffen und mit ihm an die Freundschaft der Vorkriegszeit wieder anknüpfen können.
Mein Vater hatte ursprünglich Bad Reinerz (Dušniky; heutiger poln. Name: Duszniki-Zdrój) im Glatzer Bergland jenseits der Grenze als Stätte für Maries Austauschjahr ausersehen. Sie machten sich tatsächlich zu Fuß und mit Koffern auf den Weg über das Adlergebirge. Als sie aber auf der deutschen Seite anlangten und die ersten deutschen Gebäude erblickten, blieben sie verdutzt stehen: überall Nazi-Fahnen mit Hakenkreuz. Vater entschied energisch: „Mařenka, dort gehen wir nicht hin." Und so gingen sie mit ihren Koffern wieder zurück nach Böhmen.
Als Absolventin der Wirtschaftsakademie bewarb sich Marie um eine Stelle im Staatsdienst. Erst 1938 wurde sie im Landesamt in Prag als Buchhalterin eingestellt, wo sie während des ganzen Krieges bleiben konnte. Zunächst wohnte sie auf Anraten der älteren Schwester in der Studentenkolonie auf der Letná. Dort erlebte sie im November 1939 den brutalen Überfall der Nazis auf die „Kolonie". Die Studenten wurden in Konzentrationslager verschleppt, die Studentinnen mussten unverzüglich das Wohnheim verlassen.
In Prag lernte sie Jiří Pellar kennen, jüngstes Kind des Pfarrers von Krucemburk und damals Angestellter bei der Vacuum Oil Company. Im Oktober 1942 haben die beiden geheiratet. Das junge Paar ließ sich in Königgrätz nieder, wo Marie sich vorerst um die beiden Kinder Mařenka und Jirka kümmerte. Mit ihnen blieben wir ein Leben lang in engem Kontakt, besonders während der gemeinsamen Ferien in Nové Město, wo sich manchmal auch die Miřejovskýs aus Třebechovice zu uns gesellten. Jiří verlor aufgrund einer Säuberungsaktion des Regimes seine Anstellung und musste in den Königgrätzer Škodawerken arbeiten gehen. Wirtschaftlich war seine Familie dadurch schlechter gestellt, was die Solidarität der weiteren Verwandtschaft erforderlich machte. 1954 fand Marie dann eine Stelle in der Rechnungskanzlei der staatlichen wissenschaftlichen Bibliothek in Königgrätz.

Für unsere Familie war Marie eine große Stütze. Nachdem wir uns in der Schweiz niedergelassen hatten, schrieb sie uns aufmunternde Briefe, wenn wir z.B. wehmütig an gemeinsame Zeiten in Prag, Königgrätz und Nové Město zurückdachten oder sie brachte uns mit ihrem unverwechselbaren Humor zum Lachen. Auch im hohen Alter stand sie uns zusammen mit ihren beiden Kindern bei, als Eliškas Erkrankung auf der Familie zu lasten begann.

Lebensstil der Familie

Nicht nur aus Tradition, die wir als unser geistiges Erbe achteten, sondern aus voller Überzeugung waren wir als evangelische Familie darum bemüht, Glaubenseinsichten in die Gestaltung des gemeinschaftlichen Lebens mit einzubeziehen. Darauf weist eine meiner frühesten Erinnerungen hin: Wir halten Familienandacht. Vom mächtigen Bass des Vaters geführt, singen alle aus dem Gesangbuch. Vater ist aufgestanden, geht im Zimmer umher, und ich, der Kleinste, throne auf seinen Schultern. Später ergänzte Wortfetzen prägen sich in mein Gedächtnis ein: „Ehr' sei dem Vater und dem Sohn, dem heilgen Geist in einem Thron, der Heiligen Dreieinigkeit sei Lob und Preis in Ewigkeit." Diese Worte waren für mich ursprünglich ganz geheimnisvoll, besonders die Stelle mit dem Thron. Aber vielleicht erhielt meine spätere Betonung des Trinitätsdogmas, die Dankbarkeit für die Erkenntnis, dass Gott mehr ist als ein gläserner Begriff, dass seine lebendige Beziehung der Liebe zu seinem ureigensten Wesen gehört, eine zunächst unbewusste Anregung durch jenes frühe Kindheitserlebnis.

Nach tschechisch-protestantischem Verständnis erschöpft sich die Glaubenspraxis nicht in festgelegten Formen der Religiosität, sondern der Glaube zeitigt ganz nüchtern auch moralische Konsequenzen. Kann man diesen Lebensstil mit dem Begriff „innerweltliche Askese" bezeichnen? Der deutsche Soziologe Max Weber hat diesen Begriff einst als Inbegriff des calvinistischen Ethos geprägt. Für das Bild, das ich von meiner Familie habe, passt er nicht, und wenn ja, dann nur mit Vorbehalt. Wenn wir unter Askese eine programmatische Entsagung von irdischen Gütern verstehen, dann war die Atmosphäre in unserer Familie nicht asketisch. Vielmehr waren wir eine Gemeinschaft mit lebendigen Beziehungen zur engeren und weiteren Verwandtschaft, zu Nachbarn und Bekannten, offen für die guten Gaben der Natur und der Kultur. Von „innerweltlicher Askese" kann man allenfalls in dem Sinne sprechen, dass diese Freude an der „Polyphonie des Lebens" weder vorbehaltlos noch undifferenziert war, sondern sich an die Zehn Gebote hielt.

So bildete sich eine Werteskala, deren Gefälle vereinfacht gesagt etwa folgendermaßen aussah: Glaubensanliegen waren wichtiger als weltliche Angelegenheiten, kirchliche Fragen wichtiger als politische, ethische Werte wichtiger als ästhetische, geistige wichtiger als materielle. Damit es klar ist: bei diesen Begriffspaaren gibt es keine Ausschließlichkeit des einen Begriffs gegenüber dem anderen. Zum Beispiel hat das lebendige Interesse an kirchlichen Angelegenheiten nicht zu einer Unterdrückung des politischen Interesses geführt. Wir lasen die Bibel und die Zeitung. Aber nicht alles war auf der gleichen Ebene. Es gab eine Werteskala und man musste sich im konkreten Fall entscheiden. Es ging darum, sparsam zu leben, aber anspruchsvoll, zuerst sich selber gegenüber und dann gegenüber dem Nächsten. Deshalb wurden wir ermahnt, nicht mit jeder Modeströmung zu schwimmen,

Im Alter von drei Jahren

nicht bei jeder sich bietenden Gelegenheit dabei zu sein, sondern bei Filmen und Theaterprogrammen eine kritische Auswahl zu treffen.
Diese gewisse Distanz dem vorherrschenden Lebensstil gegenüber wurde uns Kindern vor allem am Sonntag bewusst und war alles andere als selbstverständlich. Damals hatten die Geschäfte sonntagvormittags geöffnet. Für die meisten war dies die einträglichste Verkaufszeit, weil die Kunden aus dem Hinterland von Nové Mĕsto den Kirchgang mit den notwendigen Besorgungen verbanden. Unser Geschäft blieb geschlossen. Das war sicher ein wirtschaftlicher Nachteil, aber die Eltern verloren kein Wort darüber, denn für sie war die Sonntagsheiligung vorrangig.
Da in Nové Mĕsto nur zweimal im Monat evangelische Gottesdienste stattfanden, pilgerten wir an den übrigen Sonntagen in das rund vier Kilometer entfernte Šonov. Diese Pilgerfahrt hin und zurück entsprach weiß Gott nicht immer meinen Vorstellungen. Wir verpassten so viele interessante Dinge, die sich gleichzeitig in der Stadt abspielten! Andererseits boten diese sonntäglichen Reisen nicht nur in der Gemeinschaft mit der Gemeinde unvergessliche Erlebnisse, sondern auch im Familienverband.
Kirchlich gesehen wuchs ich in einer Diasporasituation auf. In Nové Mĕsto lebten nur einige wenige evangelische Familien. Eine solche Minderheitssituation hat ihre Vorteile. Schon als Kind wird sich der Mensch der eigenen Identität als Angehöriger einer Minderheitskirche bewusst, bildet er eine spontane Loyalität zu der kleinen Gemeinschaft, der er angehört. Er erliegt weniger leicht der Versuchung, schon beim ersten Versagen, bei Fehlleistungen oder bei äußerem Druck die Bindung zu seiner Kirche aufzulösen.
Die Minderheitssituation birgt aber auch eine gewisse Gefahr in sich, z.B. diejenige einer Ghettomentalität, die Versuchung, sich von der „bösen" Welt zurückzuziehen und sich hinter den Kirchenmauern in kleingläubiger oder „rechtgläubiger" Isolation zurückzuziehen. Dann gerät die Minderheitssituation zum Minderheitskomplex. Oder umgekehrt: Ein Kind leidet

an der Minderheitssituation, empfindet seine Andersartigkeit als belastende Abnormalität, weshalb es sich dem herrschenden Lebensstil anzupassen und sein Christ-Sein zu dämpfen, zu vertuschen versucht.
Allerdings gab es Gegenmittel gegen negative Auswirkungen der Minderheitssituation.
Unsere Familie pflegte wie viele andere evangelische Familien ein starkes historisches Bewusstsein. Bei einer Kirche mit einer national und ökumenisch einst wichtigen Funktion ist das nachvollziehbar. In unserem Falle geht es um mehr als um eine nostalgische Flucht in die Vergangenheit. Unser historisches Erbe liefert bemerkenswert aktuelle Modelle christlicher Sendung in Minderheitssituationen, die während Jahrhunderten durchdacht, erlitten, bezeugt wurden. Ich denke vor allem an die Brüder-Unität, aber auch an unsere Toleranzgemeinden. Die Unität war zwar eine „kleine Herde" entschiedener Christen, die ihren Weg in gehorsamer Anlehnung an „Christi Gesetz" ging, aber eben auch solidarische Anteilnahme an der Verbesserung menschlicher Zustände entwickelte. So konnte sie sowohl falsche Anpassung wie auch ausschließliche Selbstbezogenheit vermeiden. Von diesem lebendigen Erbe konnte man auch in unserer Minderheitssituation zehren.
In eine ähnliche Richtung zielte das persönliche Beispiel meiner Eltern und Geschwister, wie es aus dem bisher Gesagten klar wird: Ihr Herz gehörte der Familie und der Kirche. Gleichzeitig interessierten wir uns, gestärkt durch unsere Pfarrer, brennend für öffentliche Angelegenheiten. Die Pfarramtstätigkeit meines späteren Lehrers J.L. Hromádka in Šonov war vor meiner Zeit. Aber die Erinnerung an einen faszinierenden Prediger und Seelsorger war in meiner Familie lebendig. Auch die, die nach ihm kamen, haben auf ihre Art diese Verbindung persönlicher Frömmigkeit und lebendiger Anteilnahme am Schicksal von Volk und Gesellschaft aufrechterhalten. In meiner Jugendzeit waren das Emil Pokorný, der wegen seines Einsatzes für Juden in einem nazistischen Konzentrationslager starb, Hynek Z. Široký und in den mich prägenden Jahren Bohumír Popelář, Biblizist und Kenner der alten Sprachen und

Literatur, gleichzeitig ein treuer Seelsorger, mit dem ich auch in der Ferne bis an sein Lebensende verbunden war. Seine lateinisch, griechisch und hebräisch geschriebenen Briefe haben mich auch in Basel erfreut.

Mein Nové Město

Nicht nur zum Anschauen schön

Neben meiner Familie hat mich in meiner Kindheit und Jugendzeit meine Heimatstadt Nové Město nad Metují (Neustadt an der Mettau) geprägt. Ich habe es immer als besonderes Geschenk angesehen, dass ich in dieser Stadt geboren wurde und dass ich, was noch wichtiger ist, hier praktisch ohne Unterbruch bis zur Aufnahme meines Studiums leben durfte. So ist mir meine Geburtsstadt auch nach meinem Wegzug die Basis geblieben, zu der ich, später mit eigener Familie, wenigstens während der Ferien immer wieder zurückkehren konnte.
Die Schönheit meiner Heimatstadt Nové Město hat mich während meiner Jugend bezaubert und sie tut dies bis heute. Am Fuße des Adlergebirges gelegen, wird ihre bezaubernde Silouette vom Sendraž, dem Hausberg, geprägt. Scherzhaft konnte ich in der Schweiz meiner Familie sagen: „Seht das Matterhorn. Es ist schön, aber an den Sendraž kommt es nicht heran." Ich glaube es ist kein patriotisches Vorurteil, wenn ich Nové Město als eine der schönsten tschechischen Städte bezeichne. Ihre Lage „auf einem von der Mettau umflossenen Felsenvorsprung", wie wir in Klassenarbeiten zu schreiben pflegten, verleiht der 1501 durch Jan Černčický von Kácov gegründeten Stadt ein besonderes Gepräge. Ihr Kern um den Marktplatz ist architektonisch einheitlich. Dort stehen das Schloss, die Dekanatskirche und ein Geviert von hübsch renovierten Spätrenaissance-Häusern.
Vielleicht hat die augenfällige Schönheit der Stadt bewirkt, dass sie weder von den Nazis noch von den Kommunisten

Nové Město

verschandelt wurde. Auch in schweren Zeiten haben die Bürger und die Regierenden zu ihrer Stadt Sorge getragen und nicht nur den historischen Kern, sondern auch die Vorstädte instand gehalten, indem sie in den Ausfallstraßen Alleen pflanzten und Rosenbeete anlegten.

Nové Město ist eine Kleinstadt geblieben. In meiner Jugendzeit betrug die Einwohnerzahl 4000. Wir kannten die meisten Familien, ihre Zusammensetzung und ihr Schicksal – auch dasjenige unserer jüdischen Mitbürgerinnen und Mitbürger während der Schreckensherrschaft der Nazis. In der Schulbubenzeit bildeten sich, je nach Wohngegend, miteinander rivalisierende Cliquen. Es ging mehr um eine sportliche Rivalität, die nie in Rauflust ausartete, sondern ein Stück Identifizierung mit der unmittelbaren, direkten Umgebung war. Die übergeordnete Identifizierung als „Neustädter" blieb dabei stets unangetastet – wir waren alle in Nové Město zu Hause.

Für mich gewann meine Neustädter Identität eine historische Dimension, als ich während des Studiums herausfand, dass Nové Město von Jan Černčický mit dem erklärten Ziel gegründet worden war, den Böhmischen Brüdern Schutz zu ge-

währen. Diese wurden auch in der Zeit verfolgt, als das Land von einer „doppelten" Nation bewohnt wurde, nämlich Katholiken und Utraquisten, der gemäßigten Richtung der hussitischen Bewegung. In der Oberen Vorstadt wurde ein einfaches Gemeindehaus errichtet, das den Brüdern als Versammlungsort diente. Die entsprechende Straße heißt bis heute „Straße der Böhmischen Brüder".
Mit diesem Namen ist eine Episode aus der „Zeit der Totalität" verbunden. Der von den Kommunisten beherrschte Stadtrat hatte entschieden, den Namen dieser Straße zu ändern, da ihm die kirchenhistorische Reminiszenz nicht passte. Die tonangebenden Aktivisten hatten schon einen Ersatznamen nach irgendeinem Kommunisten parat. Ein mir bekannter, ebenfalls aus Nové Město stammender evangelischer Hochschullehrer forderte mich dazu auf, mit ihm zusammen einen Protestbrief an den Volksausschuss zu schreiben und darin auf die kulturelle Bedeutung der Unität nicht nur für Nové Město, sondern für das ganze tschechische Geistesleben hinzuweisen. Ich bezweifelte, damit beim ideologisch verhärteten Volksausschuss etwas ausrichten zu können, doch offensichtlich wirkte der Brief. Der Name „Straße der Böhmischen Brüder" wurde jedenfalls beibehalten.
Die Treue zur tschechischen Reformation hat die Stadt selbst nach der Wende im 17. Jahrhundert in der tschechischen Geschichte geprägt. Die Neustädter Evangelischen haben sich nach der verheerenden Niederlage der protestantischen Stände 1620 in der Schlacht am Weißen Berg länger und hartnäkkiger als in den umliegenden Städten gewehrt. Schließlich setzte sich die von den Habsburgern entfesselte Gegenreformation auch hier durch. Dennoch war ich immer der Überzeugung, dass der auf den Stadtgründer zurückgehende Gedanke der religiösen Toleranz ein Identität stiftendes Erbstück der Neustädter Geschichte ist. Erfreulicherweise gedeiht die Ökumene evangelischer, hussitischer und katholischer Christen in der heute weitgehend säkularisierten Situation immer besser. Schon während meiner Kindheit, als noch niemand von Ökumene sprach, war das Zusammenleben in der Stadt von Toleranz geprägt. Unsere Familie war als entschieden evangelisch

bekannt. Doch ich habe nie gespürt, dass sich eifrige Katholiken von uns abgewendet hätten. Im Gegenteil, man respektierte sich gegenseitig und hatte gutnachbarschaftliche Beziehungen zur überwiegend katholischen Nachbarschaft. Ich erinnere mich an Sommerabende, an denen sich nach getaner Arbeit ganze Familien vor dem Haus zu einem Schwatz einfanden.

Grundschule

Im Herbst 1928 wurde ich eingeschult. Die Schule befand sich nur etwa 100 Meter vom Elternhaus entfernt. Im ersten Jahr unterrichtete uns Fräulein Terezie Aplová, danach Herr Slezák. Meine Erinnerungen an die Schule sind durchwegs positiv. Es gab weder Drill noch irgendwelche oberflächliche Laxheit. Unser Lehrer bereicherte den Unterricht mit szenischen Darstellungen, bei welchen wir Schüler die Schauspieler waren. Ich erinnere mich an ein Stück über den jungen T.G. Masaryk, der seine Schmiede verließ, um ans Gymnasium zu gehen. Natürlich spielte ich den jungen Tomáš und so war es auch bei anderen Gelegenheiten. Während meiner Grundschulzeit in den Jahren 1928–1933 herrschte in unserer Schule der Geist

Die erste Klasse mit Terezie Aplová und Rektor Jan Vobornik

der Ersten, von T.G. Masaryk gegründeten Tschechoslowakischen Republik, der auf beglückende Weise mit dem harmonierte, wie ich mein familiäres Umfeld erlebte.
Wenn ich nach so vielen Jahren die Photographien aus der ersten bzw. dritten Klasse zur Hand nehme, stelle ich mit Wehmut fest, dass die Hälfte von uns nicht mehr am Leben ist. Andererseits freue ich mich darüber, dass ich die Namen der meisten meiner Mitschüler noch weiß. Mit der gleichen Freude bin ich einzelnen Klassenkameraden wieder begegnet. Überhaupt macht es mir Eindruck, wie ich in Nové Město nach jahrzehntelanger Abwesenheit empfangen wurde.
Einen meiner ehemaligen Mitschüler, Rudolf Mach, möchte ich namentlich und ausführlicher darstellen. Ich sehe ihn hübsch angezogen vor mir auf einer Photographie aus der ersten Klasse. Er war der einzige Sohn eines wohlhabenden Textilfabrikanten. Seine Mutter war jüdischer Herkunft, sein Vater ein bigotter Katholik. Beide verhätschelten ihren Sohn – zu dessen Leidwesen, wie er mir später einmal anvertraute. Als Reaktion auf die Geschäftigkeit seiner Eltern schlug er ganz andere Wege ein. Mit ungebremstem Elan stürzte er sich in die Welt der Literatur und Philosophie, später studierte er hebräische und arabische Philologie. Zuerst als Autodidakt, weil ihm der Zugang zum Gymnasium „aus rassischen Gründen" verwehrt war. Das Abitur hat er nach dem Krieg spielend nachgeholt und an der Prager Universität studiert, später dann in Basel. Dort dissertierte er bei R. Tschudi und W. Baumgartner über den „Gerechten" im Alten Testament. Von Basel ging er nach dem kommunistischen Putsch an die Universität Princeton, wo er orientalische Sprachen unterrichtete und im Hauptamt Leiter der renommierten Orientalistik-Abteilung der Universitätsbibliothek wurde. Er war von Kind an ein Büchernarr. Als Schüler besorgte er sich sämtliche Werke von Karl May, die er unter seinen Kameraden zirkulieren ließ, bis sie ganz zerlesen zu ihm zurückkamen. Ich selber war immer als erster an der Reihe und habe wohl den ganzen Karl May gelesen. Im Unterschied zu seinen Mitschülern interessierte sich Ruda für die Bücher über den Orient mit den Helden „Kara ben Nemsi" und „Hadschi Halef Omar".

Die Indianergeschichten, von denen alle anderen fasziniert waren, zogen ihn weniger an.
Die Besatzungszeit hat Ruda in Prag in einem Versteck überstanden. Nach dem Krieg hatten wir intensiven Kontakt. Wir haben immer gestritten. Besonders in religiösen Fragen beharrten wir auf unseren gegensätzlichen Standpunkten. Aber wir konnten nie voneinander lassen, diese intellektuelle Auseinandersetzung hat uns verbunden.
Er war immer überaus großzügig zu mir. Als ich ein Stipendium für Basel bekam, verschaffte er mir Unterkunft bei einer Basler Familie. Bei keiner meiner USA-Reisen konnte ich Rudas Wohn- und Wirkungsort Princeton auslassen. Sobald ich mit Ruda zusammen war, entbrannten leidenschaftliche Debatten und gleichzeitig die tiefe Solidarität von Menschen, die sich trotz diametral entgegengesetzter Ansichten rückhaltlos nah sind. Der Grund war weder unsere gemeinsame Herkunft noch unsere gemeinsame Grundschulzeit, auch nicht Rudas Liebe zu Basel, wo wir uns ebenfalls mehrere Male trafen, sondern das intellektuelle Bedürfnis und die existentielle Wahl einer wahren Freundschaft. Sein Tod, den er durch seinen Lebensstil und die Missachtung ärztlicher Ratschläge heraufbeschworen hatte, war für mich ein großer Verlust.

Oasen des Sinns

Die Erinnerung an den Freund weckt Reminiszenzen an das kulturelle Leben von Nové Město. Es gab eine recht anspruchsvolle Laienbühne. Einmal habe ich mitgespielt und wir gewannen mit einem Stück von Gabriela Preiss eine Auszeichnung des Bezirks. Aufgrund dieses Erfolgs und weiterer dramatischer Anstrengungen spielte ich kurze Zeit mit dem Gedanken, mich um einen Studienplatz an der Schauspielschule zu bemühen. Diese Idee ließ ich Gott sei Dank bald wieder fallen; dennoch ist mir das Gespür für eine korrekte Aussprache, eine gewisse Sprachkultur und Rhetorik geblieben. Ausgerechnet in den schweren Jahren des Krieges entwickelte sich das kulturelle Leben von Nové Město auch auf anderen Gebieten, die mich noch mehr anzogen.

In den achtziger Jahren wollte die Schriftstellerin Lenka Procházková in einer Umfrage unter tschechischen Intellektuellen herausfinden, was sie getan und geglaubt hätten, als sie zwanzig waren. Die Antworten, die beispielsweise Václav Havel oder Josef Škvorecký formulierten, wurden in der Münchener Zeitschrift „Obrys" veröffentlicht und 1986 vom Münchener Exilverlag „Poezie mimo domov" in einem Sammelband herausgegeben. Für diese Umfrage habe ich dargelegt, warum das kulturelle Leben in Nové Město für mich damals so wichtig war:

„Das Frühjahr 1942 war für junge Menschen in Böhmen und Mähren eine besonders düstere Zeit. Ein paar Monate zuvor hatten wir mehr schlecht als recht das Gymnasium in Náchod abgeschlossen. Die Fotos auf dem Maturitätstableau umrankten wir mit den Noten des Liedes 'Warum sollten wir nicht fröhlich sein'. Doch außer dem Lichtblick, dass 'Gott uns Gesundheit gibt', wie es in jenem Lied heißt, gab es keinen direkten Anlass zu Hoffnung. Auf dem Schlachtfeld eilte Hitler von Sieg zu Sieg, zu Hause zog Heydrich die Schraube des Protektoratsregimes an. Die Universitäten blieben wohl für immer geschlossen, uns drohte Zwangsarbeit in Deutschland. Doch Glaube und Hoffnung hatten wir nicht verloren, ebenso wenig die Unternehmungslust. In der scheinbaren Wüste ohne Ausweg, in der wir uns befanden, gab es Oasen des Sinns.

An zwei von ihnen erinnere ich mich besonders gern: Erstens hatten wir das Glück, dass ein gewisser Jan Juránek 1938 aus dem von Hitler annektierten tschechisch-deutschen Grenzgebiet nach Nové Město vertrieben wurde. Bei ihm handelte es sich um einen jungen Lehrer im Geiste der tschechischen Wiedergeburt des 18. und 19. Jahrhunderts, einen Liebhaber tschechischer Poesie und erfahrenen Rezitator. Mit ein paar jungen Enthusiasten gründete er in Nové Město einen Sprechchor, damals für uns etwas Neuartiges. Er studierte mit uns ein ansehnliches und anspruchsvolles Repertoire ein, an dem er Wochen und Monate herumfeilte: Dazu gehörten Jan Neruda, 'Die Erde spricht' von Viktor Dyk, die 'Ballade von den Heizeraugen' von Jiří Wolker, 'Unsere Frau Božena Němcová' von František Halas, aber auch Jan Amos Komenský mit der

Prophetie aus seinem bewegenden 'Vermächtnis der sterbenden Mutter, der Brüderunität' von 1650, das mit den Worten endet: 'Stirb nicht, gottgeweihtes Volk, und bleib am Leben!'. Dieses Programm führten wir manchmal für die Menschen aus Nové Město und Umgebung öffentlich auf, bis es uns endgültig verboten wurde. Was das für unsere Leute inmitten des Krieges bedeutete, kann man sich denken. Für uns junge Rezitatoren jedenfalls war es eine Quelle, aus der wir schöpfen konnten. Auch diejenigen, denen die Dichtkunst nicht allzu sehr am Herzen lag, haben von dieser geistigen Nahrung noch Jahrzehnte lang zehren können.

Die zweite Oase des Sinns befand sich im tschechoslowakischen bzw., wie es damals hieß, 'tschechisch-mährischen', später 'hussitischen' Pfarrhaus. Der dortige Pfarrer Dlattla war mit erheblichem Risiko dafür besorgt, dass nicht nur die Mitglieder seiner Gemeinde, sondern auch wir Evangelischen, ab und zu Katholiken oder gar Kommunisten, hier ihre wöchentlichen Versammlungen abhalten konnten.

An diesen Versammlungen versuchten wir die biblischen, philosophischen, ethischen und politischen Tiefen unserer geistigen Traditionen im Sinne des damals schon verbotenen Akademischen CVJM zu erschließen, dessen Erbe uns mein Bruder Bohuslav vermittelte. Bei einigen von uns wurden damals bereits die Weichen für das zukünftige Lebenswerk gestellt. Und wohl für alle hat sich damals die Erkenntnis herauskristallisiert, dass der Glaube, der Versuch, 'unter dem Blickwinkel der Ewigkeit zu leben', kein illusorisches Fortschweben aus der harten Lebensrealität ist, sondern eine Quelle der Hoffnung, die allem widersteht, und somit eine Quelle der Freiheit. Gerade in Zeiten ideologischen Drucks und Herrschaftswillkür sollte sich dieser Ansatz bei manch einem von uns als glaubwürdig erweisen.“

Leidenschaft für den Sport

Von Kindesbeinen an war ich ein leidenschaftlicher Sportler. Diese Leidenschaft hatte auch ihre passive Seite. Sportliche Anlässe faszinierten mich, obwohl ich meist nur indirekter

Zeuge war, nämlich am Radio oder im Sportteil der Zeitungen. Ab und zu konnte ich das Heimspiel eines Fußballclubs besuchen, einen Tennismatch mitverfolgen oder ausnahmsweise einer Leichtathletikveranstaltung beiwohnen. Schon in der Grundschule erlebte ich die Erfolge unserer Fußballnationalmannschaft an der Weltmeisterschaft bzw. an den Olympischen Spielen mit. Die Übertragungen von Meisterschaftsspielen fesselten mich. Die Nation war in Sparta- und in Slavia-Anhänger gespalten. Ich war von Anfang an Sparta-Fan, obwohl mein Bruder, dessen Beispiel mir viel galt, Slavia unterstützte. Am meisten brachten mich die Reportagen von Josef Laufer aus dem Häuschen. Einmal geriet die Tribüne eines der Prager Clubs in Brand. Josef Laufer appellierte an seine Hörer zu helfen, jede Krone zähle. Als Schulbub nahm ich seinen Appell wörtlich, wickelte eine Ein-Kronen-Münze in ein Stück Papier und schickte sie an den betreffenden Club.
Es blieb aber nie bei „passiver" sportlicher Betätigung. Schon im Vorschulalter jagte ich auf dem Sportfeld des örtlichen Sokol-Turnvereins mit anderen Knaben dem Ball nach. Dem Fußball blieb ich lange treu, ich wurde Kapitän bei den Benjaminen, d.h. den kleinsten Schülern, und vertrat später die Farben von Nové Město im selben Dress. Eine gewisse Wendigkeit am Ball blieb mir über Jahre hinweg erhalten. Als Teenager spielte ich für die Region Königgrätz, woraus die Legende entstand, ich hätte während der Protektoratszeit für die tschechischen „Löwen" gespielt. Meine Liebe zum Fußball ist während des Studiums, während meiner Professur in Prag und in Basel nicht erloschen.
Als Theologen der Comenius-Fakultät haben wir in Prag an den Hochschulmeisterschaften teilgenommen. Während der kommunistischen Totalität hatte das einen tieferen Sinn: Die theologischen Fakultäten waren damals nicht Bestandteil der Universität, offiziell galten wir als „unwissenschaftliche" Studenten, aber auf sportlichem Gebiet galten andere Regeln. Deshalb beteiligten wir uns gerne an Fußball- und Volleyballturnieren. Wir waren keine Stars, spielten aber durchaus passabel. Als junger Dozent kämpfte ich zusammen mit den Studenten für die Ehre der Fakultät. Eine Szene verfolgt mich

noch nach Jahren wie im Traum. Wir spielen gegen einen bedeutend stärkeren Gegner aus einer technischen Fakultät, lassen uns aber nicht unterkriegen. Wir greifen am linken Flügel an, unser Aufbauspieler, Mirek Strádal, dribbelt sich durch, schlägt einen Pass zur Strafraumgrenze, direkt vor meine Füße, ich schieße, und wir führen 1:0! Der von uns bezwungene Torwart spielte damals in der Liga. Am Ende verloren wir 1:2, aber die Genugtuung ist geblieben, von der Gegenmannschaft nach dem Spiel geachtet und bewundert worden zu sein, weil wir „obskuren" Gestalten uns auf dem Spielfeld wacker geschlagen hatten.

In Basel wurde, aus welchen Gründen auch immer, ruchbar, dass ich ein aktiver und passiver Fußballfan bin. So forderte mein Kollege Marc Sieber mich auf, in einer Auswahlmannschaft gegen Mitglieder des Basler Kantonsparlaments anzutreten. Das Spiel fand auf einem gepflegten Rasenplatz des Industriegiganten Sandoz statt – in Prag hatte ich stets auf Hartplätzen gespielt.

Mein ausgesprochenes Interesse für Sport hatte auch in Basel praktische Folgen. Wenn ein Theologieprofessor sich für Sport interessiert, werden sich auch die Sportler für ihn interessieren. So wurde ich eingeladen, in Kandersteg an einem Kurs für Präsidenten Nordwestschweizer Fußballclubs einen Vortrag über das Thema „Sport und der Sinn des Lebens" zu halten. Das Thema ging mich etwas an, aber vor versammelten Fußballfunktionären darüber referieren, und erst noch an einem Sonntagvormittag, wenn sie die Nacht davor gefeiert hätten? Das konzentriert zuhörende Publikum zerstreute meine Bedenken. Der Text des Referats wurde in der Sandoz-Zeitung abgedruckt. Die Zeitungen schrieben vom „Geist von Kandersteg", der unseren Clubs gut anstehen würde, wenn sie ihn pflegen würden. Noch Jahre später sprachen mich unvermutet Personen an, die sich an jenen Vortrag erinnerten.

Es gab auch andere Sportarten, die ich gerne betrieb. In unserer kleinen Stadt hatten wir nicht die nötige Ausrüstung, in vielem mussten wir uns nach der Decke strecken, taten es aber mit umso größerer Begeisterung. Zum Beispiel in der Leichtathletik, wo wir mit eigenen Kräften einen Zehnkampf organisierten. Den Stabhochsprung ersetzten wir mangels Gerät durch Dreisprung. Ich hatte eine Vorliebe für Kurzstrecken und Weitsprung. Im 100-Meter-Lauf wurde ich kurz vor der Auflösung der Sokol-Turnvereinigung Meister des ostböhmischen Jirásek-Gaus. In beiden Disziplinen vertrat ich in der Oberstufe das Gymnasium in Náchod bei Wettkämpfen mit anderen Mittelschulen.

Vor einem Leichtathletikmeeting von Gymnasiasten am 18. Oktober 1940 in Jaroměř

Eine besondere Vorliebe entwickelte ich mit der Zeit für Tennis. Lange Zeit hatten wir keinen Tennisplatz. Wir spielten deshalb mit hölzernen Schlägern auf dem Hof. Sobald wir konnten, gründeten wir einen Tennisclub, in dem ich am liebsten von morgens bis abends gespielt hätte. Auf dem Tennisplatz in den Jirásek-Gärten entstanden mit Jüngeren und Älteren Freundschaften, die ein Leben lang Bestand hatten. Auch im Tennis durfte ich meine Heimatstadt auf Bezirksturnieren oder auf dem gesamttschechischen Juniorenturnier in Pardubice vertreten. Wir haben nur wenige Trophäen mit nach Hause gebracht, ansonsten aber der Stadt keine Schande bereitet. Niemals werde ich den Tag des deutschen Überfalls auf die Sowjetunion vergessen; unsere kleine Tennismannschaft war damals gerade per Rad nach Josefov unterwegs. Die ver-

änderte Kriegslage ließ uns auf eine Niederlage der Angreifer hoffen.
Erst in Basel musste ich nach dem zweiten Herzinfarkt zu meinem großen Leidwesen das Tennisspielen aufgeben. Dafür blieben andere Disziplinen, z.B. Wintersportarten. Mit meinen Prager Studenten bin ich oft im Ferienheim „sola fide“ unserer Kirche in Janské Lázně (Johannisbad) gewesen, in der Schweiz fuhr ich sowohl als Student wie auch als Professor Ski.
In jedem Falle hatten meine in Nové Město entwickelten kulturellen und sportlichen Aktivitäten einen erheblichen Einfluss auf meinen Werdegang. Ich sammelte Erfahrungen, ohne die ich mir mein späteres Leben nicht hätte vorstellen können, und diese Erfahrungen waren durchwegs positiv. Ich erfuhr die Freude an zielgerichteter körperlicher Anstrengung und Freude am Spiel, Freundschaft und gegenseitige Solidarität mit Menschen, denen ich sonst nicht begegnet wäre. Theologisch gesehen war der Sport für mich ein Mittel gegen die Versuchung, ein christliches Leben nur im Kreise von Gleichgesinnten zu führen.
Dieses Netz freundschaftlicher Beziehungen mit Menschen verschiedenster Interessen hat meinen Wegzug aus meiner Geburtsstadt unbeschadet überstanden, und ich kann nur noch einmal wiederholen, dass es ein Geschenk ist, in Nové Město geboren und aufgewachsen zu sein.

Gymnasium und Beginn der Studienzeit

Nach Náchod

Nové Město hatte in meiner Jugendzeit keine Mittelschule; die meisten Schüler wechselten nach der fünfjährigen Grundschule in die Hauptschule, die sie mit 14 abschlossen. Sowohl meine Eltern als auch mein Lehrer sahen mich in der Hauptschule unterfordert, sodass ich in Náchod die Aufnahmeprüfung für das Gymnasium ablegte.

Acht Jahre lang pendelte ich in einer bunt zusammengewürfelten Schülerschar nach Náchod. Dort hatten wir einen recht angenehmen Stundenplan, denn um drei Uhr nachmittags konnte ich schon zu Hause auf dem Spielfeld sein. Die halbstündige Zugfahrt verkürzten wir uns mit allerlei Zeitvertreib. In den ersten Jahren zeichneten wir auf die damals üblichen Holzbänke Tore und spielten mit Münzen Fußball. Dazu mussten wir eine ganze Bank besetzen – meist im letzten Wagen, damit wir rechtzeitig auf das Herannahen des Schaffners reagieren konnten. Manchmal spielte ich auch Schach, das taten andere jedoch eifriger und besser, meine Vorliebe galt dem „Bankfußball".

In den Kriegsjahren war das Reisen mit der Bahn umständlich, die Züge hatten oft Verspätung, was uns nicht sonderlich störte, weil sich dadurch die erste Schulstunde verkürzte. Diesem gelegentlichen Zu-spät-Kommen haben wir Neustädter Gymnasiasten ein wenig nachgeholfen, indem wir vom Bahnhof zur Schule extra langsam gingen bzw. einige Umwege einlegten, um die erste Stunde nach Möglichkeit ganz zu verpassen. Meist klappte es, denn die Gruppe aus Nové Město war eine eingeschworene Gemeinschaft. Am Nachmittag hingegen konnten die Züge nicht pünktlich genug sein, sonst mussten wir bei unserer kostbaren Freizeit Einbußen machen.

Mitschüler und Lehrer

Die acht Jahre Gymnasium vor und während des Krieges waren eine bewegte Zeit, in der wir unsere Lebensorientierung suchten, fanden und auch wieder verloren. Jedenfalls nahm der Lebensweg allmählich konkrete Gestalt an. An meine Nachoder Jahre 1933 bis 1941 denke ich nicht nur aus Gründen der Nostalgie zurück.
Ich erinnere mich an unsere Klassengemeinschaft und an die Schicksale einzelner Mitschüler. Einer von uns wurde in eine deutsche Uniform gesteckt und ist als Soldat gefallen, ein anderer musste unsere Klasse aufgrund barbarischer Rassenvorschriften verlassen.
Trotz aller Unterschiede bezüglich Schicksal oder Weltanschauung waren und blieben wir eine solidarische Gemeinschaft, aber nicht alle waren sich gleich nah. Drei Mitschüler und ich interessierten sich speziell für Literatur und Theater. Dazu gehörten Theaterproduktionen und -aufführungen oder Bühnenrezitationen auf „Brettern, die (für uns) die Welt bedeuteten". Wir schrieben groteske Szenen über das Schulleben und hatten mit geringem Aufwand großen Erfolg. Für den eigenen Gebrauch gaben wir eine „literarische Zeitschrift" mit Gedichten, Erzählungen und theoretischen Abhandlungen heraus.
Dass ich in den langen Jahren des Exils regelmäßig Briefe mit Klassennachrichten erhielt, ist dem Einsatz von Oldřich Schejbal zu verdanken, der kein Risiko scheute, die omnipräsente Zensur zu umgehen.
Das Nachoder Gymnasium war eine gute Schule. Alle unsere drei Kinder haben renommierte Schulen in New York und in Basel besucht. Aus zahllosen Gesprächen am Familientisch und aufgrund meiner Erfahrung mit ehemaligen Gymnasiasten an der Universität ziehe ich den Schluss, dass ich in Náchod eine gleichwertige oder eher noch bessere Ausbildung

Die Nachoder Septima im Jahre 1940 mit ihrem Klassenlehrer Prof. Rautenkranc

genossen habe als meine Kinder im Ausland. Überraschenderweise gilt das auch für die Fächer Französisch und Deutsch. Professor Nesládek, der uns in Französisch unterrichtete, hat durch seine souveräne und vornehme Erscheinung den „Geist des süßen Frankreich" nicht nur verkörpert, sondern auch überzeugend zu vermitteln vermocht. Dem Unterricht des Professors konnten wir nur vier Jahre folgen. Doch in diesen vier Jahren wurden solide Grundlagen fürs Leben gelegt.
Frau Dr. Althammer, die später einen Herrn Švorčík heiratete, kam frisch von der Prager deutschen Universität. Sie kam uns als „leichte Beute" vor, schon allein wegen ihrer anfänglich bescheidenen Tschechischkenntnisse. Als später die Tschechoslowakei zerschlagen wurde, hätte sie uns gefährlich werden können. Sie präsentierte uns nicht nur deutsche Klassiker, sondern musste uns auch stupide Nazitexte diktieren, wogegen wir begreiflicherweise Widerstand leisteten. Soviel ich weiß, ist sie uns als Deutsche nie zu nahe getreten, sondern war – so gut es ging – mit uns solidarisch, besonders nachdem sie in eine tschechische Familie geheiratet hatte. Zu meiner Freude habe ich sie nach Jahren an einem Vortrag in Mladá Boleslav wieder gesehen.
Dankbar erinnere ich mich an Pfarrer Jan Dus. Er erteilte dem

kleinen Häuflein evangelischer Gymnasiasten wenige Jahre Religionsunterricht. Das war keine leichte Aufgabe. Doch er vermochte seine Stunden anregend und glaubwürdig zu gestalten. Als sich die Wolken über der Tschechoslowakei zusammenzogen, wies er immer eindringlicher auf das christliche Erbe von Masaryk hin, insbesondere darauf, dass der Gründer des tschechoslowakischen Staates die menschlichen, politischen, literarischen und wissenschaftlichen Angelegenheiten nicht nur aus der Froschperspektive, sondern unter dem Blickwinkel der Ewigkeit „sub specie aeternitatis" sah.

Officina humanitatis

Unsere Schule war ein Realgymnasium, an dem sich mathematisch-naturwissenschaftliche und philologisch-geisteswissenschaftliche Fächer in etwa die Waage hielten. Nicht allen kam diese Fächerkombination entgegen. Ich selber hätte ein humanistisches Gymnasium vorgezogen, hatte aber keine Wahl, weil es ein solches in der näheren Umgebung von Nové Město nicht gab. Rückblickend muss ich aber sagen, dass das Realgymnasium ein guter Schultyp war und ist. Wir waren so genötigt, uns mit den uns weniger liegenden Fächern auseinander zu setzen. Es ist ein Vorteil, wenn nicht alle die gleichen Stärken haben, weil man sich gegenseitig helfen kann – nicht nur dann, wenn ein schwächerer Schüler während einer Klausur mal abschreiben will.

Unser Gymnasium trug den Namen des Schriftstellers Alois Jirásek, auf den auch das Leitwort der Schule zurückging. Ich weiß nicht, ob ich es nach über sechzig Jahren noch richtig zitiere: „Dem Gefühl die Blüte, dem Verstand das Licht, dem Charakter feste Wurzeln". Für normale Ohren mögen diese Worte allzu blumig klingen. Dennoch liegt ihnen Weisheit zugrunde. Ihrem Urheber Jirásek schwebte eine ganzheitliche Sicht des Menschen vor, welche bis heute aktuell ist und welche von manchem Philosophen und Theologen zu Recht als Grundlage der Ausbildung hervorgehoben wird.

Die Schule soll nicht nur rein technisch eine Ausbildungsstätte sein, sondern eine Lehranstalt, die die Gemütsbewegungen, den Intellekt und den Freiheitswillen des Menschen, also alle seine Fähigkeiten und Kräfte fördert. So werden die jungen Menschen rechtzeitig gegen die professionelle und ideologische Deformation und ihre Folgen immunisiert, welche mit einer kurzatmigen, eindimensionalen Sicht der Dinge einhergeht. Comenius hat kurz und treffend gesagt, die Schule müsse eine Werkstatt der Menschlichkeit werden und bleiben. Dieses Programm gilt bis heute.

Nach der Matur

Am 5. Mai 1941 habe ich in Náchod die Matura mit Auszeichnung bestanden, ohne immer Klassenbester gewesen zu sein. In der Unterstufe bewegte ich mich im Mittelfeld der Klasse und lernte nur mit halber Kraft, weil mein eigentliches Interesse dem Sport galt. Erst in der Oberstufe arbeitete ich mich allmählich nach oben und überwand meine Prüfungsangst. Nach der Matur standen meine Pläne noch nicht fest. Paradoxerweise hatten wir das Glück, unsere Prüfungen im Jahre 1941 ablegen zu können, weil damals die Aufsicht der deutschen Besatzer über die Mittelschulen noch nicht so unerbittlich war wie in den folgenden Jahren. Die tschechischen Hochschulen hingegen waren 1939 von den Nazis geschlossen worden, und wir machten uns keine Illusionen, dass sie je wieder eröffnet würden. In ständiger Angst, zu Zwangsarbeit verpflichtet zu werden, mussten wir also eine Zwischenlösung finden. Diese anerbot sich zur Freude meiner Eltern in einem Abiturientenkurs der Wirtschaftsakademie in Choceň. Meine älteren Geschwister zeigten nämlich wenig Interesse, das elterliche Geschäft zu übernehmen, und so hatten die Eltern den Wunsch, es wenigstens mit dem Jüngsten zu versuchen. Durch den einjährigen Abiturientenkurs wäre ich dazu qualifiziert gewesen, doch mir wurde klar, dass meine Laufbahn als Geschäftsmann mit einer Katastrophe enden würde, worauf die Eltern von ihren Plänen abließen. Im Übrigen war das Jahr in Choceň kein verlorenes Jahr, auch wenn ich mich die meiste Zeit langweilte, manchmal auch litt. Das kaufmännische Rechnen, von einem wenig talentierten Lehrer unterrichtet, hat mich bis in

die Träume verfolgt. Von anderen Fächern wie Maschinenschreiben oder Geographie konnte ich profitieren.
Der Krieg ging weiter, die Unterdrückung nahm zu, an eine Öffnung der Hochschulen war nicht zu denken. Die Lockrufe der Besatzer, an einer reichsdeutschen Universität zu studieren, zwangen uns nur ein müdes Lächeln ab.
Da ergab sich wiederum eine befristete Lösung. Die Sprachschule in Prag, das ehemalige „English Institute", bot Kurse für Fortgeschrittene zur Vorbereitung auf die staatliche Prüfung in Deutsch, eventuell auch Englisch an. Deutsch konnte ich schon recht gut, meine Englischkenntnisse waren jedoch rudimentär. Ich stürzte mich in die Arbeit und unter Anleitung guter Anglisten schaffte ich es, nach einem Jahr die staatliche Prüfung in Deutsch und Englisch abzulegen. Nach einem zusätzlichen Pädagogikexamen war ich staatlich geprüfter Sprachlehrer. Knapp ein halbes Jahr habe ich daraufhin an der Berufsschule in Nymburk unterrichtet. Die meisten Schülerinnen waren angehende Friseusen. Der Unterricht war für mich zuweilen recht spannend, doch aufgrund der begreiflichen Aversion der Schülerinnen gegen die deutsche Sprache vergebliche Liebesmüh. Englisch zu unterrichten war freilich nicht gestattet.

Warum nicht Theologie?

All diese Betätigungen waren Ersatzhandlungen für das, was ich eigentlich lieber getan hätte. Unverhofft ergab sich plötzlich eine Möglichkeit, die meine Zielsetzung grundlegend veränderte. Ich hatte in Erfahrung gebracht, dass beim Synodalrat unserer Kirche der Sekretär und Dozent Josef B. Souček zusammen mit einigen Mitarbeitern Theologiekurse zu organisieren begonnen hatte, damit die Kirche wenigstens im Verborgenen und auf halblegalem Wege die Pfarrerausbildung sicherstellen konnte, solange die Fakultät geschlossen war. Ich war schon lange an Theologie interessiert, aber aus eigenem Antrieb hätte ich damals der Philosophie und der Literatur den Vorzug gegeben.
Mich schreckte der geistliche Dienst ab. Auch wenn ich eini-

ge überzeugende Pfarrer kennen gelernt hatte, traute ich mir selber den Dienst als Pfarrer nicht zu. Z.B fürchtete ich mich vor der Verpflichtung, Beerdigungsgottesdienste zu halten. Deshalb äußerte ich bei der Studienberatung im Synodalrat Souček gegenüber meine Zweifel, weil ich Kollegen, die sich bereits entschieden hatten, den Platz nicht wegnehmen wollte. Ich bekannte freimütig, dass Philosophie mein bevorzugtes Studienfach sei. In seiner Jugend habe er vor derselben Entscheidung gestanden, erklärte Souček verständnisvoll. Die Kirche habe ein gesteigertes Interesse daran, dass es unter den Laien auch theologisch gebildete Leute gebe. Damit hatte er meine Zweifel zerstreut.
Das Studium war anspruchsvoll. Souček und seine Kollegen Dobiáš, Říčan, Jeschke und Novotný waren kluge Lehrer. Der Schwerpunkt des Studiums lag bei Hausarbeiten zu Büchern und theologischen Texten, die die Lehrer für uns ausgewählt hatten. Nur wenige Male im Jahr trafen wir uns in Prag zu Prüfungen. Unvergesslich waren die Seminare von J.B. Souček, insbesondere seine Exkurse, welche die Tiefe und die Breite theologischer Erkenntnisarbeit offen legten. Zusammen mit anderen Teilnehmern bin ich der Ansicht, dass jenes Kriegsstudium für diejenigen, die es ernst nahmen, kein schwacher Ersatz für das normale hochschulmäßige Arbeiten war. Vielleicht war es in gewissem Sinne sogar umgekehrt: jedenfalls waren wir gezwungen, selbständig und erfinderisch zu arbeiten. Kann man sich für ein erfolgreiches Studium etwas Besseres wünschen?
Die Theologiekurse hatten noch eine andere Besonderheit: Um der ständig drohenden Verpflichtung zu Zwangsarbeit vorzubeugen, erklärte uns der Synodalrat zu „interimistischen Geistlichen“. Souček hatte mich dazu ausersehen, in der Gemeinde Prag-Střešovice auszuhelfen, wo er auch wohnte. Dort geriet ich direkt in den Wirbel kirchlicher Arbeit. Der gutmütige Pfarrer Bohuš Hrejsa vertraute mir den Religionsunterricht in einigen abgelegenen Schulen und die Jugendarbeit an. Die Arbeit in den Jugendgruppen und mit jungen Erwachsenen forderte mich heraus. Hier konnte ich die zuweilen wilden Aktivitäten der Jugendgruppen weiterführen bzw. selber mitma-

chen, besonders wenn es sich um sportliche Wettbewerbe handelte. Hier schloss ich Freundschaften fürs ganze Leben.

Kriegsende

Nachdem ich ein Jahr Dienst in Prag-Střešovice geleistet hatte, stellte meine Heimatgemeinde Šonov bei Nové Město beim Synodalrat den Antrag, mich als Hilfskraft anstellen zu können. Dort erlebte ich das Ende des Krieges und die dramatischen ersten Tage der neuen Freiheit, die sich tief in meinem Gedächtnis eingeprägt haben. Tag für Tag hörten mein Vater und ich ausländische Radiostationen, während der pflichtgemäß aufgeklebte Warnzettel, auf das Hören ausländischer Sender stehe die Todesstrafe, immer noch am Empfangsgerät hing. In Nové Město waren die tschechischen Sendungen von BBC mit Jan Masaryk und Bruce-Lockhart am besten zu hören, jedoch auch die gewichtigen Kommentare von J.R. von Salis am Schweizer Sender Beromünster. Ich war froh, ihm für diesen Dienst Jahre später persönlich danken zu dürfen.
Es folgten die kritischen Tage im Mai. Die Berichte über den Prager Aufstand und über die brutale deutsche Reaktion erzeugten ein Wechselbad der Gefühle. Dann kam der 9. Mai. Auch in Nové Město marschierte die Rote Armee ein, die wir begeistert willkommen hießen. Die neue Situation brachte sofort neue Aufgaben mit sich. Als frisch gebackener Englisch- und Deutschlehrer hatte ich vor allem Dolmetscherdienste zu leisten. Einerseits für die deutschen Kriegsgefangenen, andererseits aber bald für frei gekommene Angehörige der alliierten Streitkräfte. Zu unserem Entzücken rückten nicht nur Engländer und Schotten in unsere Stadt ein, sondern auch Neuseeländer und Australier mit ihren unverwechselbaren breiten Hüten. In späteren Jahren habe ich viele Angehörige dieser Nationen kennen gelernt, doch damals verlieh das Erlebnis der gemeinsamen Freiheit diesen Begegnungen eine ungewohnte Intensität.
Die glanzvollen Tage, in denen mehr als nur die Natur aufzublühen schien, wurden jedoch überschattet von Erinnerungen an diejenigen, die die Befreiung nicht mehr miterlebten. So

fast alle jüdischen Freunde und Mitschüler, aber auch diejenigen, die im Kampf gegen den Nazismus gefallen waren, z.B. die führenden Vertreter des akademischen CVJM. Kurze Zeit später wurden unsere Hoffnungen durch neues Unrecht enttäuscht: Weniger in Nové Město, jedoch anderenorts hatten sich unsere Leute zu Gewalttätigkeiten gegenüber den geschlagenen Deutschen hinreißen lassen und manchmal sogar Frauen und Kinder misshandelt. Später dann mehrten sich die Anzeichen der heraufziehenden neuen politischen Gefahr.

Einer jener politischen Schatten haftet heute noch deutlich in meinem Gedächtnis. Als Dolmetscher musste ich bei Einvernahmen von deutschen Kriegsgefangenen zugegen sein. Manchmal fanden diese in der Neustädter Kaserne statt. Dort traf ich einmal einen kommunistischen Intellektuellen, mit dem ich während des Krieges in lebhaftem Kontakt gestanden hatte. Im Krieg hatte er keine Heldentaten vollbracht. Jetzt sah man ihn plötzlich mit roter Armbinde und umgehängtem Gewehr. „Was machst du denn da mit deiner Flinte?“ fragte ich ihn. Seine Antwort lautete: „Wir bewaffnen die Partei.“ Das machte mich betroffen. Wir erlebten in diesen Tagen die nationale Gemeinschaft als vollkommene Einheit und gleichzeitig gab es schon solche, die „die Partei bewaffneten“. Wozu, das sollte sich bald erweisen.

Solche Alarmsignale gingen vorerst im Meer der Begeisterung unter. Die Befreiung brachte vielfältige Möglichkeiten mit sich. Die Pforten unserer Hochschulen taten sich weit auf. Für mich nahte die Stunde der Entscheidung. Auf welcher Fakultät sollte ich mich einschreiben? Die Erfahrungen mit den Theologiekursen des Synodalrats und die Begegnungen mit der Gemeinde Prag-Střešovice wiesen eindeutig auf Theologie, also auf die Hus-Fakultät. Nicht dass ich den Gedanken an Philosophie und Literatur über Bord geworfen hätte. Doch die Theologie drängte sich in den Vordergrund, ja ich möchte sagen: ins Herz. Nach der Öffnung der Universitäten schrieb ich mich zwar zusätzlich in der Philosophischen Fakultät ein und erhielt nach drei Jahren das Absolutorium, das uns Opfern der Universitätsschließungen schon nach sechs Semestern erteilt wurde. Ein Doktorat kam aber nach 1948 nicht mehr in

Frage. Ich bereitete mich bereits intensiv aufs theologische Abschlussexamen vor. Noch vor dem Abschlussexamen ergab sich die Möglichkeit eines Auslandsaufenthaltes. Ich bekam Angebote aus Chicago und aus Schottland. Ich entschied mich für letzteres und bescherte mir damit mein glücklichstes Studienjahr.

Eindrücke aus St. Andrews

Schöne Stadt, schöne Zeit

Im September 1946 brach ich nach Schottland auf. Es handelte sich – abgesehen von einem kurzen Abstecher nach Basel, einige Monate zuvor – um meine erste Auslandsreise. Ich fuhr durch das zerstörte Deutschland nach Paris und über den Ärmelkanal nach London, wo mich Anthony Lane willkommen hieß. Er war der erste Engländer, den ich bereits 1945 auf dem Internationalen Studentenkongress in Prag als Mitarbeiter der Student Christian Movement (SCM) kennen gelernt hatte. Auf ihn werde ich noch zurückkommen.

Von London setzte ich meine Reise per Bahn nach Edinburgh fort. Als ich dort ankam, wähnte ich mich am Ziel meiner Reise. Gerne hätte ich an der Edinburgher Fakultät, am New College, studiert, das in der internationalen Ökumene einen guten Ruf hatte. Ich glaube, auch Prof. Souček hatte sich bei der Zentrale der Schottischen Kirche für den Stipendiaten aus Prag in diesem Sinne verwendet. Doch es kam anders. Es gab damals noch einen anderen tschechischen Stipendiaten. Offensichtlich haben die Herren von der George Street, dem Sitz der Kirchenleitung, uns beide verwechselt und mich nach St. Andrews geschickt.

Ein wenig enttäuscht stieg ich also auf einen Lokalzug um und fuhr ins Unbekannte. Aber am Ende erging es mir so wie in dem Sprichwort von den Orten, an denen man zweimal weint. „Das erste Mal, wenn man dort hin muss und das zweite Mal, wenn man wieder fort muss."

Vom ersten Moment an fühlte ich mich sowohl in der Stadt

als auch an der Universität wie zu Hause. St. Andrews liegt an einem besonders schönen Abschnitt der Nordseeküste und verfügt über lange Sandstrände und eine Steilküste. In diesem einstigen Herz der schottischen Christenheit stehen eine Königsburg und die Ruinen einer imposanten Kathedrale.
Die Stadt spielt auch in der tschechischen Geschichte eine Rolle, weil im 15. Jahrhundert der hussitische Missionar Pavel von Kravaře (Paul Craw) kurzzeitig hier wirkte. Der an der Sorbonne, in Montpellier und Prag ausgebildete Mediziner war ein hochmotivierter Zeuge der hussitischen Reformation. Aber er kam „vor der Zeit", denn die Schottische Reformation begann erst hundert Jahre später. Doch sie pflegt ihr dankbares Andenken an den tschechischen Vorläufer, der für sein Zeugnis den Tod auf sich nahm. Aufgrund seines Wirkens wurde er in St. Andrews nämlich in Ketten gelegt und 1433 auf dem Scheiterhaufen verbrannt. Jeden Tag ging ich an der mit Pflastersteinen gekennzeichneten Stelle vorbei, wo Pavel von Kravaře den Märtyrertod erlitten hat. Dieses gepflasterte Kreuz habe ich nie übersehen.
Das Wahrzeichen von St. Andrews ist jedoch die Universität, die älteste alma mater in Schottland, welche bis heute das Leben dieser Stadt prägt. In meinen Jahren trugen die Studenten weithin sichtbare scharlachrote Talare. Dieses elegante Erscheinungsbild führte, wie böse Zungen behaupteten, dazu, dass der Anteil weiblicher Studenten überdurchschnittlich hoch war. Wir Theologen mussten uns mit weniger auffälligen schwarzen Talaren bescheiden, die ein violettes Andreaskreuz zierte.
Die Zeit, die ich in St. Andrews verbrachte, war besonders günstig. Zum ersten Mal nach dem Krieg konnte die studentische Jugend wieder ins Ausland reisen. Die Kommilitonen aus Schottland und England waren jedoch deutlich älter: Es handelte sich bei ihnen um ehemalige Soldaten, die mehrere Jahre bei der Armee gewesen waren und denen der Staat jetzt einen Neuanfang ermöglichte. Einige Studenten kamen vom Kontinent, aus Norwegen, Frankreich, der Schweiz und aus Böhmen. Der Theologiekurs am St. Mary's College hatte lediglich 35 Teilnehmer, unter ihnen eine Frau. Für mich war es in jeder Hinsicht ein Vorteil, denn in überschaubarer Umge-

bung konnte man leicht persönliche Kontakte knüpfen. Und wenn jemand aus einem bis vor kurzem noch besetzten Land kam, konnte er auf die Sympathien nicht nur der theologischen Kommilitonen zählen.
Bald war ich vom Studentenleben eingenommen. Im St Mary's College trat ich als eifriger Verfechter der „kontinentalen" Theologie gegen das Vorurteil auf, die dialektische Theologie, vor allem diejenige von Karl Barth, sei gegenüber der britischen, insbesondere der anglikanischen Philosophie und Theologie voreingenommen. Barth kannte ich damals nur vom Hörensagen und aus der Lektüre. Wir führten im kleineren und im größeren Kreise intensive theologische Dispute. Manchmal wollten die Professoren schlichtend eingreifen, obwohl die meisten der kontinentalen Theologie nicht über den Weg trauten. Ich suchte auch außerhalb des Studentenwohnheims Möglichkeiten zum Gespräch und Gedankenaustausch. Bald nahm ich im Rahmen der Christlichen Studentenbewegung SCM Einsitz in studentischen Gremien der Universität. So konnte ich einen mir vom akademischen CVJM her vertrauten Umgang fortsetzen und mich an der Universität schnell einleben. Der Student, der mich bei meiner Ankunft in St. Andrews am Bahnhof abholte, trug dasselbe silberne Kreuz der Christlichen Studentenbewegung am Revers wie ich, so dass ich mich von Anbeginn an wie zu Hause fühlte. Andere Gruppen luden mich zum Mitmachen und zu Referaten ein, z.B. ein sozialistischer Zirkel von Studenten, die der Labour Party oder zuweilen auch der extremen Linken nahe standen. Einige meiner Referate vor Sozialisten bzw. Theologen erschienen in Studentenzeitschriften. Meine so entstandenen ersten fremdsprachlichen Veröffentlichungen betrafen die Theologie Karl Barths und den religiösen Sozialismus im Sinne von J.L. Hromádka und Leonhard Ragaz.
Selbstverständlich lockte mich auch der Universitätssport, dessen Angebot hier freilich bescheidener war als in Prag.
St. Andrews gilt in der Sportwelt als Wiege des Golfs und der in den Sanddünen wunderschön angelegte „Old Course" ist bis heute der berühmteste Golfplatz der Welt. Nur hatten die meisten Studenten keinen Zugang zu dieser Sportart. Ich sel-

ber habe mich ein- zweimal mit geringem Erfolg darin versucht. Beim zweiten Versuch verbog ich den Golfschläger, ein teurer Spaß... Ich fand es daher angebracht, mich dem Landhockey zuzuwenden, wo ich es bis zur repräsentativen Auswahl St. Mary's brachte und folgerichtig an jenem legendären Match mitmachen durfte, der traditionell einmal im Jahr ausgetragen wurde: Es spielten Divines against Divinities, also Theologiestudenten gegen eine Damenauswahl. Wir hatten gegen die Mädchen von St. Andrews, die als beste Damenmannschaft schottischer Universitäten galten, nicht die geringste Chance und verloren – wenigstens nicht haushoch.

St. Mary's College und D.M. Baillie

Die Dozenten an unserer theologischen Fakultät gehörten damals selbst nach schottischem Maßstab nicht zur ersten Theologengarnitur. Diese war eher in Edinburgh zu finden. Bald zeigte es sich aber, dass es töricht gewesen wäre, die kleine Fakultät in St. Andrews zu unterschätzen. Ihr Dekan, der Neutestamentler G.S. Duncan, hatte den Zenith seiner wissenschaftlichen Karriere bereits hinter sich und lebte mehr oder weniger von dem, was er veröffentlicht hatte, besonders von seinem Kommentar zum Galaterbrief. Seine Vorlesungen, die ich aus Gründen der Loyalität besuchte, gaben im Vergleich zu dem, was ich von Prag und von Souček her gewohnt war, wenig her. Ich hörte den Apologeten Dickie, aber seine Theologie war weit von meinen kontinentalen Prioritäten entfernt, wenn sie auch ökumenisch anregend war.
Eine freudige Überraschung war für mich die Begegnung mit Donald M. Baillie, der mein Schwerpunktfach Systematische Theologie vertrat und der jüngere Bruder des Edinburgher Professors und berühmten Ökumenikers John Baillie war, aus dessen Schatten er sowohl in Schottland wie auch auf der internationalen Ebene kaum herauszutreten vermochte. Doch wir Schüler von D.M. Baillie ließen nichts auf unseren Lehrer kommen und ich gelangte nach dem Studium der Werke des älteren Baillie zur Überzeugung, dass sein jüngerer Bruder der fundiertere Theologe und bessere Systematiker war.

Seine Vorlesungen waren überhaupt nicht spektakulär. Er las seinen Text ohne jedes rhetorische Pathos aus seinem Notizheft vor. Bald merkte ich jedoch, wieviel ernsthaftes denkerisches Bemühen und wieviel Kenntnis auch der kontinentalen Theologie hinter diesem bescheidenen Auftritt steckten. Damals arbeitete er an seiner großartigen Christologie, die bald darauf unter dem Titel „God was in Christ“ erschien und bis heute zu den wichtigsten Werken der schottischen, aber auch der ökumenischen Theologie gehört.

Baillie ließ den Studenten Raum für Fragen und Anmerkungen. Ich machte von dieser Möglichkeit regen Gebrauch. Nach der kommunistischen Machtergreifung ließ er mich wissen, er halte für mich eine Assistentenstelle bereit, falls meine Rückkehr aus Basel nach Prag zu riskant wäre. So weit dachte ich gar nicht, aber die Sorge des Professors um seinen Studenten hat mich gerührt.

Prof. Donald M. Baillie (1887–1954)

Donald Baillies Gesundheit war offensichtlich angegriffen. Als ich in St. Andrews ankam, musste er gerade das Bett hüten. Kein Grund für ihn, die Vorlesung abzusagen; er lud die Studenten zu sich nach Hause ein. Dort bot sich das bewe-

gende Bild eines bettlägrigen Professors, umringt von einer Gruppe Studenten, die sich auf den Knien Notizen machen. Wahrhaftig eine akademische Ausnahmesituation, an der man erkennen konnte, wie treu Donald Baillie seiner Sache und seinen Studenten ergeben war. Er sprach gerne von dem „Paradox der Gnade“ als Schlüsselbegriff für das Verständnis des christologischen Dogmas. Die paradoxe Wahrheit des Satzes: „Die Kraft erreicht ihre Vollendung in Schwachheit“ (2. Kor. 12,10) habe ich nirgendwo überzeugender erfahren als bei meinem geschätzten Lehrer Baillie in St. Andrews.
Noch heute besitze ich ein schönes Porträt von ihm. Unser Lehrer steht am Ufer eines Sees im schottischen Highland. Jemand hat dieses Bild „Symbol der Inkarnation“ genannt. Ich assoziiere mit diesem Bild eher das Paradox der Gnade: Ein unscheinbarer und unauffälliger Mensch, der die Aufmerksamkeit nicht auf sich, sondern auf den Hintergrund lenkt, vor dem er steht, nämlich auf Gottes Natur und Gnade. Genau so hat er uns als Zeuge der Liebe persönlich den Weg gezeigt. A graceful man.

Studienkollegen

Eine Theologische Fakultät besteht nicht nur aus Professoren. Vor allem an den Studenten liegt es, ob eine die theologische Reflexion begünstigende Atmosphäre entsteht oder nicht. In diesem Sinne denke ich sehr gerne und dankbar an meine Freunde in St. Mary's. Vier von ihnen, die mir besonders nahe standen, möchte ich einige Sätze widmen.
Der erste von ihnen ist Donald Mathers, ein Student mit hervorragendem theologischem und humanistischem Rüstzeug, der den ehrlichen Dialog auch mit Menschen aus einem anderen kulturellen Milieu suchte. Unterschiedliche theologische Positionen verursachten bei uns Spannungen und ließen gleichzeitig eine tiefe Freundschaft entstehen, die jahrzehntelang hielt. Er hat mich kurz vor seinem frühzeitigen Tod als seinen Nachfolger auf dem Lehrstuhl für Systematische Theologie und als Dekan in Kingston/Kanada vorgeschlagen. Sein Ver-

trauen rührte mich, konnte mich jedoch nicht zu einer positiven Antwort bewegen.
Paddy Lester war Ire, wie es sein Vorname bereits verrät. Durch seine spontane Offenheit, aber auch durch seinen Hang, einen Gesprächspartner zu provozieren, weckte er in mir eine lebenslange Vorliebe für die Iren und ihre smaragdgrüne Insel. Er hatte keine theologischen Ambitionen, wurde schottischer Landpfarrer und Rosenzüchter. In seinem Herzen und unter dem Einfluss seiner Ehefrau Madge war er jedoch ein ernsthafter Theologe.
Ein anderer Freund aus jener Zeit ist der noch lebende Franzose Jean-Pierre Monsarrat, der beide Sprachen perfekt beherrschte. Damals stand er erst am Anfang seines theologischen Weges, doch aufgrund seines Wissens über den europäischen Kontinent war er in den theologischen Debatten mein Verbündeter. Nach meinem Schottlandjahr habe ich kaum mehr etwas von ihm gehört. Aber als ich nach Jahren an einem Deutschen Evangelischen Kirchentag einen Vortrag hielt, kam er auf mich zu und erzählte mir, er sei nun Präsident der Reformierten Kirche Frankreichs, ein Amt, zu dem er gute Voraussetzungen mitbrachte.
Von den vier erwähnten „schottischen" Freunden war und blieb mir William D. Cattanach am nächsten. Mit Bill habe ich in den ersten Monaten zusammen gewohnt. Wir führten stundenlange intensive Gespräche über theologische, politische und ganz persönliche Fragen. Was er als Marinepilot im Krieg durchgemacht

Mit William D. Cattanach

hatte, konnte man an seinem Verhalten und seinen Interessen ablesen, die sich auf das Wesentliche konzentrierten und seine menschliche Reife ausmachten.
Mit Bill verbindet mich eine Begebenheit, an die ich bis heute mit Ehrfurcht zurückdenke. Kurz nach der Hochzeit erkrankte er an Kinderlähmung, die damals in den meisten Fällen mit dem Tod endete. Ich stand in brieflichem Kontakt mit ihm. In einem Brief ans Krankenbett schloss ich mit dem Hinweis auf Römer 8,38f, eine meiner Lieblingsstellen in der Bibel: „Denn ich bin dessen gewiss, dass weder Tod noch Leben, weder Engel noch Gewalten, weder Gegenwärtiges noch Zukünftiges, noch Kräfte, weder Hohes noch Tiefes, noch irgendein andres Geschöpf uns zu scheiden vermag von der Liebe Gottes, die in Christus Jesus ist, unserem Herrn." Diese Bibelstelle habe, wie mir Bill und seine Frau Lorna später wiederholt versicherten, den Anstoß zu Bills Genesung gegeben. An eine eiserne Lunge angeschlossen, sprach Bill ein Stoßgebet: „Mein Gott, wenn das wahr ist, dann kann es noch nicht zu Ende sein mit mir." Er wurde ohne bleibende Schäden gesund.

Reinhold Niebuhr und Emil Brunner

Für meine weitere theologische Entwicklung von großer Tragweite waren zwei der vielen Vorträge, die Referenten aus der Ökumene im Laufe des Jahres in St. Andrews hielten. Der erste war Reinhold Niebuhr. Von seinen anregenden biblischen, philosophischen und kulturpolitischen Ausführungen hatte ich mich bei der Lektüre seines zweibändigen Standardwerks „Nature and Destiny of Man" mitreißen lassen. Kurz nach dem Krieg gehörte sein ins Tschechische übersetzter schmaler Band „Söhne des Lichts und Söhne der Finsternis" zu denjenigen Texten, aufgrund derer der Akademische CVJM in Worte zu fassen versuchte, was die Demokratie für einen Christen erstrebenswert macht. Bis heute ist dieses Büchlein empfehlenswert und könnte in unseren ideologischen und politischen Wirren nützliche Dienste leisten. Und jetzt kam Niebuhr zu einer Gastvorlesung. Selten habe ich einen derart überzeugenden

Redner erlebt. Reinhold Niebuhr war eine faszinierende Persönlichkeit.
Hier entstand die Idee, meine Dissertation dem Thema „Leben und Werk des Reinhold Niebuhr“ zu widmen. Ursprünglich hatte mir J.B. Souček geraten, sie an der philosophischen Fakultät einzureichen und der Philosophieprofessor J.B. Kozák erklärte sich mit diesem Vorschlag einverstanden. Aber nach 1948 wehte ein anderer Wind. Ich arbeitete zwar weiterhin über das Denken Niebuhrs, doch konnte ich meine Arbeit nur mehr an der damals noch nach Hus benannten Theologischen Fakultät einreichen, wo sie J.L. Hromádka wohlwollend entgegennahm.
Der zweite Gast, der schicksalhaft in meine Pläne eingriff, war der Zürcher Theologieprofessor Emil Brunner. Auch ihn kannte ich von seinen Schriften her. Bereits während des Krieges waren mehrere Artikel von ihm unter dem Pseudonym „Studnička“ erschienen, das in Anlehnung an die tschechische Übersetzung seines Familiennamens („Studnička“ = Brünnlein) gebildet worden war. Karl Barths Artikel erschienen zur gleichen Zeit unter dem analog kreierten Pseudonym „Bradáč“ (=Bartträger). Ich wehre mich dagegen, Barth und Brunner als unversöhnliche Gegner anzusehen, obwohl ich zugegebenermaßen mit der Zeit immer bestimmter zu Barth hin tendierte. Dies war aber in keinem Fall gleichbedeutend mit einem Undank Brunner gegenüber, dem ich es hoch anrechnete, dass er grundlegende Dinge leicht verständlich formulieren konnte und ein permanentes Interesse daran hatte, dass die Theologie philosophisches Denken und ihr kulturelles Umfeld ernst nimmt.
Emil Brunner kam für einige Wochen nach St. Andrews, da ihm in jenem Jahr die Ehre zuteil geworden war, im Rahmen des prestigeträchtigen Zyklus „Gifford Lectures“ Vorlesungen an einer der vier schottischen Universitäten zu halten.
Brunner hatte sich das Thema „Christentum und Kultur“ ausgewählt. Auch wenn das Buch mit diesem Titel nicht sein stärkstes ist, waren die Vorlesungen anregend. Da Brunner keine andere Verpflichtung hatte, als zweimal pro Woche eine

Doppelstunde mit Diskussionsrunde zu halten, hatte er viel Zeit für uns. Das nützte ich aus und traf ihn fast täglich, um ihm auch kritische Fragen im Sinne Karl Barths zu stellen. Offensichtlich hatte ich sein Vertrauen gewonnen. Und so fragte er mich einmal zum Abschluss des Gesprächs: „Wollen Sie nicht in der Schweiz weiterstudieren?" Ich war überwältigt und anwortete: „Schrecklich gerne, aber es geht nicht." Der Grund dafür war klar: Ich hatte ein Stipendium für Schottland erhalten, eine ganze Reihe Kollegen wartete bereits auf die Ausreise und es wäre unfair gewesen, einem anderen den Platz wegzuschnappen. Brunner gab sich damit nicht zufrieden. Er versicherte mir, ich würde niemandem ein Stipendium wegnehmen. Er selber habe Zugang zu ökumenischen Quellen, die er in Ausnahmefällen beanspruchen könne. Da gab ich meinen Widerstand auf. Das ökumenische Sonderstipendium traf wirklich ein. Nur konnte ich nicht wie die meisten regulären Stipendiaten die guten Dienste des „Hilfswerkes der Evangelischen Kirchen der Schweiz" (HEKS) in Anspruch nehmen und einen Platz im Basler Alumneum beanspruchen, sondern musste mir selber eine Bleibe suchen.
Diese Einladung beschleunigte mein weiteres Studium. Ich musste im Laufe des Sommers in Prag mein Schlussexamen ablegen. Die schriftliche Arbeit hatte ich bereits in Schottland über die dortige Seelsorge geschrieben, also im Fach Praktische Theologie. Jetzt ging es an die mündlichen Prüfungen. An Einzelheiten kann ich mich nicht mehr erinnern, sie gingen schnell vonstatten und haben wohl keine hohen Wellen geschlagen. Nach ein paar Tagen Ferien in Nové Město war ich wieder unterwegs, diesmal in Richtung Schweiz. Brunner rechnete wohl damit, dass ich nach Zürich kommen würde, aber in Absprache mit Prof. J.B. Souček hatte ich mich für Basel entschieden. Bei Brunner nahm ich gelegentlich an Lehrveranstaltungen teil, zu welchen ich von Basel her anreiste. Was Basel für mich geworden ist, gehört in ein neues Kapitel, das mit meiner ersten „flüchtigen" Begegnung mit dieser Stadt zu Pfingsten 1946 beginnt.

Mein Basel

Annäherung aus der Ferne

Dass es eine Schweizer Stadt namens Basel gibt, habe ich wohl zum ersten Mal im Religionsunterricht gehört, als wir die Geschichte der tschechischen Reformation durchnahmen. Unser Pfarrer erwähnte die Basler Kompaktaten, ein wichtiges Dokument aus der Zeit des Konzils von Basel. Nach den siegreichen Kämpfen der Hussiten gegen die Kreuzritter gelang es nämlich den Vertretern der wichtigsten hussitischen Strömungen, Leuten wie Prokop Holý, Jan Rokycana, Mikuláš von Pelhřimov, das Konzil im Jahre 1433 zu einem „geistlichen Turnier" herauszufordern und, wenn auch mit Kompromissen, die Grundsätze der tschechischen Reformation zu verteidigen. Meine zweite Begegnung mit Basel war bereits intensiver, jedoch immer noch aus der Ferne. 1944 sollte ich im Theologiekurs eine Arbeit über „Erasmus von Rotterdam und seine Beziehung zur Reformation" schreiben. Das Thema faszinierte mich. Die Auseinandersetzung des Fürsten des europäischen Humanismus mit dem Reformator Martin Luther warf Fragen auf, bei denen es nicht nur um einen historischen Streit ging, sondern um Fragen meiner persönlichen Orientierung. Der europäische Humanismus war mir, insbesondere in der Zeit des nationalsozialistischen Antihumanismus, philosophisch nahe. Gleichzeitig ging es mir als künftigem Theologen um eine Klärung des Grundprogramms der Reformation. Jene literarische Auseinandersetzung hatte exemplarisch im fernen Basel stattgefunden, wo Erasmus, der im Vordergrund meiner Arbeit stand, jahrelang lebte, schöpferisch tätig war und schließlich auch starb. Er wurde – und das spricht für das tolerante Klima dieser Stadt – im Münster begraben, das zu jener Zeit bereits eine reformierte Kirche war, während Erasmus selber den entscheidenden Schritt zur Reformation unterlassen hat. Bei den Vorarbeiten zu dem gestellten Thema setzte ich mich mit dem Baslerischen Umfeld des Erasmus von Rotterdam auseinander, suchte in meiner Vorstellung die mit Erasmus verbundenen Basler Lokalitäten auf, sodass mir diese Stadt bereits aus der Ferne auf mancherlei Weise vertraut war, nicht zuletzt deshalb, weil der Gelehrte Sigmund von Jelení (Gellenius) zu jener Zeit bedeutende Spuren in Basel hinterlassen hatte.

Pfingsttreffen 1946

Als der Krieg zu Ende war, tat sich für uns der Weg nach Europa, ja in die ganze Welt auf. Es mutet schicksalhaft an, dass meine erste Reise ins Ausland ausgerechnet nach Basel führte. Dort fand die erste Nachkriegskonferenz der europäischen christlichen Studentenschaft statt, an der unter meiner Leitung auch eine kleine tschechische Delegation des kurz zuvor wieder gegründeten Akademischen CVJM teilnehmen konnte. Diese Konferenz war in der gegebenen geschichtlichen Situation ein außerordentliches Ereignis: Nach Jahren der gewaltsamen gegenseitigen Trennung, von der die Jugend des besetzten Europas am meisten betroffen war, begegnete man sich über alle früher als unüberwindbar geltenden Grenzen hinweg.
Der künftige Generalsekretär des Weltkirchenrates Dr. Visser't Hooft und der Schweizer Kulturphilosoph Denis de Rougemont, Bischof Lilje aus Deutschland und eine ganze Reihe anderer hervorragender Persönlichkeiten hielten Vorträge.
Die bescheidene Unterkunft tat der Spontaneität der Jugend keinen Abbruch. Die erste Woche in Basel verbrachte ich in der Kaserne, die extra für uns geräumt worden war. Umso intensiver war dafür die Kommunikation, verbunden mit einer überschäumenden Begeisterung, die – meist unter der Ani-

mation des späteren französischen Kirchenhistorikers Richard Stauffer – die Straßen und Plätze der Stadt bis in alle Nacht erfüllte.
Das Treffen hatte auch dramatische Momente. Zum ersten Mal war eine Delegation deutscher Christen vertreten. Jungen Menschen aus den noch bis vor kurzem besetzten Ländern fiel es nicht leicht, auf diejenigen zuzugehen, die, oftmals gezwungenermaßen, Bestandteil des nazistischen Machtapparates gewesen waren. Doch es handelte sich um eine christliche Versammlung. Wäre es ein Pfingsttreffen gewesen, wenn man trotz aller Widrigkeiten nicht wenigstens versucht hätte, einige Schritte in Richtung Versöhnung zu tun, um so den Willen zur gemeinsamen Zukunft auszudrücken? Die Konferenzleitung hatte die Voraussetzungen dazu geschaffen. Sie organisierte Treffen der Delegationen aus ehemals besetzten Ländern mit deutschen Gruppen. Auch wir waren angesprochen. Leicht fiel es uns nicht; denn der CVJM war in seinem Widerstand gegen die Naziherrschaft schwer verfolgt worden. Aber es war gewiss im Sinne jener heldenhaften CVJM-Mitglieder, ungeachtet der schweren Schuld der Okkupanten, mit denjenigen das Gespräch zu suchen, welche in der Vergangenheit auf der anderen Seite gestanden hatten, umso mehr, als wir selber nach Kriegsende bereits bittere Erfahrungen eigenen schuldhaften Verhaltens gemacht hatten. Am Ende einiger Stunden Verhandelns stand keine triumphale Übereinkunft. Aber der Weg war frei für die Bereitschaft, Hass zu überwinden, sich gemeinsam „unter das Kreuz Christi“ zu stellen und gemeinsam etwas von dieser wahrhaft pfingstlichen, umgestaltenden Atmosphäre hinauszutragen. Pfarrer Heinrich O. Kühner hat in einem Buch eindrücklich über diese Begegnung berichtet. Sein Aufsatz trug wie das ganze Buch den Titel: „Der durchkreuzte Hass“. So war es in der Tat.
Basel kam mir wie einst den Hussiten majestätisch vor. Doch am Rheinknie ist alles bescheidener als in Prag, was auch ein Ausdruck der humanistischen und christlichen Tradition dieser Stadt ist. Außerdem konnte sich Basel in ungebrochener Kontinuität entwickeln. Nach dem schrecklichen Erdbeben im Jahre 1356 gab es keine gewaltsamen Rückschläge mehr. So

wuchs eine wahrhaft europäische Stadt heran, die schon durch ihre geographische Lage die Grenzen zum badischen Deutschland und zum französischen Elsass überschreitet.
Ein besonderer Anziehungspunkt war für mich die Basler Universität mit ihrem guten Ruf. Die meisten meiner Lehrer und eine lange Reihe tschechischer protestantischer Pfarrer haben alle in Basel studiert. Schon das bewies die herausragende Bedeutung dieser Universität für tschechische Protestanten. Nicht nur historisch, auch in der Gegenwart hatte sie ihren besonderen Platz im europäischen Kontext und wir nahmen es wahr. Ihr damaliger Aufschwung hatte auch politische Gründe. Die „konkurrierenden“ deutschen Universitäten lagen in Trümmern – entweder zerstört im wahrsten Sinne des Wortes oder aber durch den Nazismus von innen her ruiniert, was schwerer ins Gewicht fiel. Basel und die übrigen Schweizer Universitäten gewannen dadurch an Anziehungskraft. Hier lehrten Professoren, die nicht der Versuchung der nazistischen Mythologie erlegen waren, im Gegenteil, einige von ihnen – vor allem Karl Barth – hatten der Naziherrschaft allgemein und insbesondere innerhalb der Kirche entschiedenen Widerstand geleistet.
Deshalb versuchte ich in jener ökumenischen Woche des Jahres 1946, trotz des reichhaltigen Konferenzprogramms, etwas von den laufenden Vorlesungen an der Universität mitzubekommen. Der Eindruck war überwältigend. Barth war zwar gerade abwesend; denn er las dieses Semester in den Ruinen der Universität Bonn, aus welcher ihn die Nazis 1935 vertrieben hatten. Aber es gab hervorragende Biblische Theologen: Oscar Cullmann, Walter Eichrodt und besonders Karl Ludwig Schmidt, dessen Gelehrsamkeit und geschliffene Vortragsweise damals am meisten Eindruck auf mich machten. Diese wenigen Tage ließen in mir den für meine Begriffe unerfüllbaren Wunsch wach werden, einmal in Basel zu studieren. Entgegen allen Erwartungen erfüllte sich dieser Wunsch, wenn auch mit einjähriger Verspätung. Dass ich schließlich Basel gegenüber Zürich den Vorzug gab, war u. a. J.B. Souček, dem „Strategen“ der Prager Fakultät, zu verdanken, dem daran gelegen war, dass ich auch Philosophie stu-

dierte – als Vorbereitung auf eine Professur im Fachgebiet Religionsphilosophie.
„Religionsphilosophie" zog mich nicht sonderlich an. Philosophie allein schon. Religionsphilosophie, welche erfahrungsgemäß von der Versuchung eines theologisch problematischen Synkretismus belastet ist, erschien mir wenig attraktiv. Doch der Plan von Souček überzeugte: Seiner Ansicht nach brauchte die Fakultät eine „andere" Religionsphilosophie, nämlich eine eindeutig theologisch fundierte Reflexion über philosophische und religiöse Fragen. Dazu fühlte auch ich mich hingezogen.

Meine Universität

Philosophie war in Basel stark vertreten. Einer der hier Lehrenden war Karl Barths Bruder Heinrich, ein bescheidener, fast scheuer, aber tiefer Denker, welcher meiner Sehnsucht nach theologisch begründeter und philosophisch verantwortbarer Orientierung bestens entsprach und mit ein Grund war, sich für Basel zu entscheiden. Vielleicht noch wichtiger war die kurz zuvor erfolgte Berufung von Karl Jaspers nach Basel, einem der bemerkenswertesten und auch theologisch anregendsten Denker, der, tief verankert in den Traditionen des europäischen Humanismus, schon damals „global" orientiert und ein entschiedener Gegner totalitären Denkens war. Wenn also Theologie und Philosophie studieren, dann nicht bei „kleinen Geistern", sondern bei wahren Meistern, zu denen sowohl Heinrich Barth als auch Karl Jaspers mit ihrem Wissen und ihrer existentiellen Orientierung zweifellos gehörten.
Auf Anraten von Souček schrieb ich mich in der Philosophischen Fakultät ein. Mit großem Interesse hörte ich „meine Philosophen". In Basel erlebte ich zum ersten Mal die Atmosphäre einer europäischen Universität, wobei mich auch das Lehrangebot anderer Fakultäten interessierte. Mit Gewinn hörte ich die Vorlesungen des Biologen und Zoologen Adolf Portmann, der in jenem Jahr Rektor der Universität war und mit seinem legendären Fachwissen als human orientierter Gegner

der nazistisch verbrämten Biologie ein willkommener Gesprächspartner von Philosophen und Theologen war. Meinen Dank für seine Anregungen konnte ich nach Jahren auf unerwartete Weise abstatten: Portmann starb in den Jahren meines Rektorats, so dass ich als Theologe und Rektor mit der akademischen Abdankungsfeier betraut wurde.

Die in Basel erlebte universitas, d.h. das Weiterbestehen der klassischen Universitäts-Idee, welche die dialogische Einheit aller der Wahrheit verpflichteten und ihr dienenden Universitätswissenschaften postuliert, hat mich nachhaltig beeindruckt. Wahre Wissenschaft zielt mit ihren Methoden und ihrer Fachkompetenz immer auf Wahrheit und ist sich stets bewusst, dass wir in unserem Suchen aufeinander angewiesen sind. Dieser Idee wollte ich dienen, auch im gehässigen akademischen Umfeld des kommunistischen Prag, später dann an ausländischen Universitäten und Hochschulen.

Bei aller Verzauberung durch die Idee der universitas, bei allem Vergnügen, das mir das Studium auf der philosophischen Fakultät bereitete, war meine eigentliche Heimat die Theologische Fakultät. In guter Erinnerung sind mir auch diejenigen Dozenten, an deren Vorlesungen ich „gastweise" teilnahm: der praktische Theologe und Prediger am Basler Münster Eduard Thurneysen; Fritz Lieb, ein großer Freund des tschechischen Volkes und unserer Kirche, ein „unsystematischer Systematiker"; Walter Eichrodt, der Alttestamentler; Ernst Staehelin, Kirchengeschichtler und Lektor am Frey-Grynaeum; der Religionswissenschaftler Bertholet… Gerne denke ich auch an Oscar Cullmann, der mich weniger durch seine Vorlesungen mitriss als durch seinen ökumenischen Eifer und durch sein gerade erschienenes Buch „Christus und die Zeit".

Bei Karl Barth

Richtungweisend für mich war jedoch die Begegnung mit Karl Barth. Deshalb hole ich hier weiter aus. Ich spüre noch heute die Spannung, mit der wir Barths erste Vorlesung erwarteten. Barth war auf den ersten Blick keine imposante Erscheinung. Der groß gewachsene elegante Karl Jaspers und auf seine Wei-

se auch Emil Brunner imponierten schon von weitem. Karl Barth hatte eher die Statur eines Bauern.
Doch sobald er den Hörsaal betrat und zu sprechen begann, kamen ganz andere Seiten zum Vorschein. Ein scharf geschnittenes Gesicht mit wildem Haarschopf. Vor allem seine durchdringenden, lebendigen Augen, die inneres Feuer und Humor ausstrahlten, jedoch auch Blitze schleudern konnten, wenn er sich ereiferte – dieser Professor schlug uns mit seiner Ausstrahlung und Körpersprache in den Bann.
Noch stärker fesselte er uns mit dem Inhalt seiner Vorlesungen. Alles Mögliche wird von diesen überliefert. Sie seien geniale Improvisationen gewesen, von seiner ausgezeichneten Sekretärin Frl. von Kirschbaum wörtlich festgehalten. Solches habe ich anderswo erlebt, z.B. später in Bonn bei Professor Iwand. Bei Barth war es anders. Wortwörtlich hat er seine Ausführungen zu Hause vorbereitet. Im Hörsaal fügte er allenfalls humoristische und aktualisierende Kommentare hinzu. Offensichtlich wurde der vorbereitete Text während der Vorlesung nochmals bearbeitet. Manchmal folgten dem ersten Vortrag „dramatische" Änderungen. Ich erinnere mich an seine Ausführungen über die göttliche Vorsehung und um deren Bezug zu unserem Handeln. Um diese Beziehung zu veranschaulichen, verwendete Barth die traditionellen Begriffe „erste Ursache" (Gott) und „zweite Ursachen" (menschliches Handeln). Unter diesem Blickwinkel folgten umfangreiche Ausführungen. Doch weit gefehlt: am nächsten Tag übte er radikale Selbstkritik. Angeblich waren die verwendeten Begriffe verwirrlich und irreführend. Diese unpersönlichen Begriffe seien für die Auslotung der Beziehung des freien Gottes zum freien Menschen ungeeignet. Deshalb beschwor er uns, seine gestrigen Ausführungen in unseren Heften durchzustreichen, ja sie wenn möglich aus dem Gedächtnis zu tilgen. Dann trug er den ganzen Abschnitt noch einmal vor.
So waren wir Basler Studenten am Entstehungsprozess der Dogmatik direkt beteiligt, nicht zuletzt dank unseren Fragen und Anmerkungen. Es war sicherlich kein Zufall, dass mit dem Ende der Vorlesungstätigkeit von Karl Barth auch die Arbeit an seinem monumentalen Werk „Kirchliche Dogmatik" auf-

hörte. Barth brauchte seine Studenten in der Tat und wir schätzten dieses Privileg, „dabei zu sein“. Wir nahmen aus Basel die Erkenntnis mit, dass Theologie nicht „für die Schublade“ betrieben werden kann: Echte theologische Arbeit geschieht nur in der lebendigen Auseinandersetzung mit dem Gegenüber.

Seminare und dogmatische Sozietäten waren neben den Vorlesungen an der Universität der andere Schwerpunkt von Barths Lehrtätigkeit. In Basel war die Vielzahl von Studierenden aus ganz Europa der vermehrten Kontaktnahme der Studenten zum Professor hinderlich. Barth führte deshalb zwei Kategorien ein. Die ordentlichen Seminarteilnehmer, die sich gründlich vorzubereiten hatten, waren in der Minderheit, während der größere Teil der Seminarbesucher interessiert zuhörte und wie ein antiker Chor im Hintergrund murrte oder Beifall spendete. Glücklicherweise gehörte ich in diesem Seminar, das sich mit dem vierten Kapitel der „Institutio“ von Calvin befasste, zum engeren Kreis.

Neben der Teilnahme am Lehrbetrieb arbeitete ich intensiv an meiner Dissertation. Rückblickend muss ich sagen, dass ich da wohl übertrieben habe: sozusagen jede freie Minute verbrachte ich in der Universitätsbibliothek. Dabei hatte mein Dissertationsthema nichts mit Basel zu tun. Immerhin war die Basler Bibliothek mit Büchern amerikanischer Theologen gut bestückt, auch mit denjenigen Reinhold Niebuhrs. Der Arbeit an der Dissertation konnte es nur nützen, sich nicht im engeren Thema festzubeißen, sondern es im offenen Raum und Horizont seines Fachgebiets abzuhandeln.

Strahlende Schweiz vor dunklem Hintergrund

Die intensive Teilnahme am Universitätsbetrieb einerseits und mein konzentriertes Arbeiten an der Dissertation andererseits ließen nicht mehr viel Freizeit zu. Offensichtlich wollte ich mich durch Ausflüge in die Umgebung nicht allzu sehr zerstreuen, obwohl es sich wirklich gelohnt hätte. Erstaunlicherweise kam sogar der Sport zu kurz. Demgegenüber erinnere ich mich an spontane Fahrten von St. Andrews nach Edin-

burgh, wenn Sparta Praha dort ein Auswärtsspiel hatte. In Basel überwog offensichtlich die „studentische Askese".
Mit anderen Studenten hatte ich wenig Kontakt. Das lag bis zu einem gewissen Grade an der Wohnsituation, denn ich wohnte im Unterschied zu zwei tschechischen Kommilitonen nicht im Alumneum. Der eine war Karel Sita, später Prediger der Brüderkirche, der für seine Prager Dissertation recherchierte. Er arbeitete über Amandus Polanus von Polansdorf. Dieser stammte ursprünglich aus Opava und kam im 16. Jahrhundert als Erzieher der mächtigen mährischen Familie Žerotín nach Basel, wo er sich niederließ und zu einem bedeutenden Vertreter calvinistischer Orthodoxie, Professor und Rektor der Universität wurde.
Beim anderen tschechischen Alumnen handelte es sich um Jan Heller, der sich vor allem mit dem Alten Testament befasste, aber auch an Barths Vorlesungen und Kolloquien teilnahm. Diese beiden und andere Studenten besuchte ich zuweilen im Alumneum, wir hatten uns viel mitzuteilen und diskutierten oft über theologische oder politische Fragen.
Ich selber wohnte privat bei Familie Ott an der Bäumlihofstraße, eher am Rande der Stadt. Von dort musste ich einen fast einstündigen Weg bis zur Universität zurücklegen, meist zu Fuß, weil ich das so gesparte Fahrgeld für Bücher bzw. für eine Schreibmaschine einsetzen wollte, die mir später beim Abfassen der Dissertation wertvolle Dienste leistete.
In den Weihnachtsferien reiste ich mit meinen Landsleuten auf abenteuerlichen Wegen durch das verwüstete Deutschland nach Böhmen – für wenig Geld, da der Wechselkurs für deutsches Geld in der Schweiz sehr günstig war. Die zweiten, längeren Semesterferien verbrachten wir in der Schweiz, um die einmalige Gelegenheit wahrzunehmen, etwas von der Schönheit dieses Landes kennen zu lernen. Jan Heller und ich fuhren nach Grindelwald, wo wir an einem Skilager der Jungen Kirche teilnahmen. Als Abkömmling vom Adlergebirge war ich seit Kindesbeinen begeisterter Skifahrer, welcher sich jetzt auf alpinen Pisten tummeln konnte. Zum ersten Mal benutzte ich Skilifte, die nicht nur lange Touren, sondern auch anspruchsvolle kürzere, mehrmalige Abfahrten erlaubten. Die

Erinnerung an das Lager und die dort erlebte Kameradschaft ist bis heute lebendig.

Unterhalb von Grindelwald-First, März 1948

Aus den Alpen reisten wir die zweite Woche ins Tessin. Der Kontrast der noch verschneiten Gebirgslandschaft mit der Blütenpracht des Frühlings in der schon mediterranen Atmosphäre des Tessins war überwältigend. Wir lebten in Jugendherbergen so sparsam wie möglich von billiger Schokolade und Orangen, was nach den Entbehrungen der Kriegszeit geradezu exotisch wirkte.
Die strahlenden Märztage in den Alpen und im Tessin hatten jedoch ihren dunklen Hintergrund. Wir schrieben das Jahr 1948 und waren Tag und Nacht in Gedanken bei den Geschehnissen in der Heimat. Am 25. Februar hatte die Kommunistische Partei die Macht an sich gerissen. Dieser Umsturz erschütterte auch die Schweiz. Nie werde ich vergessen, wie die Studenten an der Universität ihre Solidarität mit der Tschechoslowakei stürmisch zum Ausdruck brachten. Umso drückender lastete das Geschehen auf uns. Mitten in dieser Alpenpracht schreckte uns die Nachricht über den Tod Jan Masaryks auf. Bis heute spüre ich den Gegensatz zwischen der unwirklichen Schönheit der Bergwelt, dem Bilderbuchwetter und dem Schrecklichen, das zu Hause passierte und noch passieren

würde. Dieser Schatten begleitete uns das ganze Sommersemester hindurch.
Es kam die Stunde der Entscheidung, zurückzukehren oder im Westen zu bleiben. Auf anderen Fakultäten der Universität studierte eine ganze Reihe tschechoslowakischer Studenten. Die meisten blieben in der Schweiz. Wir drei Theologen waren jedoch einmütig für die Rückkehr. Ausschlaggebend war für uns die Verbundenheit mit unserer Heimatkirche. Besonders Karl Barth und mein Schwager Jan Mířejovský, der damals beim Weltkirchenrat in Genf tätig war, bestärkten uns in unserem Entschluss. So nahmen wir denn im Juli 1948 von Basel Abschied und traten die Heimreise an – mit Besorgnis, aber auch mit dem Drang, etwas von dem in Basel Erworbenen für den Dienst in der Heimat nutzbar zu machen. Niemals habe ich diese Entscheidung bereut.

In der Gemeinde

Der Mensch denkt...

Meine Rückkehr von Basel in die Tschechoslowakei geschah unter völlig veränderten Voraussetzungen. Ein Jahr zuvor hatten wir gehofft, dass die Demokratie bei uns Bestand haben würde, auch wenn damals der kommunistische Druck schon spürbar war. Damals, im Jahre 1947, fand in Písek eine Konferenz des Akademischen CVJM statt. An dieser Konferenz herrschte immer noch der Geist der Offenheit und des Vertrauens. Doch eben zu jener Zeit ereignete sich etwas wenig Verheißungsvolles: Unsere Regierung hatte ursprünglich die Teilnahme am Marshallplan zugesagt, musste diese jedoch, offensichtlich auf russischen Druck hin, zurückziehen. Was wir nur dunkel ahnten, sprach Jan Masaryk später im Klartext aus: „Ich bin als Außenminister eines freien Staates nach Moskau gefahren und kehre als Vasall zurück."
Trotz alledem stürzte ich mich in die Arbeit. Ich wollte meine in Basel begonnene Dissertation über R. Niebuhr zum Abschluss bringen. Teilweise war sie schon ausgearbeitet, für den Rest war das notwendige Material beisammen. Jetzt musste das Ganze überarbeitet werden und eine einheitliche Konzeption erhalten. Diese bestand in einem Überblick über den bisherigen Lebensweg Niebuhrs auf dem Hintergrund einer Analyse der kulturellen, sozialen und religiösen Situation in Amerika. Im Vordergrund stand die Frage der Tragfähigkeit der Niebuhrschen Christologie und die letztliche Kritik derselben, ohne dabei den tiefen Respekt vor dem sozialethischen und philosophischen Beitrag von Niebuhrs Werk zu verlieren. Die-

ser Teil der Dissertation erschien später in Schottland auf Englisch. Nach 1948 hatte die Dissertation jedoch keine Chance veröffentlicht zu werden, wie es ursprünglich geplant war. Die Reinschrift der Doktorarbeit besorgte ich in Nové Město, wo ich – abgesehen von täglich ein paar Stunden Sport – die nötige Ruhe dazu hatte. Im Herbst war die Dissertation fertiggestellt, in der Adventszeit legte ich das Doktorexamen ab. Am 22. Dezember fand die Promotion statt. Zusätzlich dazu wurde ich am vierten Advent zusammen mit fünf weiteren Kandidaten von Synodal-Senior Dr. Josef Křenek in der St.-Kliment-Kirche zum Dienst am Worte ordiniert, um als Vikar arbeiten zu können. Die Gemeinde, in welcher ich meinen Dienst aufnehmen sollte, wurde analog festgelegt wie meine Zuteilung für ein Studium in St. Andrews, also nach dem Motto: „Der Mensch denkt und Gott lenkt" oder nach dem Schweizer Wahlspruch: „Hominum confusione – Dei providentia". Da Prof. Souček davon ausging, ich solle unverzüglich mit der Arbeit an meiner Habilitation anfangen, versuchte er den Synodalrat in dem Sinne zu beeinflussen, mir eine Pfarrstelle zuzuweisen, in der ich möglichst viel Zeit zum Studium hätte. Er dachte an Kostelec nad Orlicí, also an eine Gemeinde in meiner näheren Heimat. Es kam aber ganz anders heraus. Der Synodalrat befand, von den Bedürfnissen der Kirche her gesehen sei ein Vikareinsatz in der bekannten Industriestadt Kladno unweit von Prag mit regelmäßiger Aushilfe in Rakovník am dringlichsten. Das war für mich eine kalte Dusche. Ich befürchtete, dass ich in der weitläufigen Diaspora, besonders aber an zwei verschiedenen Orten und mit dem vielen Schulunterricht, so sehr beschäftigt sein würde, dass keine Zeit mehr für die Arbeit an der Habilitation übrig bleiben würde.

... und Gott lenkt

Enttäuscht begab ich mich Anfang 1949 nach Kladno. Doch diese Dusche war – ähnlich wie jene von St. Andrews – bei weitem nicht so kalt, wie ich befürchtet hatte. Vom ersten Moment an war ich vom herzlichen Empfang überwältigt, den mir die Gemeinde in Kladno bereitete. Ich kannte niemanden, außer meinen künftigen Vorgesetzten, Pfr. Hynek Zdík Široký, der mich einst konfirmiert hatte. Er hatte schon eine lange, anspruchsvolle und abwechslungsreiche Dienstzeit hinter sich. Ursprünglich katholischer Priester, hatte er sich nach dem Zusammenbruch der Monarchie der damals entstehenden Tschechoslowakischen Kirche angeschlossen, um später der Evangelischen Kirche beizutreten. Er wurde in die Pfarrerschaft aufgenommen und amtete dann einige Jahre in der Gemeinde Šonov, zu welcher damals die Predigtstation Nové Město gehörte.

Als ich nach Kladno kam, war er jedoch durch Alter und Krankheit schon geschwächt. Weil er gern predigte, lehnte er es ab, vorzeitig in Pension zu gehen, sondern wollte lieber die Hilfe eines jungen Vikars in Anspruch nehmen. Pfarrer Široký hat mich gut aufgenommen. Im Pfarrhaus wohnte auch Vědunka, die Tochter des Pfarrers, die gerade vom Studium ausgeschlossen worden war und sich jetzt eine Arbeit suchen musste. Sie fand eine Stelle in einer Metzgerei, was in der damaligen Zeit allen zugute kam: Ein Teil ihres Lohnes wurde in Naturalien abgegeben.

Neben der Pfarrersfamilie war mir die Familie des Kirchenvorstehers Rašín eine Stütze. Bei ihnen wohnte ich. Beide Eheleute, die nicht aus evangelischem Milieu stammten, engagierten sich in der Kirchgemeinde. Es war ein unterschiedliches, ja man könnte sogar sagen, gegensätzliches Paar. Der Kirchenvorsteher war Leiter eines Finanzamts, ein sehr gerechtigkeitsliebender, strenger Mensch, seine Frau eine impulsive Person, die „das Herz auf der Zunge“ hatte. Doch beide verband ihr Interesse für Gemeindeangelegenheiten und für die Theologie. Dankbarere Zuhörer, aber auch Gesprächspartner, hätte ich mir nicht wünschen können. Sie warteten, bis ich abends nach Hause kam, und die Diskussion über theologische und politische Themen ging los. Gerne denke ich an diese Streitgespräche zurück.

In Kladno war das Interesse am Gemeindeleben unerwartet rege. Im Mittelpunkt stand der Singkreis, ein vorzüglicher Chor. In Kladno betätigte ich mich das erste und einzige Mal als

Sänger und hielt mich im Bass an den ausgezeichnet singenden Kirchenvorsteher.
Am meisten eigene Verantwortung trug ich beim Predigen. In Kladno selbst predigte ich selten, das besorgte der Pfarrer. Meine Domäne waren die Außenstationen. In Rakovník versammelte sich alle zwei Wochen eine lebendige Zuhörerschaft. Die meisten Leute von dort konnten sich gut an meinen Bruder Bohuš erinnern, der während des Krieges hier Notar gewesen war und an dem damals blühenden Gemeindeleben regen Anteil genommen hatte. Nach dem Krieg schrumpfte die Gemeinde, weil viele in die ehemals deutschen Grenzgebiete zogen.
Besonders wichtig waren für mich und wohl auch für die Gemeinde in Kladno die Bibelstunden. Hier hatte ich Freiheit bei der Erklärung von Bibeltexten. Ich bemühte mich, sie mit Bezügen zur Aktualität zu vermitteln und vor allem das Gespräch in Gang zu bringen. Noch heute bin ich meinen aufmerksamen Zuhörern und Gesprächspartnern der Bibelstunden dankbar, weil ich viel von ihnen gelernt habe.
Weiter oben habe ich mein Zögern im Hinblick auf den Pfarrerberuf beschrieben, besser gesagt, ich äußerte mich über meine Bedenken der Beerdigungen wegen. Hier in Kladno hatte ich reichlich Gelegenheit zum Beerdigen; die Taufen und Hochzeiten reservierte der Pfarrer für sich. Anfänglich erschreckte es mich. Doch mit der Zeit sah ich die Dinge anders. Ich erkannte, dass unter den gegebenen Umständen einer atheistischen Propaganda, die alle Gebiete des gemeinschaftlichen Lebens zu durchdringen suchte, gerade die Begräbnisfeiern eine Sonderstellung einnahmen. Sie waren im Grunde genommen die einzige Möglichkeit für die Kirche, in der Öffentlichkeit sichtbar und hörbar präsent sein zu können. Zu diesen Trauerfeiern versammelte sich, ohne Ansehen der Konfession, die Mehrheit der Dorfbevölkerung. Die Menschen in einem solchen Moment anzusprechen, war alles andere als hoffnungslos. Sicherlich gehört das Evangelium nicht nur zu Grenzsituationen des Lebens wie Krankheit und Tod, sondern mitten ins Leben, wie wir es damals gerade aus dem Werk von Dietrich Bonhoeffer gelernt hatten. Doch in sol-

chen Grenzsituationen, in welchen die damals üblichen, ideologisch verbrämten Worte von Parteirednern wenig zu überzeugen vermochten, ergab sich die Gelegenheit darzulegen, was das Evangelium für einen Christen im Leben und angesichts des Todes bedeutet – diese Erfahrung machte ich ausgerechnet in den säkularisierten Gemeinden in Kladno und Umgebung. Das war nicht immer leicht. Ich erinnere mich an eine Beerdigung in Nové Strašecí mit einer Außentemperatur von –30°. Es wäre unbarmherzig gewesen, eine halbe Stunde zu predigen. Wesentlich war die grundlegende Botschaft der Schrift. Dort, wo menschliche Worte vor Kälte starrten, wurde das Evangelium zur Quelle des Trostes und der Hoffnung. Diese existentielle Erfahrung ist mir geblieben und hat sich an ähnlichen Orten auch unter ganz anderen Voraussetzungen ein Leben lang immer wieder erneuert.
Auch wenn Kladno damals eindeutig Mittelpunkt meines Lebens war, pflegte ich Kontakte zu Freunden in anderen Städten, besonders in Prag und in Nové Město. Ich denke nicht nur an die Jugend aus der Gemeinde Prag-Střešovice. Ich hatte auch andere Bindungen innerhalb der kirchlichen Jugend. Während des Krieges beteiligte ich mich eifrig an den Aktivitäten des Jugendkreises in Prag-Vinohrady. Nach dem Krieg trat ich wie bereits erwähnt dem Akademischen CVJM bei. Dabei entstanden eine Reihe freundschaftlicher Bindungen. So wurden meine Weglein nach Prag nie überwuchert.

Die Habilitation nimmt Gestalt an

Wie ich in dieser Zersplitterung der Kräfte noch Zeit fand, meine Habilitation in Angriff zu nehmen, ist mir bis heute ein Rätsel. Bereits in Kladno habe ich mich nämlich auf das Thema: „Das religiöse Denken der tschechischen (nationalen) Wiedergeburt“ festgelegt und angefangen, Material zusammenzutragen. Die tschechischen Theologen haben diese Zeit (Ende 18./ Anfang 19. Jahrhundert) eher vernachlässigt. Das Ergebnis meiner Bemühungen, die erst in Prag zum Abschluss kamen, war eher mager. Die Arbeit ging hastig vor sich und stützte sich zumeist auf bewährte Arbeiten von Literaturgeschichtlern. Schließlich war ich kein Historiker, sondern wollte eine philosophisch-theologische Arbeit schreiben. Mir ging es darum, trotz widriger Zeitläufte die Masaryksche Geschichtsphilosophie mit ihrer These von der Weiterführung der tschechischen Reformation durch die Wiedergeburt zu stützen.

Hromádka nahm die Arbeit großzügig und positiv auf. Heute bin ich der Ansicht, dass sie gar nicht hätte gedruckt werden sollen, weil sie nur wenig Erhellendes enthielt – ungeachtet der positiven Rezensionen, die nach deren Publikation im Jahre 1952 hie und da erschienen.

Was die Masaryksche Philosophie der tschechischen Geschichte betrifft, so untersagte es die Zensur, seinen Namen direkt zu erwähnen. Lediglich die Umschreibung „Autor der Tschechischen Frage" war erlaubt. Daran hatte ich mich zu halten.

In Kladno und in Rakovník erging es mir ähnlich wie in St. Andrews: Der Abschied von der Gemeinde und von einzelnen Freunden fiel mir schwer. Am liebsten wäre ich dort geblieben. Aber der „Streich" wurde von oben ausgeführt, genauer gesagt vom Synodalrat. Anfang 1950 sollte eine neue Fakultät ins Leben gerufen werden. Unsere bisherige Hus-Fakultät erfüllte nämlich eine Doppelfunktion: Als Ausbildungsstätte evangelischer Theologen im Jahre 1918 gegründet, stand sie auch der Tschechoslowakischen (später zusätzlich „hussitischen") Kirche offen und, wenn ich mich nicht irre, auch einigen Unitariern. Das soeben gegründete staatliche Amt für kirchliche Angelegenheiten entschied, dass beide Fakultäten nach dem altbewährten „divide et impera" der Machtausübenden getrennt werden müssten. Unsere tschechoslowakischen Freunde durften den Namen „Hus-Fakultät" beibehalten, unsere Fakultät musste sich einen neuen Namenspatron suchen, welcher in Gestalt des Jan Amos Komenský auch gefunden wurde.

Gewissermaßen als Trostpflaster der Obrigkeit wurde der Lehrkörper recht gut dotiert. Neue Professuren und Dozenturen wurden geschaffen. Für uns Doktoranden der Theologie des Jahres 1948 – Amedeo Molnár, Josef Smolík und mich – hieß das, möglichst schnell die venia legendi zu erlangen. In meinem Fall kam für den Synodalrat noch ein weiterer Grund dazu, mich zum Weggang von Kladno zu bewegen: Seit Kriegsende stand der Kirche in der Gerbergasse 13 („V Jirchářích“ 13) ein geeignetes Gebäude zur Verfügung, das nach notwendigen Umbauarbeiten für ein Seminar wie geschaffen war, weil die Studenten unter der Leitung eines Spirituals hier gemeinsam wohnen konnten. Pfarrer Sochor, der diese Funktion neben seinem Amt als Sekretär des Synodalrats ausübte, musste den Dienst eines Spirituals aus gesundheitlichen und wohl auch politischen Gründen quittieren, weil er dem Regime nicht genehm war. So wurde ich von den Vätern und Brüdern in der Kirchenleitung als sein Nachfolger ausersehen. Meine Antwort fiel anfänglich zurückhaltend, eigentlich ablehnend aus. Ich wollte die Gemeinde, die ich lieb gewonnen hatte, nicht aufgeben. Doch da griff der stellvertretende Synodal-Senior, Bohuslav Burian, ein: „Herr Doktor, wenn Sie nicht in die Gerbergasse gehen, können Sie die Fakultät vergessen!“ Nach meinen Erfahrungen in Kladno und Rakovník konnte ich mir durchaus auch eine andere berufliche Entwicklung als die akademische Laufbahn vorstellen. Doch ich wusste, dass die mir am nächsten stehenden Lehrer, Prof. Hromádka und Prof. Souček, mit mir rechneten. Deshalb sagte ich zu.

Als Spiritual in der Gerbergasse

Gemeinschaftliches Leben der Theologen

Ursprüngliche Besitzerin des Gebäudes des theologischen Hus-Seminars war die einzige deutschsprachige lutherische Gemeinde Prags. Deren Kirchenschule wie auch die Pfarrwohnung befanden sich in diesem Gebäude, das gegenüber der St. Michaelskirche stand, wo die deutschsprachigen lutherischen Gottesdienste stattfanden. Als nach dem Krieg die Zahl der Deutschen durch Vertreibung dezimiert wurde, hob man die lutherische Gemeinde und die Kirchenschule auf. Nach dem Krieg fiel das Gebäude an die Evangelische Kirche der Böhmischen Brüder. Es wurde mit namhafter ausländischer Unterstützung in ein Seminargebäude umgebaut und erhielt einen Lehrsaal, eine große Mensa, die sich auch für größere öffentliche Vorlesungen eignete, etwa 30 Studentenzimmer, ein Büro sowie Wohnungen für den Hausmeister und für den Seminardirektor. Die Michaelskirche fiel an die slowakische evang.-lutherische Kirche, wir durften sie jedoch für eigene, mehr oder weniger gottesdienstliche Anlässe mitbenutzen. Mit den slowakischen Brüdern und Schwestern sind wir gut ausgekommen, insbesondere mit Rudolf Koštial, der im Jahre 1990 zum Bischof seiner Kirche gewählt wurde.
Das Gebäude war für Theologen sehr geeignet, gut ausgestattet und günstig gelegen. Durch die Vilímek-Passage erreichte man die Theologische Fakultät in fünf Minuten; diese war damals in beengenden Verhältnissen im ersten Stockwerk des Hus-Hauses untergebracht.
Dass dem leiblichen Wohlergehen ein Wohlergehen auf der

geistlichen Ebene entspreche, war die Aufgabe des Spirituals. Dieser Titel war für unsere Kirche ungewöhnlich, da er aus der katholischen Kirche stammte. Wir versuchten allerdings, dem Aufgabenbereich des Spirituals einen spezifisch evangelischen Inhalt zu geben. Die Mehrzahl ist hier wörtlich zu nehmen. Von Anfang an wusste ich – obwohl unerfahren – dass meine Aufgabe nicht die Arbeit eines Einzelnen sein konnte. Eine selbstbezogene Autoritätsperson hätte unter den Studenten keine Chance gehabt. Die evangelischen Pfarrer, ja schon die Theologiestudenten, sind Persönlichkeiten bzw. Individualisten, die Herdensituationen meiden. Dennoch war eine solche Gemeinschaft von Brüdern und Schwestern im Geiste der tschechischen Reformation gerade in jenen schweren, kirchenfeindlichen Zeiten der fünfziger Jahre ein besonderes Bedürfnis. Besonders jene erste, zahlenmäßig starke Theologengeneration wollte nicht nur zusammen wohnen, sondern auch gemeinsam leben. Daher stellte mir der damalige „Ältestenrat" der Studenten das Konzept vor, aus dem theologischen Hus-Seminar eine Gemeinde zu bilden, die zwar in ihrer Zusammensetzung einseitig war, weil noch keine Studentinnen an der Gerbergasse wohnten, dennoch aber viele Attribute des Gemeindelebens besaß: gemeinsame Gottesdienste, gemeinsame Arbeit, Zusammenleben im Alltag und an der Spitze ein Presbyterium und ein Pfarrer, in diesem Falle also Spiritual. Das war ein anspruchsvolles Programm, aber umso erfreulicher, weil der Anstoß dazu nicht von oben, sondern von unten gekommen war. So machten wir uns ans Werk.

Schon vor unserer Ära hatte es Morgen- und Abendandachten gegeben, dazu Übersetzungsübungen aus dem Hebräischen und Griechischen. Beides führten die Studenten in eigener Regie durch, aber sie rechneten selbstverständlich mit der Anwesenheit des Spirituals. Für mich war es eine besondere Gelegenheit, dabei zu sein, wenn die Studenten ihr theoretisches Studium in die anlaufende Praxis umsetzten. In unserem Kreis gab es hervorragende Altsprachler, von denen ich während unserer täglichen Übersetzungsübungen eine Menge lernen konnte. Die Andachten hatten manchmal beachtliches Niveau.

Sie förderten den gesunden Wettbewerb darüber, wer die kritische Zuhörerschaft am besten ansprechen könne und waren der Ausgangspunkt nicht enden wollender theologischer Gespräche.
Für mich hatte dieses Morgenprogramm auch unannehmliche Seiten. Es fand vor dem Frühstück von halb sieben bis halb acht statt, später dauerte es noch etwas länger. Das hieß früher aufstehen, als ich es gewohnt war – eine besonders im Winter unangenehme Übung. Da ich mich im Auftrag des Ältestenrates dafür einsetzte, dass die Studenten an den Andachten und Lektionen teilnahmen, musste ich mit gutem Beispiel vorangehen und zähneknirschend aufstehen. Zu meinen Aufgaben gehörte es, diejenigen Studenten zu wecken, die trotz Läuten im warmen Bett blieben. Manche reagierten darauf unwirsch, andere mit dem verlegenen Lächeln eines reuigen Sünders. Svatopluk Karásek hat eine solche Begebenheit in seinem Buch „Der durchnässte Pfarrer" beschrieben – übrigens eine lesenswerte Ergänzung zu diesem Kapitel, auch wenn Karásek einen späteren Zeitabschnitt beschreibt. Typisch ist folgende von ihm geschilderte Episode: „Karásek, Sie sind der reinste Heide! Unten singen wir schon, und Sie liegen noch im Bett!" Svát'as reuevolles Staunen war immer von neuem entwaffnend. Manchmal gab er sogar nach.
Meine eigene seelsorgerliche Arbeit bestand vornehmlich aus persönlichen Besuchen auf den Zimmern. Dafür reservierte ich mehrere Tage pro Woche, nicht mechanisch, sondern danach, wie es für die einzelnen Studenten angebracht schien. Daraus entwickelten sich theologische oder persönliche Gespräche, manchmal bis in die Nacht, oder die Besuche waren kurz und wir redeten nur über allgemeine Fragen. Aus diesen Gesprächen entwickelte sich in vielen Fällen eine Beziehung, die das ganze Studium hindurch erhalten blieb und weiterging, wenn der betreffende Theologe bereits im Pfarramt war. Ich hatte auch Gelegenheit zum Dienst am Worte Gottes im eigentlichen Sinn. Einige Jahre lang hielt ich Bibelarbeiten. An diesen nahmen auf freiwilliger Basis auch unsere Angestellten und hie und da auswärtige Freunde teil. Ich habe noch Hefte mit Auslegungsreihen. Die meiner Ansicht nach an-

spruchsvollste Bibelarbeit war die Auslegungsserie zum Epheserbrief – auch für mich ein ernsthaftes Unterfangen, da ich mich immer wieder aufgrund des Originals und der Kommentare in diesen Brief einlesen musste. Aber mit der Zeit wurde es klar, dass das Sich-Abmühen mit recht anspruchsvollen Texten für die Studenten nach einem langen Arbeitstag und nach einem üppigen Abendessen ein hoffnungsloses Unterfangen war. Manche nickten buchstäblich ein, so dass ich die ursprünglich einstündigen Bibelauslegungen vorzeitig abschloss und schließlich zu Gunsten von spontanen Diskussionsrunden aufgab. Die Semestergottesdienste mit Abendmahl fanden viermal pro Jahr in der St. Michaelskirche statt, außer wenn es in der ungeheizten Kirche bitterkalt war.
Als Spiritual war ich Ansprechpartner von Studenten in besonderen Lebenssituationen, besonders bei Trauungen, auch wenn es der Synodalrat anfänglich nicht gerne sah, wenn die Studenten vor dem Examen heirateten. Unter ihnen waren Jan und Lidla Trusina, Sváťa und Stáňa Karásek, Jaromír und Jarmila Strádal aber auch Kollegen wie Amedeo und Marie Molnár. Es hat mich überrascht und erfreut, dass ich diese Reihe von Trauungen angehender Pfarrer auch in der Schweiz fortsetzen durfte, wie etwa bei Markus und Charlotte Christ, Christa und Thomas Scheibler, Barbara und Jiří Přeček.

Gefährliche Jahre

Die Jahre 1950 bis 1968, in denen ich als Spiritual und ab 1960 als Direktor in der Gerbergasse wirkte, waren zu Beginn voller Gefahren. Das Seminar war ein offenes Haus. Der Hinterhof war umrahmt von Mietshäusern, deren Fenster manch wachsamem Auge eine ideale Gelegenheit bot, uns zu beobachten, in einer Zeit allgegenwärtiger Bespitzelung eine gefährliche Ausgangslage. So musste ich denn öfters Proteste wegen Lärms oder lauten Spielens entgegennehmen, wobei später auch meine Kinder zu den Lärmverursachern gehörten. Dahinter steckte die Absicht, uns zu überwachen, einzuschüchtern, wobei nicht immer klar auszumachen war, was der Grund dafür war. Erstaunlicherweise kam es trotz Übergriffen gegen

einige Studenten und trotz einer Aktion gegen die Verbreitung der bekannten Schrift Helmut Gollwitzers über seine Gefangenschaft in der Sowjetunion zu keinen weiteren repressiven Polizeiaktionen. Ich glaube es war vorteilhaft für uns, dass unserem Haus in der Person des Heizers, Bruder Zahradník, und seiner Frau an der Pforte offizielle Aufpasser zugeteilt waren. Mit ihnen musste ich mich immer wieder aussprechen, damit aus kleineren Beanstandungen keine Staatsaffären wurden. Aber ich hatte den Eindruck, dass, besonders bei Schwester Zahradník, die Solidarität mit uns und den Studenten jegliche Parteiergebenheit überwog. Mit ihrer mütterlichen Erscheinung hat sie viele Gefahren gebannt. Zu unserer und ihrer Freude konnte sie uns Jahre später einen zweiwöchigen Besuch in der Schweiz abstatten.
Dass sich die Staatspolizei auf unangenehme Art und Weise für uns interessierte, davon konnte ich mich in einem Fall persönlich überzeugen. 1954 wohnten wir vorübergehend in Vršovice an der Straße des 28. Regiments. Eines Tages stand ein unbekannter Mann vor der Tür und wollte mit mir sprechen. Meine Frau war mit unserer ein paar Monate alten Tochter allein zu Hause. Sie bat den Unbekannten herein und fragte: „Aus welcher Gemeinde sind Sie, Bruder?“ Oft wurden wir nämlich von Brüdern und Schwestern aus evangelischen Gemeinden besucht. Die Antwort fiel kurz aus: „Aus dem Innenministerium“. Als ich wenig später nach Hause kam, teilte mir der Unbekannte mit, er müsse mich unbedingt im Ministerium sprechen. Verständlicherweise war ich beunruhigt. Was wollten die von mir, was lag gegen mich vor? Während der Unbekannte schon an meine Haustür klopfte, hielt ich mich noch bei Familie Drápal auf. Ein Familienmitglied war gerade aus dem Gefängnis entlassen worden. Vielleicht war der ungebetene Besucher wegen meiner Kontakte zu Lubor Drápal gekommen; denn wir beide hatten einmal mit einer Gruppe amerikanischer Christen eine unbewilligte Reise unternommen – also konnte man uns jetzt deswegen etwas anhängen. Anderntags musste ich mich in das unselige Gebäude an der Letná begeben. Dort nahmen mich zwei Beamte in Empfang, die mich zehn Stunden lang pausenlos verhörten. Bald war es

klar, dass nichts gegen mich vorlag, lediglich ein unsinniger gefälschter, anonymer Brief darüber, dass der „Judas" Lochman angeblich seine Heimat in Basel verraten hatte. Die Sprache und die verwendeten Begriffe ließen keinen Zweifel übrig, dass es sich um eine Fälschung handelte. Meine kleine Seele konnte etwas Mut schöpfen. Die Gegenseite probierte es mit „Zuckerbrot und Peitsche". Das Zuckerbrot war eine große Schmeichelei: „Sie haben alle Voraussetzungen dazu, Nachfolger von Hromádka zu werden, das ist kein Problem, er ist ein alter Mann. Nur müssen Sie damit einverstanden sein, mit uns zusammenzuarbeiten." Als das nicht zog, kam die Peitsche der Drohung. Sie wussten, dass ich gerade eine Familie gegründet hatte. „Seien Sie sich im Klaren, dass wir große Macht haben. Wir können Ihre Ehe zerstören." Meine Antwort war knapp. Ich richtete mein inneres Auge auf Eliška und sagte: „Versuchen Sie es." Meiner Ansicht nach war es auch unter anderen Voraussetzungen wichtig, dass man selbst mit schlotternden Knien von Anfang bis zum Ende eindeutig „Nein" sagte. Erstaunlicherweise hat mich die Staatssicherheit später nie wieder belästigt.

Nach zehn Stunden ließen sie mich laufen und ich eilte nach Hause; denn in einer Stunde sollte ich in der Gemeinde Prag-Nusle einen Vortrag halten. Gott sei Dank war ich rechtzeitig dort.

Ich berichtete Prof. Hromádka von meinem Verhör, er unterstützte mich in meiner Haltung.

Das im Theologischen Hus-Seminar herrschende Klima des Vertrauens war das Verdienst unserer Angestellten. In dieser Hinsicht waren wir im Vergleich mit anderen Kollegien privilegiert. Wir hatten eine großartige Belegschaft. Die meisten hatten einen kirchlichen Hintergrund, der an ihrer Arbeit und an ihrem Umgang mit den Studenten, ihrer Solidarität mit dem ganzen Seminar erkennbar war. Auf alle diese Leute konnte man sich verlassen. Nur dank Leuten wie Marta Chládková und Zuzana Lucinová konnten wir die Stalinzeit ohne tragische Erschütterungen überstehen und später in vorbehaltlosem Vertrauen und in der Gewissheit weiterleben, dass bei allfälligen oder tatsächlichen Angriffen von außen, aber auch von innen, uns niemand aus diesem Personenkreis zu Fall bringen würde. Was wären wir ohne diese tapferen Frauen gewesen?

Studentengruppen

Für das Zusammenleben im Seminar war die kirchliche und ethnische Zugehörigkeit der Studenten eine heikle Angelegenheit. Neben den Evangelischen aus Böhmen und Mähren lebten reformierte Ungarn aus der Slowakei im Seminar, zu denen sich einige Slowaken gesellten. Dass ungarische reformierte Theologen in Prag studierten, war ein erfreuliches Anzeichen dafür, dass konfessionelle Kriterien gegenüber ethnischen überwogen. Sonst hätten die slowakischen Ungarn ja an der lutherischen Fakultät in Bratislava studiert. Trotzdem brachten sie verständlicherweise ein unterschiedliches kirchliches und kulturelles Bewusstsein mit. Das führte manchmal zu Spannungen. Es gab fleißige und begabte Studenten wie Evžen Mikó, der spätere Bischof seiner Kirche, oder Lotar Liptay, der Jahre später das Land verließ und mich um Mithilfe bei der Ansiedelung in der Schweiz bat. Davon konnte dann die tschechischsprachige Hus-Gemeinde in der Schweiz profitierten, in der Liptay oft gepredigt hat. Manche Ungarn blieben freilich nicht nur sprachlich, sondern auch bezüglich ihrer theologischen Interessen hinter den Tschechen zurück. Sie beriefen sich auf die kirchliche Situation in der Slowakei, wo man bis zu einem gewissen Grade noch von Volkskirchentum sprechen konnte, da die Gottesdienste an kirchlichen Feiertagen sehr gut besucht waren, während im säkularisierten tschechischen Teil der Republik weniger Leute zur Kirche gingen. Deshalb konnte man manchmal in Diskussionen das Argument hören: „Ihr rackert euch theologisch ab, doch die Kirche serbelt dahin. Unsere Kirche ist jedoch noch immer relativ stark und wir brauchen für unsere Arbeit nicht so viel Theologie.“ Das konnte man nicht gelten lassen.

Meine Vorliebe für Sport brachte mir bei den meisten ungarischen Theologen Pluspunkte ein. Es gab unter ihnen enthusiastische Fußballer. Mit ihnen spielte ich oft und mit vollem

Einsatz, auch im Winter in einer gemieteten Turnhalle. Meine Frau lachte händeringend, wenn ich vom samstäglichen Balltreten heimkehrte, und besorgte Eisumschläge, um meine blauen Flecken zu behandeln. Manchmal wurde innerhalb der Fakultät ein Turnier Ungarn gegen Tschechen ausgetragen. Ich war jeweils mit von der Partie, obwohl ich diese Art von Kickerei nicht sonderlich mochte. Auch wenn es niemals zu unfairen Attacken kam, waren die Fronten zwischen beiden Mannschaften verhärtet. Das war nicht in meinem Sinne.
Im Übrigen gab es religiöse und bis zu einem gewissen Grade auch politische Gruppierungen, die sich nach anderen als ethnischen Kriterien zusammensetzten. Es gab eher pietistisch gesinnte Theologen neben „liberalen" Bultmannianern, streng orthodoxe reformierte Theologen neben Studenten, die sich am tschechischen Alttestamentler Daněk orientierten. Die Spannungen waren nie destruktiv, sondern trugen zu einem intensiven Gedankenaustausch bei, bereicherten also das Leben am Theologischen Hus-Seminar.
Einzelne ausländische Studenten bereicherten ebenfalls das gemeinschaftliche Leben, sofern wir sie im Zuge einer gewissen Lockerung in den sechziger Jahren sowohl auf der Fakultät als auch im Seminar zum Studium aufnehmen durften. Die meisten von ihnen kamen aus Holland, da Hebe Kohlbrügge, eine Freundin unserer Kirchen, während Jahren holländische Austauschstudenten nach Prag vermittelte. Tony van den Beld, der später in Holland eine Dissertation über T.G. Masaryk publizierte, war der erste. In den Fußstapfen ihrer Mutter, Pfarrerin Anneliese Neumärker, ging die deutsche Theologin Dorothea Neumärker eine intensive Symbiose mit dem tschechischen Milieu ein. Sie hat perfekt Tschechisch gelernt, was ihr bei ihrer Dissertation über J.L. Hromádka zugute kam. Auf diese Arbeit konnten sich später meine Basler Doktoranden berufen, wenn sie Hromádkas Texte aus der Zwischenkriegszeit in Dorothea Neumärkers zuverlässigen Übersetzungen auswerteten.
Ad-hoc-Fraktionen bildeten sich regelmäßig einmal im Jahr, wenn der neue Ältestenrat und vor allem ein neuer „Präfekt" gewählt wurden. Letzterer vertrat die Studentenschaft, war also

mein direkter Ansprechpartner bei konkreten Problemen im Seminar. Das war wohl eine der seltenen Ausnahmen demokratischer Wahlen in einem totalitären System. Sobald die Wahl vorbei war, herrschte wieder Einmütigkeit. Erkennbar war das am traditionellen Wirtshausbesuch nach den Wahlen. Praktisch alle Seminaristen begaben sich ins nahe gelegene Restaurant „U Fleků".

Gerne erinnere ich mich an meine Präfekten. Der Konsens zwischen Studenten und Professoren in Fragen des Studiums und der Seminarordnung ist nicht immer einfach zu erreichen. Ich kann mit Fug und Recht behaupten, dass dabei auftretende Spannungen nie bedrückend waren. Regelmäßig wurde ein „Gentlemen's agreement" erzielt. Nicht von ungefähr haben sich alle Präfekten später im Kirchendienst bewährt.

Mit den Ehepaaren Dobiáš (Bildmitte) und Molnár im kirchlichen Freizeitheim „Sola fide"

Eine andere „Gruppenproblematik" entzündete sich an der Frage, ob auch Studentinnen im Hus-Seminar wohnen dürften. Von Anfang an studierten nicht nur Männer sondern auch Frauen an der Fakultät, von denen viele zu den besten und zuverlässigsten Studenten gehörten. Diese angehenden Theologinnen mussten sich zuerst eine private Unterkunft suchen. Zum Seminar hatten sie – abgesehen von den Gemeinschaftsräumen im Parterre – keinen Zutritt. Ein auf Dauer unhaltbarer Zustand; insbesondere als die Studentenzahl zurückging, war das Argument der mangelnden Plätze im Studentenheim entkräftet. Darüber wurde in den Zimmern und im Plenum eifrig diskutiert. Manch einer wehrte sich aus „bekenntnismäßigen" Gründen gegen den Einzug von Frauen – vergeblich, denn die Mehrheit sprach sich für die Öffnung des Seminars für Frauen aus. Zuerst wurden ihnen typischerweise nur die ziemlich unattraktiven dunklen Zimmer im Parterre zugestanden. Allmählich konnten sie jedoch „aufsteigen". Weder das Gebäude noch die Hausordnung sind deshalb aus den Fugen geraten. Die Ironie des Schicksals wollte es, dass einige ursprüngliche Öffnungsgegner sich in junge Theologinnen verliebten und diese später heirateten.

Das Hus-Seminar war ein besonderes und in seinen Bräuchen recht eigenartiges Haus. Aber es war in beide Richtungen offen. Die Theologen hatten alle Möglichkeiten, sich außerhalb des Hauses zu engagieren, vor allem in Gemeinden, in Jugendkreisen und anderen Diensten oder aber in fremdem Milieu. So praktizierte es auf beachtenswerte Weise Sváťa Karásek, der begann, in Kneipen Zeugnis abzulegen. Andererseits bot das Haus eine Plattform zur Begegnung mit Kollegen anderer Fakultäten. Im Verlauf der sechziger Jahre, als sich die dumpfe Atmosphäre der fünfziger Jahre lockerte, nahm dies deutliche und weitum beachtete Formen an. Gipfel dieser Offenheit war das „Ökumenische Seminar", das unter dem Patronat von Prof. Hromádka und später auch vom katholischen Bischof Tomášek in der Gerbergasse abgehalten wurde. Hier trafen außerhalb der Fakultät stehende evangelische Denker wie Ladislav Hejdánek in größeren oder kleineren Gruppen mit Katholiken wie Jiří Němec, den Brüdern Floss, Jan Sokol, Václav Frej und einigen dialogbereiten Marxisten zusammen. Hier wurden anspruchsvolle philosophische Texte durchgenommen, so z.B. Heideggers „Was ist Metaphysik?" Die Strategie des sich abzeichnenden Prager Frühlings wurde ebenfalls hier reflektiert. Für die Intelligenz waren diese Seminare im Hus-Seminar zweifellos einer der Kristallisationspunkt der Demokratisierungsversuche der damaligen Gesellschaft.

Familienleben im Seminar

Gleich zu Beginn meines Wirkens im Seminar schlossen Eliška Jeřábková und ich den Bund der Ehe. Unsere Hochzeit fand unter großer Anteilnahme der Studentenschaft in der Michaelskirche, also neben dem Seminar statt. Getraut hat uns Prof. Hromádka. Anfangs wohnten wir nicht im Seminar, da die dortige Wohnung noch vorübergehend besetzt war. Wir bekamen eine Dienstwohnung in einer Villa in der Nähe der Šárka. Es kam aber so heraus, wie es für jene Zeit typisch war: Wir hatten zwar die Wohnungszuteilung, doch den Wohnungsschlüssel erhielt ein Mitarbeiter des Innenministeriums. Wir erhielten eine kleine Mietwohnung in einem mehrstöckigen Plattenbau zugeteilt. Doch nach vier Jahren kehrte ich ins Hus-Seminar zurück, diesmal nicht mehr als Spiritual, sondern als Direktor. Wenn ich mich recht erinnere, zogen wir am 25. Februar 1960 in die Direktorenwohnung an der Gerbergasse ein – just am 12. Jahrestag des kommunistischen Umsturzes von 1948, der in der Sprache der Machthaber „Siegreicher Februar" genannt wurde. Meine Frau seufzte: „Hoffentlich wird daraus nicht auch 'unser siegreicher Februar', dass wir zwar leicht hier einziehen, aber kaum mehr von hier wegkommen." Neben mancherlei Sorgen fühlte sich unsere ganze Familie in der Gerbergasse wohl. Als sich in den sechziger Jahren meine ökumenischen Verpflichtungen häuften und ich außerdem 1960 zum Professor für Systematische Theologie ernannt wurde, spürte ich, dass der Dienst im Theologischen Seminar langsam über meine Kräfte ging. Die Fakultät wollte von meinem Weggang aus dem Seminar nichts wissen, nicht einmal meine besten Freunde Souček und Dobiáš. Ich war ziemlich verärgert, obwohl ich immer gerne im Seminar gelebt habe. Erst mein Wegzug nach New York und später nach Basel beendete diese doppelte Belastung.

An der Comenius-Fakultät

Meine Kollegen

1950 begann die Comenius-Fakultät eine neue Ära ihrer Existenz. Das Professorenkollegium war größer geworden und bei Eröffnung der Fakultät hatten sich überraschenderweise 160 Studenten zum Theologiestudium angemeldet. Aufgrund des wachsenden ideologischen Drucks in den Schulen und infolge des Einflusses, den staatliche Funktionäre auf das Aufnahmeverfahren an der Fakultät ausübten, sank die Studentenzahl in den folgenden Jahren. Trotzdem war es eine ansehnliche Theologengeneration, welche aus der anspruchsvollen Beschäftigung mit der Heiligen Schrift während des Krieges und den ersten Jahren danach in unseren Gemeinden herangewachsen war.
Im Professorenkollegium hatte J.L. Hromádka eine unbestrittene Führungsposition inne und war während langer Jahre der einzig denkbare Dekan. Hromádka genoss als überzeugter Sozialist das Vertrauen staatlicher Funktionäre, obwohl auch er manchmal überwacht wurde. Dieses Vertrauen wusste er zum Vorteil der ganzen Fakultät zu nutzen. Er stellte sich schützend vor die Studenten und Professoren, auch wenn er damit nicht immer Erfolg hatte. Prof. Adolf Novotný z.B., ein geistreicher praktischer Theologe, musste die Fakultät verlassen und vorzeitig in Pension gehen. Die dadurch „gewonnene“ Zeit setzte er geschickt ein für die Arbeit am biblischen Wörterbuch, die er mit fachlicher Unterstützung von Miloš Bič und J.B. Souček in Angriff nahm. Auch der Assistent Dr. Stanislav Segert, später weltbekannter Orientalist und vor al-

lem ein zuverlässiger „Wanderprediger", verließ die Fakultät. Ich hatte den Eindruck, dass in beiden Fällen nicht nur politische Gründe eine Rolle spielten, da die beiden Betroffenen einigen politisch einflussreichen Kollegen theologisch zu liberal waren.
Hromádkas Autorität gründete jedoch nicht nur auf der relativen Gunst seitens des Regimes, sondern vor allem auf seinem theologischen Lebensweg und seinem fürsorglichen Umgang mit Kollegen und Studenten. Er war wirklich der Patriarch der Fakultät, der seine jüngeren Kollegen gerne als seine Söhne bezeichnete und uns Jüngste gar als Enkel ansprach. Dass die meisten Kollegen seine politischen Konzeptionen und seine vom Regime manipuliert wiedergegebenen politischen Stellungnahmen nicht billigen konnten, tat seinen väterlichen Gefühlen keinen Abbruch. Nie hat er uns dazu gedrängt, seine politische Orientierung zu übernehmen. Andererseits hat seine Umgebung, z.B. beim Genehmigungsverfahren für Auslandsreisen einen gewissen Druck auf uns ausgeübt.
Unbestrittene Autorität neben Hromádka war Prof. Josef Bohumil Souček. Seine und seiner Kollegen Loyalität dem geliebten Lehrer gegenüber war ungebrochen. Auch dann, als klar wurde, dass er viel schwerere Bedenken gegenüber dem Regime hatte und dessen Demokratisierungsmöglichkeiten stärker in Frage stellte als Hromádka. Auch Souček war beliebt, besonders bei seinen Schülern aus den Theologiekursen während der Kriegszeit.
Fest verankert in der Wahrheit des Evangeliums, war er in sämtlichen theologischen Disziplinen der tschechischen, deutschen, Schweizer und angelsächsischen Tradition zu Hause, hatte darüber hinaus ein fundiertes Wissen in weiteren Bereichen der abendländischen Kultur, war in alledem aber auch ein ergebener Sohn seiner Kirche und wacher Zeitgenosse.
Ein anderer mir bereits aus den Kursen der Kriegszeit bekannter Professor war der Kirchengeschichtler Rudolf Říčan, der in seinen Vorlesungen mutig für seinen Glauben einstand und später Protestbriefe gegen die Diskriminierung der gläubigen Jugend oder gegen die Freigabe der Abtreibung an die politischen Instanzen sandte, was den Argwohn der staatlichen Auf-

sichtsbehörde erregte. Doch er konnte immer auf die Fürsprache Hromádkas zählen. Die Praktische Theologie oblag dem Podjebrader Pfarrer Josef B. Jeschke, obwohl er sich zunächst zur Systematik hingezogen fühlte. Jeschke war ein Pionier tschechisch-schweizerischer Freundschaft. Er hat nicht nur in Basel studiert, sondern dort auch seine künftige Frau Meta kennen gelernt. Das neue Fach Sozialethik lehrte František Mrázek Dobiáš, dem ich besonders nahe stand und dem ich viel zu verdanken habe. Wir trafen uns regelmäßig außerhalb der Fakultät und dank der zuvorkommenden Art seiner Frau Marie auch mit den Familien. Unsere Freundschaft überdauerte meinen Weggang von Prag. Soweit es die Umstände erlaubten, besuchte er mich in Basel, oder meine Frau und ich fuhren nach Deutschland, wenn er sich dort aufhielt. Wir hatten dort nahe Freunde, besonders im Kreise der Iwand-Schüler, aber auch in der Person von Pfr. Dr. Friedhelm Borggrefe, einem bewährten Freund unserer Kirchen. Eliška und ich waren die letzten Menschen, mit denen F.M. Dobiáš während eines gemeinsamen Besuches bei Borggrefes 1972 in Ludwigshafen tschechisch gesprochen hat. Dobiáš, der bereits gezeich-

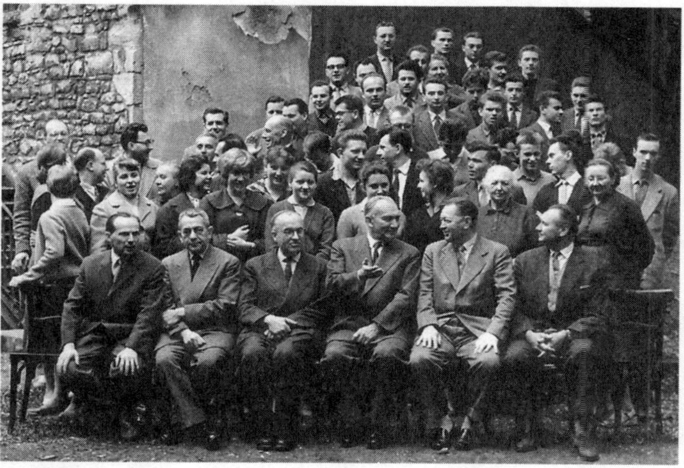

Professoren, Studenten und Mitarbeiter der Comenius-Fakultät. In der ersten Reihe die Professoren Lochman, Říčan, Souček, Hromádka, Dobiáš und Turnský

net war, beklagte sich über seine vielen Prager Sorgen, seitdem er als Nachfolger von Souček Dekan geworden war. Mich warnte er davor, einer Vorladung des Prager Ministeriums zur politischen Überprüfung Folge zu leisten. Zwei Tage später starb František Dobiáš im Hause der Familie Dlugokinski in Laasphe.

Ein beliebter Lehrer war der Alttestamentler Miloš Bič. Schmerzliche persönliche Verluste im Krieg hat er mit Tapferkeit ertragen. Seinem unglaublichen Forschereifer zollten wir höchsten Respekt, denn er hatte seine Habilitationsarbeit im Konzentrationslager konzipiert. Er war wirklich ein Gerechter, „untadelig und ohne Falsch". Neben seinem Spezialgebiet Altes Testament galt seine Vorliebe der tschechischen Reformation, auf die er seine ausländischen Gesprächspartner aufmerksam machte.

Zwei meiner Kollegen waren gleich alt wie ich. Der eine, Amedeo Molnár, war ein brillanter Kirchen- und Dogmengeschichtler und Theologe der tschechischen Reformation, von dem ich für meine systematische Theologie eine Menge lernen konnte. Mit ihm zusammen habe ich eine der wenigen polemischen Auseinandersetzungen um den „Doketismus" geführt. Es ging dabei um gewisse Tendenzen in der Theologie von Slavomil Daněk, besser gesagt, bei seinen Schülern. Diese Diskussion gewann dadurch an Brisanz, dass es um den Versuch ging, die Aufsplitterung der Theologie in zwei Verantwortungsbereiche, einen grundsätzlichen, theologischen und einen säkularen, den weltlichen Machthabern zu überlassenden Bereich, abzuwehren. Mein anderer Altersgenosse war Josef Smolík, Dozent für praktische Theologie und während langer Jahre gleichzeitig Gemeindepfarrer in Pardubice. Ursprünglich hatte ich ziemliche Vorbehalte gegen seinen Schlüsselbegriff des „sakralen Raums", weil ich mich in den Fußstapfen Bonhoeffers für eine „nichtreligiöse Interpretation", oder – um es mit dem treffenderen Begriff des tschechischen Juristen Miroslav Bula zu sagen – für eine „zivile Auslegung des Evangeliums" ereiferte. Später bin ich Josef Smolík durch die ökumenische Arbeit im In- und Ausland nahe gekommen. Freundschaftliche Beziehungen pflegte ich zum Professor für reformierte Theologie Štefan Turnský und seiner Familie. Große Hochachtung hatte ich vor der selbstlosen Art von Zdeněk Čep, dem Assistenten für Musik. Einige seiner Kompositionen, die hauptsächlich aus englischen Antiphonen bestanden, hatten wir im Kirchenchor Kladno aufgeführt.

In der Fakultät gab es Raum für verschiedene Methoden und Prioritäten der theologischen Arbeit. Der äußere Druck machte jedoch aus der Fakultät ein Ganzes, das ihr Überleben unter widrigen Umständen überhaupt erst ermöglichte und jegliche politisch motivierten Spaltungsversuche scheitern ließ. Diese tief verankerte Solidarität erstreckte sich auch auf diejenigen, die als Sekretäre der Fakultät eine schwierige Mittlerrolle zwischen uns und den Behörden inne hatten und die oft nur schwer miteinander zu vereinbarende Wünsche beider Seiten vermitteln mussten. Den Sekretären oblag die „Kaderaufsicht", doch ich glaube, dass weder Bohuslav Pospíšil und schon gar nicht Dušan Čapek ihre Position im Sinne der Partei missbrauchten. Sie waren – im Zusammenwirken mit J.L. Hromádka – vielmehr darum bemüht, uns zu schützen.

Religionstheorie

Worin bestand meine Aufgabe an der Fakultät? Mich zog es zur Systematischen Theologie hin, doch dieses Fach las Hromádka. Erst in den sechziger Jahren konnte ich dort Fuß fassen und den Lehrstuhl von Hromádka übernehmen. Schon vorher las ich aber über die Problematik der Systematik. Für Anfangssemester z.B. einen Überblick über die Glaubenslehre, für Fortgeschrittene vor allem Anthropologie und Christologie. Das Fach, zu dem ich aufgrund meiner Habilitation berufen war, hieß jedoch während Jahren „Religionstheorie". An der Hus-Fakultät hatte dieses Fach noch „Religionsphilosophie" geheißen, doch jetzt musste Ersatz her, weil der Marxismus-Leninismus ein Monopol auf den Begriff „Philosophie" beanspruchte. Alle, insbesondere Souček und Hromádka, waren sich darin einig, dass es sich bei meinem Lehrauftrag nicht um ein allgemeines Fach handelte, sondern um eine theologische Disziplin mit dem spezifischen Auftrag, vom theologischen Standpunkt her und unter Berücksichtigung des Sendungsauftrags der Kirche einen Überblick über Weltreligionen und philosophische Systeme zu geben und die Grundproblematik der Beziehung von Theologie und Philosophie zu reflektieren. Ein solcher Auftrag hatte auf meinem Wunschzettel nicht erste Priorität, doch die Fragestellung war dermaßen brisant, dass ich mich intensiv damit befasste. Für mich waren Vorlesungen über philosophische Probleme und Philosophiegeschichte immer attraktiver als Vorlesungen über die Geschichte und Problematik der Religion. Damals gab es an den theologischen Fakultäten noch keinen Religionswissenschafts-Boom wie in den achtziger und neunziger Jahren. Trotzdem gab ich für den Gebrauch der Hörer zwei Skripten heraus, die sowohl die Frage der Religion wie auch das Verhältnis von Religion und Philosophie abhandelten.

In der Religionstheorie stellte ich die Missionsproblematik und ihren Bezug zu anderen Kulturen einschließlich der Religionen in den Vordergrund. Dabei stützte ich mich weitgehend auf das Buch von H. Kraemer „Die christliche Botschaft in einer nichtchristlichen Welt", das nicht nur von der allgemeinen Religionswissenschaft handelte, sondern von einem wünschbaren verantwortungsvollen Auftreten der christlichen Mission ohne die gängige, traditionelle Verketzerung des sog. „Heidentums" und ohne synkretistische Vermischung der christlichen Botschaft mit anderen Religionen. Etwas vereinfachend formulierte ich so: „keine Ignoranz, kein Synkretismus, sondern Konfrontation." Heute würde ich den etwas militanten Ausdruck „Konfrontation" durch das Wort „Dialog" ersetzen, das mein späteres theologisches Arbeiten entscheidend geprägt hat. Dialog erfordert klare Standpunkte, an der Theologischen Fakultät müssen diese logischerweise theologisch sein. Nur eine solche Religionswissenschaft hat an einer Theologischen Fakultät Platz. Eine allgemein gültige Religionstheorie gehört eher an eine Philosophische Fakultät, wo die Theologen sie sich aneignen könnten und sollten. Dasselbe gilt mutatis mutandis auch von der Philosophie. Deshalb habe ich als Student die Lehrtätigkeit an der Philosophischen Fakultät mit großem Interesse verfolgt, besonders die Vorlesungen und Seminare von Jan Patočka.

Philosophie und Marxismus

In meinen Prager Jahren habe ich eine Menge Material zur Geschichte der Philosophie gesammelt, die mich seit meiner Jugend angezogen hat. Das kam mir später in Basel sehr zugute: sowohl dort wie bereits vorher in Prag waren meine Vorlesungen über die Geschichte der Philosophie überdurchschnittlich gut besucht. In jenen Prager Jahren schrieb ich, von meinem Lehrauftrag ausgehend, ein weiteres Buch über die tschechische Wiedergeburt, in welchem ich das Thema gründlicher abhandelte als in meiner Habilitationsschrift. Unter dem Titel „Das geistige Erbe der Wiedergeburt" erschien es 1964, gegliedert in vier gesonderte Kapitel. Im Grunde genommen waren es kurze Monographien über Dobrovský, Bolzano, Kollár und Palacký. Besonders für Bolzano und Palacký entwickelte ich eine Vorliebe. Über Ersteren schrieb ich in Basel eine Studie, die mir Kontakte zu der mir bis anhin fremden Welt der Mathematik ermöglichten.
Mit dem Marxismus, genauer gesagt mit dem jungen Marx, befasste ich mich intensiv und suchte nach einer eigenen Interpretation. Jan Patočka hatte mich auf die Bedeutung dieser weniger bekannten Texte, vor allem der sog. Pariser Handschriften aufmerksam gemacht, in denen der junge Marx in den vierziger Jahren des 19. Jahrhunderts die Grundzüge seiner Philosophie formuliert hatte. Patočka wies auf die Anbindung dieser Handschriften an die Hegelsche Phänomenologie hin, selbst wenn Marx diesen „vom Kopf auf die Füße gestellt" hat. Die tschechischen Marxisten und die leninistisch orientierten Marxisten überhaupt schenkten diesen Texten kein Vertrauen, zumal sie erst in den dreißiger Jahren des 20. Jh. erschienen und von der offiziellen Ideologie unter Verschluss gehalten worden waren. Sie seien vielmehr ein unreifes Vorspiel eines Genius, der erst im Kommunistischen Manifest und im Kapital zur vollen Blüte gelangen würde. Nach Patočka war es der Basler Systematiker Fritz Lieb, ein Freund Karl

Barths und revolutionärer Radikaler, der mich auf diese Handschriften aufmerksam machte. Als Student hörte ich seine Vorlesungen, nicht mit der nötigen Ausdauer, denn sie waren zuweilen chaotisch.

Unter dem Einfluss von Patočka und Lieb begann ich mich also in Prag mit diesen Texten zu befassen. Wir hielten Seminare ab, in die sich auch Studenten anderer Fakultäten einschlichen. Wir waren in jenen Jahren im Ostblock wohl die einzige Hochschule, die sich im Fach Marxismus-Leninismus mit dem jungen Marx beschäftigte. Erst Mitte der sechziger Jahre begannen sich weitere Kreise für den jungen Marx zu interessieren.

In den Sechzigerjahren habe ich in der DDR an drei verschiedenen Universitäten über die Bedeutung und Problematik des jungen Marx referiert. Auf meinen Vortrag hat ein sowjetischer Philosoph namens Mammut scharf reagiert. Das war für mich politisch gefährlich, doch es blieb ohne Folgen, da die zuständigen Beamten des staatlichen Kirchenamtes in Prag es ablehnten, auf eine Beschwerde seitens der DDR gegen mein Referat zu reagieren. Am Vorabend des Prager Frühlings gab es also gewisse Rivalitäten zwischen Funktionären des sonst einheitlichen „Friedenslagers“.

Von meinen Marxstudien ausgehend war es nur ein kleiner Schritt, mich mit Überzeugung an dem beginnenden christlich-marxistischen Dialog zu beteiligen. Ich stellte mich hinter die diesbezüglichen Bestrebungen von J.L. Hromádka und verfolgte gespannt, was sich unter den Marxisten abspielte. Unsere Aufmerksamkeit galt vor allem Milan Machovec, der mit großem Eifer und ohne Furcht im Rahmen der Philosophischen Fakultät marxistisch-christliche Vorlesungen und Seminare organisierte, zu denen er Theologen und Philosophen aus dem Westen einlud. Erika Kadlecová und ihre Mitarbeiter organisierten zusammen mit der deutschen „Paulus-Gesellschaft“ 1967 in Marienbad eine große Konferenz, die auf einen Dialog ähnlicher Art hinzielte. Unvergesslich ist für mich der geistige Gehalt der Gespräche zwischen tschechischen Theologen, zu denen sich auch Jürgen Moltmann gesellte, und dialogbereiten Marxisten. Im Zentrum der Überle-

gungen stand die Frage nach der Gnade, ob sie ein falscher Trost sei, ein „Opium des Volkes“, oder aber die Erkenntnis, dass der Mensch jenseits aller Werke bzw. revolutionären Leistungen und jenseits allen Versagens von Gott her vorbehaltlos angenommen ist und deshalb selbst angesichts des Todes eine Perspektive der Hoffnung hat.
Hier bildeten sich die Grundvoraussetzungen dafür, dass sich am Vorabend des Prager Frühlings eine Solidargemeinschaft gegen den bei uns herrschenden sterilen „Realen Sozialismus“ bildete. Seit jener Zeit verbindet mich mit Machovec und mit Vítězslav Gardavský eine herzliche Freundschaft und ich konnte die Herausgabe ihrer Werke im Ausland fördern. Bei Machovec handelte es sich um sein Pionierwerk über Jesus, bei Gardavský um sein Buch „Gott ist nicht ganz tot“, in welchem er die biblische Geschichte auf eindringliche Weise interpretiert.

Reisen in die Gemeinden

Unsere theologischen Lehrer haben immer Wert darauf gelegt, dass die Theologie eine Funktion der Kirche ist. Deshalb waren Reisen in einzelne Gemeinden unserer Kirche und Gemeindebesuche bei anderen evangelischen Minderheitskirchen für unser Wirken an der Fakultät bedeutsam. Zu den damaligen positiven Entwicklungen gehörten Vorlesungen für eine breitere Öffentlichkeit über aktuelle Fragen oder über historische Themen mit aktuellem Bezug. Diese nur ein paar Jahre möglichen sog. „Fakultätsextensionen“ fanden u.a. im großen Hörsaal der Philosophischen Fakultät statt. An einer dieser Veranstaltungen trug ich eine populäre Version der Ergebnisse meiner Habilitationsschrift über die tschechische Wiedergeburt im 18. und 19. Jahrhundert vor, wobei es zu einem grotesken Vorfall kam. In meinen Ausführungen über die Aufklärung bezog ich mich auf die gegenreformatorische Barockzeit, die in der tschechischen Literatur oft als „Zeitalter der Dunkelheit“ bezeichnet wird. Während meines Vortrags fiel plötzlich der Strom aus, was in den fünfziger Jahren häufig passierte. In völliger Dunkelheit redete ich noch ein

paar Worte weiter, bis mir zwei Kerzen gereicht wurden. Inzwischen waren einige Zuhörer eingeschlafen, ohne dass ich es merkte. Einer von ihnen stieß plötzlich einen lauten Schrei aus. Nach dem Vortrag erklärte er, er habe im Halbschlaf nichts als die schemenhaften Umrisse einer Person gesehen, die zwischen zwei Kerzen deutlich vernehmbar Erhellendes über die „Aufklärung" von sich gegeben habe. Noch nicht ganz bei Sinnen, habe er sich im Jenseits gewähnt.
Die Fakultätsextension führte uns auch nach Brünn, wo das Gemeindeleben immer rege war, sowie nach Pilsen. Eine weitere Möglichkeit, in den Gemeinden zu wirken, war folgende: Während die staatlichen Kirchensekretäre eine strenge Aufsicht führten und jeden Kanzeltausch als bewilligungspflichtig erklärten, galten die Dozenten der Fakultät und die Mitglieder des Synodalrats als gesamtkirchliche Prediger, die nirgendwo auf den Passierschein des staatlichen Kirchensekretärs angewiesen waren, der ohnehin meist verweigert wurde. Nicht alle haben von dieser Möglichkeit Gebrauch gemacht. Ich nahm mir von Anfang an vor, jede Einladung aus einer Gemeinde positiv zu beantworten. Eine Zeitlang führte ich Buch, wo ich überall Predigten und Vorträge hielt. Als zufälliges Beispiel möge das Jahr 1955 dienen. 29 Gottesdienste in Gemeinden und 44 Vorträge außerhalb der Fakultät. Zwei Jahre später waren es 26 Gottesdienste und 55 Vorträge. In den anderen Jahren waren die Zahlen mehr oder weniger gleich.
Für meine theologische Arbeit und meinen persönlichen Werdegang waren diese Gemeindebesuche außerordentlich wichtig. Die Gemeindeglieder standen damals unter einem starken Druck. Einige wurden wankelmütig, andere wandten sich von der Gemeinde ab, weil sie meinten, ihre Zugehörigkeit zur Kirche würde ihnen im Beruf oder ihren Kindern in der Schule schaden. Wir hatten also bei unseren Besuchen zahlreiche Gespräche zu führen. Ich erinnere mich an einen bekannten Chefarzt, der genötigt wurde, sein Presbyteramt aufzugeben und sich aus dem Gemeindeleben zurückzuziehen, anderenfalls würde er seine Stelle verlieren. Ich hatte kein Patentrezept zur Hand, sondern es ging darum, Verständnis für die unangenehme Situation dieses Mitchristen zu zeigen. Es gab

auch erfreulichere Gespräche mit Brüdern und Schwestern, die in der Treue zur Gemeinde aufgingen und trotz aller Schikanen ihre Freiheit gefunden hatten. Ich empfand Dankbarkeit dafür, dass die Theologie also einen realen Bezug zur Wirklichkeit hatte, dass sie Freude bringt und frei macht.
Besondere Bande der Sympathie verbanden mich mit den Pfarrfamilien, die, in diesen widrigen Zeiten besonders exponiert, der Willkür lokaler Parteigrößen schutzlos preisgegeben waren oder ums nackte Überleben kämpfen mussten, vor allem wenn sie kleine Kinder hatten. Ich fuhr jeweils bereits am Samstag in die betreffende Gemeinde. Falls sie weiter von Prag entfernt war, gab es keine andere Möglichkeit, wenn man auf die öffentlichen Verkehrsmittel angewiesen war. An solchen Samstagen hatten wir Sitzung im Pfarrhaus, an der Probleme der Ortsgemeinde und theologische Fragen erörtert wurden. Manchmal drehte sich das Gespräch aber auch um das Steckenpferd des Pfarrherrn, ob er nun anspruchsvoller Hobbyphotograph oder begeisterter Motorradfahrer war.
Ich lernte Pfarrfrauen kennen, die den Existenzkampf tapfer durchstanden und ihre Energie nicht nur der Familie, sondern auch der Gemeinde zur Verfügung stellten. Eine besondere Beziehung entwickelte ich manchmal zu Pfarrerskindern, die sich dann noch im Erwachsenenalter an unsere Begegnungen, Gespräche und Spiele erinnern konnten.
Es war mir stets daran gelegen, mit Gemeindegliedern und mit Suchenden außerhalb der Kirche in Kontakt zu bleiben. Das half mir, selbst zu den nach außen hin manchmal etwas kühl wirkenden Schweizer Kirchen Zugang finden, obwohl die Ausgangslage hier völlig anders war. Im deutschsprachigen Raum war es nicht allgemein üblich, dass sich ein akademischer Theologe mit persönlichem Engagement für kirchliche Belange interessierte. Diese Kurzsichtigkeit schadet jedoch der Theologie.

Pfarrverein

Zum Schluss möchte ich meine Arbeit im „Bund der Pfarrerschaft der Evangelischen Kirche der Böhmischen Brüder“

(Pfarrverein) erwähnen. Diese beachtenswerte Organisation blieb frei von staatlicher Bevormundung in einer Zeit, als beinahe alle unabhängigen Verbände aufgelöst waren – eine Möglichkeit, die wir so gut es ging zu nutzen versuchten. Wir leisteten Sozialarbeit, halfen unseren Kollegen in schwierigen Situationen und führten vor allem regelmäßig Theologiekurse durch, die, solange es möglich war, im Evangelischen Zentrum Běleč und später während der Semesterferien im Hus-Seminar in Prag stattfanden. Die Verantwortung für diese Programme lag bei mir. Ich erinnere mich an Kurse über die „zivile" Auslegung des Evangeliums, über neue Typen des anthropologischen Denkens, über die sich wandelnden Beziehungen von Deutschen und Tschechen, über die Sendung der Kirche im Wandel der Zeit oder an Kurse über die Erwachsenentaufe. Nie durften richtungweisende biblische Vorträge und Gespräche mit dem Synodalrat fehlen. Daneben organisierte der Pfarrverein im Sommer eine Reihe Sportveranstaltungen und führte im Winter in Prag ein Kulturprogramm durch. Die Pfarrvereinkurse vermittelten besonders in der Zeit lästiger ideologischer Bevormundung die befreiende Botschaft, dass wir auch unter erschwerten Bedingungen etwas zu sagen hatten, dass Theologie nichts Veraltetes war, sondern dass sie im Gegenteil zu weit glaubwürdigeren Ansichten und Perspektiven verhalf als das ideologisch enge Weltbild der fünfziger Jahre mit seiner eingeschränkten Kultur. Dazu gehörte auch eine Gesprächskultur innerhalb des Pfarrvereins sowie gegenüber dem Synodalrat. Manchmal diskutierten wir leidenschaftlich, aber wenn wir uns am Schluss beim Tisch des Herrn einfanden, war es klar, dass wir zusammengehörten. Bei jedem Treffen feierten wir das Abendmahl. Danach setzten wir uns an den Tischen im Speisesaal zusammen oder nutzten andere Räume zur Diskussion. So bereiteten wir uns bereits in den Jahren der Isolation auf die späteren ökumenischen Gespräche im internationalen Rahmen und auf die dialogische Lockerung vor, die bei uns schließlich zum Prager Frühling führte.
Die demokratischen Wahlen zum Vorstand des Pfarrvereins, die ich mehrere Male miterlebte, waren für die damalige Zeit etwas Außergewöhnliches. Vorsitzender des Pfarrvereins war

lange Jahre mein ehemaliger Religionslehrer Jan Dus. Slávek Ondra, der ebenfalls dem Vorstand angehörte, war sportbegeistert wie ich, doch politisch gingen wir verschiedene Wege, nachdem er leitender Funktionär bei der Christlichen Friedenskonferenz geworden war. Dennoch: Selten habe ich einen derart engagierten und in allen Stürmen solidarischen Vorstand erlebt.

Internationale Begegnungen

Ende der fünfziger, Anfang der sechziger Jahre konnte ich neben meiner Vortragstätigkeit in Böhmen und Mähren auch Auslandsreisen unternehmen.
In den ersten Jahren nach der kommunistischen Machtergreifung waren unsere Kirchen mehr oder weniger von den ausländischen Kirchen und Fakultäten abgeschnitten. Nur sporadisch reisten Kirchenleute zu uns, meist aus Ostblockländern und aus politischen Gründen, z.B. Metropolit Nikolaj, der Leiter des Außenamtes des Moskauer Patriarchats, und der ungarische reformierte Bischof Albert Bereczky, oder es waren linksorientierte Christen aus dem Westen wie der „rote Dekan" Johnson von Westminster. Aber nach ein paar Jahren kamen andere, manchmal auch Gruppen. Ein Pionier der neuen tschechisch-deutschen Beziehungen war z.B. Martin Niemöller. Sein Besuch in Prag und im Hus-Seminar im Jahre 1954 war in der Tat ein Durchbruch. Er beschränkte sich nicht auf offizielle Anlässe, sondern hinterließ deutliche Spuren einer neuen theologischen Orientierung. Unter jungen Christen ließ seine These aufhorchen, dass in der Reformation die Frage nach dem gnädigen Gott im Zentrum der Aufmerksamkeit gestanden habe, während es heute eher diejenige nach dem gnädigen Menschen sei. Niemöller ging jedoch nicht so weit wie die spätere, besonders in den angelsächsischen Ländern verbreitete „Gott-ist-tot-Theologie", das klassische Thema der Theologie, also Gott, durch das Thema Mensch zu ersetzen. Niemöller argumentierte nicht von der Feuerbachschen These aus, dass das Geheimnis der Theologie in der Anthropologie bestehe, sondern von der christologischen Position

aus: Der Gott des christlichen Glaubens ist nicht bloß ein transzendentes Wesen, sondern derjenige, der sich uns im Menschen Jesus offenbart und sich unser annimmt.

Von den Besuchergruppen sind mir die „Einfälle“ westdeutscher Kirchlicher Bruderschaften in guter Erinnerung, besonders derjenigen aus dem Rheinland. Viele dieser Besucher, z.B. meine persönlichen Freunde Martin Rohkrämer oder Theodor Lorenzmeier, schickten uns während Jahren großzügig Pakete mit theologischer oder allgemeiner Literatur bzw. schmuggelten solche Bücher über die Grenze. Es war besonders wichtig, nicht in der Theologie der Zwischenkriegszeit zu erstarren, sondern mit dem gleichzuziehen, was das weltweite Christentum bewegte.

In diesem Zusammenhang denke ich gerne an die beispielhafte ökumenische Hilfe seitens des Benediktinermönchs Pater Bonifatius aus dem Kloster Chevetogne mit byzantinischem Ritus, der regelmäßig in die Ostblockländer reiste, um sich dort über das kirchliche Leben zu informieren und unterdrückte Brüder und Schwestern aufzuspüren. Gleichzeitig war er ökumenisch ausgerichtet und hatte Interesse für die Theologie anderer Konfessionen. Mehrere Male war er bei mir zu Besuch. Wir verstanden uns sehr gut. Jedesmal hatte er es auf sich genommen, wichtige katholische Bücher über die Grenze zu schmuggeln. Die Bücher kamen tatsächlich an – auf welchen Wegen, habe ich nie genau erfahren. Später in ökumenischen Seminaren benötigte Bücher von Karl Rahner, Hans-Urs von Balthasar, die Dogmatik von Schmaus, die Ethik von Bernhard Häring und andere Werke waren also vorhanden.

Auch die kirchlichen Kontakte mit der angelsächsischen Welt wurden intensiver. J.L. Hromádka war Mitglied des Exekutivausschusses des Reformierten Weltbundes. Zu einer Sitzung dieses Gremiums lud er die Vertreter der weltweiten reformierten Familie nach Prag ein, u.a. John Mackay, der in Princeton sein Kollege gewesen war, den Präsidenten des renommierten Princeton Theological Seminary Jim McCord aber auch Eugen C. Blake, den künftigen Generalsekretär des ÖRK. Diese Größen wurden wie die anderen ausländischen Besucher von der Geheimpolizei mehr oder weniger auffällig überwacht, damit sie sich im Rahmen des Üblichen bewegten und nicht in Kontakt mit „unerwünschten Elementen“ kamen. Trotzdem fanden die meisten von ihnen Mittel und Wege, auch mit uns wenigstens kurz zusammen zu kommen, was für die Zukunft enorm wichtig war.

Schon früher hatten wir auf eigene Faust eine ökumenische Aktion gestartet. Unter der Führung von Betty Johns war 1949 eine Gruppe amerikanischer Studenten nach Prag gereist. Sie fragte den damals noch existierenden Akademischen CVJM an, ob er für sie eine Begegnung in kirchlichem Rahmen und anschließend einen Ausflug ins Landesinnere organisieren könne. Wir kamen ihrer Bitte gerne entgegen, stellten unseren Autobus zur Verfügung und delegierten Lubor Drápal als Reiseleiter sowie Pavel Schier und mich als Englisch sprechende Guides. Die Reise geriet zum unvergesslichen Erlebnis, sie war in jenem Jahr dunkler Vorahnungen eine Jungfernfahrt der umso heller strahlenden ökumenischen Solidarität, die wir trotz der Errichtung des Eisernen Vorhanges erleben durften. Von der Gefährlichkeit unseres Unternehmens konnten wir uns damals keine genauen Vorstellungen machen. Dass sie für keinen von uns Reiseleitern negative Folgen hatte, ist rückblickend ein schieres Wunder.

Im Jahre 1957 feierte die Brüdergemeine ihr 500jähriges Jubiläum. Nach dem Verbot der „alten“ Böhmisch-Mährischen Brüderkirche hatte Graf Nikolaus Ludwig von Zinzendorf 1722 eine Gruppe von Exulanten auf seinem Gut Berthelsdorf aufgenommen, wo sie die Ortschaft Herrnhut errichteten. Deren geistliche Nachfahren werden „Mährische Kirche“ bzw. „Moravians“ genannt. Aus der über 250jährigen Missionsarbeit der Brüdergemeine sind junge Kirchen vor allem in der Karibik, in Ost- und Südafrika entstanden. Die Brüdergemeine zählt weltweit 17 Provinzen. Ihre Unitätssynode fand im Jubiläumsjahr im Ursprungsland statt. Gastgeber war die kleine Herrnhuter Brüdergemeine, die in der ČSSR nur rund 6000 Mitglieder zählte. Damals wurden dringend gute Dolmetscher gesucht, sodass ich ein Aufgebot der Tagungsveranstalter erhielt, für zwei Wochen an der Synode und der anschließenden Rundreise durch Böhmen und Mähren teilzunehmen. Eine illustre Schar machte sich da auf den Weg: Europäer, Amerikaner, Leute aus Surinam und Angehörige der Brüdergemeine aus Afrika. Unser Autobus traf an jedem Ort mit großer Verspätung ein, wo jeweils eine große Menschenmenge auf uns wartete und das anspruchsvolle Programm mit Beteiligung der internationalen Gästeschar aufmerksam verfolgte. Der Hunger nach Menschen von der anderen Seite des Eisernen Vorhangs war immens.

Langsam ergab sich dann die Möglichkeit zu Gegenbesuchen. Auf Einladung von Herbert Mochalski, einem führenden Mitarbeiter der Christlichen Friedenskonferenz, führte meine erste Auslandsreise im Jahre 1956 nach Darmstadt zur dortigen Studentengemeinde. Ich war überrascht, wie schnell wir den Anschluss an den Rest der Welt verloren hatten. Gleichzeitig war aber unsere Erfahrung ökumenisch wertvoll, weil Christen in anderen Teilen der Welt gewahr wurden, dass man auch unter widrigen gesellschaftlichen Bedingungen christlich leben kann, dass die Kirchen ihre Mission auch in der veränderten Situation der „nachkonstantinischen Ära" erfüllen können und sollen, weil sie zwar ihre Privilegien, nicht jedoch ihre Sendung verloren haben.

Mit dieser ersten Auslandsreise nach dem Machtwechsel in Prag ist eine weitere, für mich unvergessliche Episode verbunden. Einer der Darmstädter Studenten war der Sohn des evangelischen Dekans in Lörrach. Auf seine Anregung hin hat mich Dekan Wettmann eingeladen, in Lörrach zu predigen. Ich habe gerne zugesagt und die Nähe zu Basel war ein zusätzlicher Grund, die Reise zu unternehmen. In die Schweiz durfte ich allerdings nicht einreisen, weil ich weder über die entsprechende Bewilligung aus Prag verfügte noch ein Schweizer Einreisevisum hatte. Doch fuhr Dekan Wettmann mich am Samstagabend auf den Tüllinger Hügel, von wo ich wenigstens die Lichter von Basel erblicken konnte.

Und es kam noch besser: Herr Wettmann wusste von meiner Beziehung zu Karl Barth. So hatte er ihn über meinen Aufenthalt in Lörrach verständigt und eingeladen. So ergab sich die Möglichkeit zu einem ausführlichen Gespräch. Es war, nach all den Veränderungen in den letzten Jahren, fast ein Examen.

Barth wollte wissen, was von der politischen Lage in der Tschechoslowakei zu halten sei und insbesondere, was von den kirchlichen und theologischen Versuchen, unter den neuen, kritischen Verhältnissen den „schmalen Weg“ zu beschreiten. Beim Abschied hatte der Meister nur einen kritischen Einwand: „Etwas mit Ihrer Theologie stimmt mich bedenklich: Sie haben weder die angebotene Zigarre noch eine Zigarette angenommen!“ Diesen Makel habe ich als notorischer Nichtraucher gerne auf mir sitzen lassen.

Hans Joachim Iwand

Einer, der aus tiefen theologischen Erwägungen den Weg der Versöhnung zwischen den deutschen Kirchen und den Kirchen im östlichen Europa einschlug, war Hans Joachim Iwand. Von ihm erhielt ich die Einladung zu einem Gastsemester an der Bonner Universität unter dem Thema: „Versuche der theologischen Auseinandersetzung mit verschiedenen Spielarten des Atheismus“. Die Einladung umschloss auch das Angebot, bei Iwands zu wohnen, an ihrem Familienleben teilzunehmen und täglich Kontakt mit dem Hausherrn zu haben. Von dieser Möglichkeit machte ich regen Gebrauch. Tagsüber waren wir beide eingespannt, aber morgens bei der Familienandacht und erst recht am Abend nach getanem Werk bei einem Glas Wein hatten wir Zeit für ausgiebige Gespräche über theologische und politische Fragen. Für mich war das universitas pur.
Nach dem Bonn-Aufenthalt fasste ich die wesentlichen Punkte des Iwandschen Ansatzes in heute noch für mich gültigen Sätzen zusammen. Mit seiner entschiedenen, konzentrierten, gehorsamen Anlehnung an die Hl. Schrift einerseits und dem Mit-Einbeziehen von philosophischen und kulturellen Geistesströmungen wie des deutschen Idealismus andererseits hat er die Grundstruktur meines theologischen Denkens entscheidend mitgeprägt. Seine „Theologische Existenz heute“ hat er beispielhaft vorgelebt, indem er an Freuden und Leiden seiner Kirche, seines Volkes und seiner Zeit leidenschaftlich Anteil genommen hat. Hier hatte das Bestreben, auf die Völker zuzugehen, welche traditionellerweise Opfer der deutschen Ag-

gression waren, seinen Ursprung. Mit Prof. Hromádka, später auch mit J.B. Souček und anderen, entwickelte er eine warme und beständige Freundschaft.
Oft habe ich folgende Sätze aus seinem Brief zu Hromádkas 70. Geburtstag zitiert: „Nichts und niemand kann das reparieren, was geschehen ist ... Hier kann nur eins gesagt werden: Nostra maxima culpa. Es geht bei der Schuld nicht in erster Linie darum, wer schuldig ist. Manche Menschen spüren den geschichtlichen Ereignissen nach wie der Staatsanwalt, um festzustellen, wer Schuld hat und wer nicht. Bei der Schuld im geschichtlichen, also irreparablen Sinne geht es um anderes, da geht es darum, wer sie übernimmt. Sie ist die enge Pforte, durch die der Weg nach vorne führt. Sie ist an und für sich etwas, das wie ein Stein am Wege liegt. Niemand will ihn aufnehmen. Niemand will ihn tragen. Jeder, der nicht auf frischer Tat ergriffen wird, distanziert sich. So entlaufen wir unserer eigenen Geschichte, entziehen uns den Heimsuchungen Gottes und seiner Verheißung." In diesen Worten schlägt Iwands Theologenherz und das Herz seiner Existenz.
In diesem Sinne gründete Iwand 1947 in Beienrode das Haus der helfenden Hände, das sich um seine ehemaligen Pfarrerkollegen aus Ostpreußen und ihre Ehefrauen und Witwen kümmerte. Zu diesem Zweck hatte er ein Herrenhaus in Beienrode bei Königslutter erworben. Im Umfeld dieser Stiftung entstand der „Beienroder Kreis", der sich bei seinen Konventen im Geiste Iwands in ernster theologischer Arbeit für Versöhnungsinitiativen Richtung Osten einsetzte. Dazu wurden immer wieder Theologen aus Polen, der Tschechoslowakei, Ungarn und der DDR eingeladen, sodass Freundschaften mit solidarisch engagierten Christen in Ost und West entstanden. Gerne denke ich an die Ehepaare Dlugokinski, Decke-Cornill, Szymanowski, Klein, Rosenstock, Dringenberg, und viele andere.
Meine Arbeit an der Bonner Universität entwickelte sich gut, in den Vorlesungen und Seminaren traf ich auf offene und tüchtige Studenten, die zum Abschluss meines Gastsemesters mit einer Überraschung aufwarteten. Nach dem letzten gemeinsamen Mittagessen bat ich darum, zum Bahnhof gebracht zu werden. Als wir auf die Straße traten, blieb ich wie angewurzelt

stehen. Vor dem Haus stand kein Taxi, sondern eine orientalisch geschmückte Sänfte und eine Masse Studenten. Ich musste ein Ordensgewand überziehen, in der Sänfte Platz nehmen, und der Studentenzug setzte sich auf den belebten Straßen Bonns Richtung Bahnhof in Bewegung. Meine Füße berührten nicht mehr Bonner Boden; denn die Studenten trugen mich direkt in den Zug.

Vor der Abreise aus Bonn per Sänfte zum Bahnhof

Unterwegs machten die Studenten vor Iwands Wohnung halt. Dieser zeigte sich auf dem Balkon, sichtlich bewegt, dass seine Sehnsucht nach Versöhnung nicht im Leeren verhallt war. Offensichtlich hatte er andere „angesteckt". Die Erinnerung an diese Begegnung mit meinem Lehrer und Bruder hat nichts an Glanz verloren. Später schrieb er mir nach Prag, die Augenzeugen dieser Szene hätten weitererzählt, ein Persischer Thronfolger habe Bonn besucht.

Reisen in den Osten

Nicht nur im Westen, auch im Osten taten sich neue Wege auf. Vor allem aus ostdeutschen Universitäten trafen Einladungen zu Vorträgen und Gastvorlesungen ein. So besuchte ich – jeweils nur für ein paar Tage – sämtliche Universitäten mit theologischen Fakultäten in der DDR, nämlich Leipzig, Halle, Jena, die Humboldt-Universität in Ostberlin, Greifswald und Rostock, um dort Vorträge zu halten und Gespräche zu führen. Die Besuche waren von staatlichen Stellen mit dem Hintergedanken bewilligt worden, die staatlichen Fakultäten auf Kosten der kirchlichen zu bevorzugen, obwohl diese uns näher standen. Eine schwierige Ausgangslage, deren wir und unsere wirklichen Freunde uns bewusst waren. Auch die Kirchenleitungen waren nach dem „Gastspiel" eines Theologen aus Prag dankbar, dass ihre an staatlichen Universitäten Studierenden so die Möglichkeiten zu ökumenischen Kontakten mit der Tschechoslowakei hatten. Es entstanden herzliche Beziehungen zu Menschen, welche um einen theologisch legitimen, jedoch nicht ausschließlich an alten Bedingungen orientierten Weg in einer Gesellschaftsordnung rangen, die sie nicht selber ausgewählt hatten und der sie keine Preislieder zu singen bereit waren. Mit dem Greifswalder Werner Schmauch z.B. bin ich freundschaftlich verbunden geblieben. Im Rahmen der in Prag beheimateten Christlichen Friedenskonferenz war neben eher politischen Aktionen auch Platz für ernsthafte theologische Arbeit, welche Hromádka nach Kräften förderte. Dankbar denke ich an eine Sitzung der Theologischen Kommission in Moskau und Leningrad, an der ich zum erstenmal der Russischen Orthodoxen Kirche und ihren Theologen auf intensive Weise begegnete. Ich war nicht nur von der reichhaltigen Liturgie sondern auch von der intensiven theologischen Arbeit beeindruckt. Ich kann nur andeuten, dass in deren Zentrum das klassische Motiv der Ostkirche, nämlich die theosis stand, der zufolge Gott Mensch geworden ist, damit der Mensch „vergottet" wird. Dieser Satz beinhaltet eine tiefe Wahrheit und wird vielleicht missverstanden, wenn er bloß statisch oder metaphysisch aufgefasst wird. Protestantischerseits kämpften wir um das eschatologische Verständnis des Dramas der Erlösung, welche im Konzept der theosis eingeschlossen ist und zu den notwendigen ethischen Konsequenzen im Sinne des Jesuswortes führt: „Ihr nun sollt vollkommen sein, wie euer himmlischer Vater vollkommen ist" (Matth 5,48).

Amerikareise

Meine längste Reise in jener Zeit führte in die Vereinigten Staaten, organisiert von Reverend John C. Heidbrink vom „Internationalen Versöhnungsbund". Diese pazifistische Organisation mit weitem Horizont engagierte sich für den Austausch unter christlich orientierten Menschen aus verschiedenen Weltgegenden in der Hoffnung, dass die Botschaft der Versöhnung Brücken über die Gräben der Entfremdung nicht nur zwischen Christen, sondern zwischen allen Menschen guten Willens zu schlagen vermag. Damals überwog in der öffentlichen Meinung und innerhalb der Kirche ein tiefes Misstrauen gegenüber allem, was aus den kommunistischen Ländern kam. Teilweise war dieses Misstrauen auch berechtigt. In der Atmosphäre des Kalten Krieges startete vor allem das „Friedenslager" allerlei aufwieglerische und nachrichtendienstliche Aktionen. Andere hingegen versuchten unter widrigen Umständen ihren christlichen Glauben zu leben. Unterstützung fanden sie beim Internationalen Versöhnungsbund, dessen Kontaktmann in der ČSR vor dem Krieg Přemysl Pitter gewesen war. Ihre Existenz und ihr Zeugnis führten zu einem differenzierteren Urteil des Westens über die Kirchen in der kommunistischen Welt.

Als ich zum ersten Mal das sorgfältig ausgearbeitete Programm meines fünfwöchigen USA-Besuches vor Augen hatte, zuckte ich zusammen: Heidbrink hatte mich zu über zwanzig amerikanischen Hochschulen und akademischen Institutionen abkommandiert, wo ich über eine breit gefächerte Thematik zu referieren hatte. Zu Hause hatte ich fünf Vorträge vorbereitet, jetzt musste ich für zusätzliche Ansprachen gewappnet sein. Die Hauptstationen waren New York, Boston, Princeton, Richmond, Texas, Chicago und Louisville sowie eine Reihe von Institutionen in Kalifornien, u. a. das prestigeträchtige Center for Study of Democratic Institutions. In Texas war ich bei immer noch tschechisch sprechenden Auswanderern zu Gast, deren altertümlicher Dialekt aus der ostmährischen Wallachei mich anrührte. In New York besuchte ich die tschechoslowakische Mission bei der UNO und sprach mit deren Leiter und späteren Außenminister, Jiří Hájek, der in den siebziger Jahren zum Dissidenten werden sollte. Auch er war einmal aktives Mitglied des Akademischen CVJM gewesen und konnte sich an meine Schwester Věra erinnern. Hájek, der damals gerade Vorsitzender des Sicherheitsrates war, nahm mich sogar zu einer Sitzung dieses Gremiums mit.

Thomas Merton

Trotz der sorgfältig geplanten Reise und dem dichten Programm geschah einmal etwas Unvorhergesehenes, was mir der Erwähnung wert scheint. Ein Vortragstermin wurde im letzten Moment abgesagt, worauf mich John Heidbrink völlig unerwartet in ein Kloster in der Nähe von Louisville, Kentucky, schickte, um dort Thomas Merton zu begegnen. Von ihm wusste ich bereits, dass er einer der führenden Persönlichkeiten des amerikanischen Katholizismus war. Ursprünglich ein Star der New Yorker Künstlerszene mit vielversprechenden Karriereaussichten, ging er ins Kloster, weil er erkannt hatte, was „die Welt im Innersten zusammenhält", nämlich Gebete in Gemeinschaft mit Brüdern und Schwestern. Folgerichtig trat er in ein abgelegenes Kloster des als besonders streng geltenden Trappistenordens ein. Diese Brüder beten und arbeiten zusammen, aber außerhalb der dafür festgelegten Zeit und Räume schweigen sie. Ihr wichtigstes Anliegen ist die Kontemplation. Merton, der sich um die Novizen zu kümmern hatte, konnte unvorhergesehene Besucher empfangen. Da er dem Pazifismus nahe stand, hatte er Kontakte zum Internationalen Versöhnungsbund.

Ich durfte einen ganzen Abend mit ihm verbringen und auch an den Gottesdiensten des Klosters teilnehmen. Beides hat mich stark beeindruckt. Ein scheinbar von der Welt entrückter Mönch, der engagiert an der Gegenwart teilnimmt und eine Reihe bemerkenswerter Bücher geschrieben hat. In der Stille des Trappistenklosters haben wir uns sehr gut verstanden. Jahre später stieß ich in Mertons Tagebuch, das nach seinem tragischen Unfalltod in Auszügen veröffentlicht wurde, auf den Eintrag vom 6. März 1964, der ausschließlich von unserer Begegnung handelte. Wir sprachen über Barths positive Einschätzung des Zweiten Vatikanischen Konzils, an welchem er das neue Verständnis der lange vernachlässigten Josephologie schätzte; über die theologischen Strömungen in Europa, wobei ich mit Begeisterung über Bonhoeffer als einen Theologen sprach, der durch seine Betonung des Gebets und seinen Einsatz für die Gerechtigkeit in der Welt Merton nahe stand; über den Kampf unserer Kirchen, die trotz dem Wegfall der wohlwollenden Unterstützung durch den Staat zu einem hoffentlich glaubwürdigeren Bekennertum finden würden.

Thomas Merton (1915–1968)

Den letzten Abschnitt seines Tagebucheintrags zitiere ich wörtlich: „Es war ein sehr bewegendes und christliches Gespräch, das in der gemeinsamen Erkenntnis mündete, dass man sich mit Problemen auseinander setzen muss. Nur so kann man nämlich die in ihnen verborgene Botschaft Christi entdecken. Lochman sprach von der wertvollen Hilfe eines Mönchs aus dem Kloster Chevetogne, der ihn mit einer Menge Bücher und im Gebet unterstützte; über die Diskussionen zwischen katholischen und protestantischen Laien; über die sich abzeichnende Öffnung und über Gottes Vorsehung in menschlichen Wirrungen..." Zum Schluss schreibt er gar: „In einem Augenblick wähnte ich uns in Gemeinschaft mit unserem unerkannten Herrn in Emmaus. Als er wegging, überreichte er mir einen signierten Sonderdruck seiner Studie über Bonhoeffers 'In der Freude und Gemeinschaft der Pilger'."

Für mich war es eine außergewöhnliche Begegnung unter Christen und ich fühlte mich Thomas Merton seit jenem Tag sehr nahe. Persönlich bin ich ihm nie mehr begegnet. Er ist am 10. Dezember 1968 auf tragische Weise in Asien ums Leben gekommen. Am selben Tag starb auch Karl Barth. Es war, als wäre tiefe Nacht über mich hereingebrochen; doch gerade diese beiden, Thomas Merton und Karl Barth, waren Zeugen der christlichen Hoffnung.
Ich kehrte also aus den Vereinigten Staaten zurück mit tiefen und bunten Eindrücken sowie mit Einladungen für längere Verpflichtungen. Darüber machte ich mir keine weiteren Gedanken, denn in Prag begann damals eine überaus interessante Epoche.
Die allmähliche Entfaltung unserer ökumenischen Kontakte war sowohl fachlich wie auch persönlich bereichernd. Ich schaue mit Dankbarkeit auf die dabei entstandenen Beziehungen. Doch wenn ich meine Notizen über unsere damaligen Aktivitäten durchblättere, frage ich mich, wie die Studenten darauf reagiert haben. Gewiss haben sich auch für sie die Türen ein wenig geöffnet, wir halfen ihnen nach Kräften, einige Reisen haben wir gemeinsam durchgeführt. Aber die Öffnung hatte auch ihren Preis, indem die wachsende Beanspruchung durch internationale Kontakte die normale Arbeit an der Fakultät beeinträchtigte. Zwar fanden die meisten Dienstreisen in den Ferien statt, doch längst nicht alle. Kürzlich las ich das schroffe Urteil, das Svatopluk Karásek in seinem Buch „Der durchnässte Pfarrer“ über J.L. Hromádka abgegeben hat: „Meinen Sie diesen Touristen in Sachen Sozialismus, den man manchmal mit Koffern in der Hand herumlaufen sieht, wenn er nicht gerade auf Jubeltour ist?“ Dieser auf Hromádka gemünzte, überspitzt formulierte Satz betraf auch uns. Sind wir, von anderen Sorgen und Freuden vereinnahmt, unseren Studenten nicht manches schuldig geblieben, auch wenn wir nach unserer Rückkehr das Versäumte mit erhöhter Präsenz nachzuholen versuchten? Ja, sage ich selbstkritisch und habe deswegen bis heute Gewissensbisse.

In der ökumenischen Bewegung

Beschwerliche Anfänge

Schon zu Beginn meines Studiums erkannte ich die ökumenische Bewegung als eine der grundlegendsten Erscheinungen des christlichen Lebens im 20. Jahrhundert, die Anlass zu der Hoffnung gab, dass die traditionellen Hindernisse zwischen den Konfessionen zu überwinden seien. Meine Kindheit war von der Entzweiung der Konfessionen geprägt gewesen. Zwar spielten in meiner Heimatstadt trotz allen konfessionellen Unterschieden die gutnachbarschaftlichen Beziehungen, aber schon wir Kinder waren uns bewusst, dass es verschiedene christliche Kirchen gibt. Die kleinen evangelischen Glaubensgemeinschaften misstrauten einander, gingen jedoch alle zur katholischen Mehrheitskirche auf kritische Distanz. Ich erinnere mich an das mulmige Gefühl beim Besuch eines katholischen Gottesdienstes, zu dem mich nette Nachbarn mitgenommen hatten. Freiwillig hätte ich eine Kirche voll Statuen, Bildern und ungewohntem Weihrauchgeruch nie betreten, denn dies alles widersprach der Schlichtheit, die mir von den evangelischen Kirchen her vertraut war.

Mit dem Älterwerden konnte ich mich dank meinen Kontakten zu katholischen Freunden an das Andersartige gewöhnen. In der Schule und im Sportclub trafen wir Gleichaltrige, die der Religion fern standen, und die kirchentreuen Katholiken und Protestanten bildeten die Minderheit. Darüber begannen wir untereinander zu reden und gleichzeitig etwas von der ökumenischen Solidarität zu entdecken. Während des Studiums pflegte ich Kontakt mit den Knittl-Brüdern, von denen Jaroslav als Priester später verfolgt wurde. Wir besuchten in Prag akademische Treffen, die von dem katholischen Theologen Metoděj Habáň organisiert wurden. An einer dieser Begegnungen sind Habáň und ich aneinander geraten, weil er Karl Barth meiner Meinung nach vereinfachend interpretiert hatte. Zwei Jahrzehnte später trafen wir uns wieder. Jetzt fiel mir sein behutsamer, zurückhaltender und dennoch solidarischer ökumenischer Umgang im Sinne des Zweiten vatikanischen Konzils auf.

Den Durchbruch in Richtung Ökumene leitete bei mir der Akademische CVJM ein. Hier war Raum für eine freie verantwortungsvolle Begegnung engagierter Christen. Im Unterschied zu den Relationen in der Gesellschaft war der CVJM mehrheitlich evangelisch, hatte aber auch eine Anzahl katholischer Mitglieder. Die Erfahrungen mit dem Nazismus und die heraufziehende kommunistische Bedrohung ließen klar werden, dass wir eine gemeinsame Grundlage hatten, dass wir letzten Endes ideologisch auf der gleichen Seite der „Ideenfront" standen, wie sie dem Akademischen CVJM als Zweig des christlichen Studenten-Weltbundes vorschwebte.

Diese internationale Föderation hat uns sehr geholfen, denn das Zusammentreffen von Studenten aus verschiedenen Ländern war ermutigend, zumal man sich auf Anhieb bestens verstand. Einige Genfer Sekretäre der Föderation wie die Schweizerin Marie-Jeanne de Haller und der Kanadier John Coleman, ihr späterer Ehemann, wurden und blieben ein Leben lang meine Freunde.

Der Weltbund und unser CVJM waren im Grunde genommen der Nährboden der aufkommenden ökumenischen Bewegung. Neben Souček hat mich vor allem Jan Mířejovský für die Ökumene zu begeistern versucht. Schon während meines Basler Studienjahres fuhr ich nach Bossey ins Ökumenische Institut und knüpfte dort herzliche Kontakte zu künftigen Mitarbeitern der Ökumene, z.B. zu Nikos Nissiotis, der übrigens auch ein begeisterter Sportler war. An einem Tischtennisturnier in Bossey standen wir beide im Final, welches der Grieche zu seinen Gunsten entschied.

Genf 1966, Uppsala 1968

Die kommunistische Machtergreifung war ein Rückschlag für unsere ökumenischen Bemühungen. Die Ökumene galt als Instrument des westlichen Imperialismus und Bossey, das von einem Mitglied der Rockefeller-Dynastie subventioniert wurde, als Bastion der Subversion. Erst 1961, als die Russische Orthodoxe Kirche dem Weltkirchenrat beitrat, wandelte sich dieses Zerrbild von Ökumene allmählich. Auf der Vollversammlung 1961 in New Delhi nahm Hromádka die Chance wahr und ermöglichte einigen jüngeren tschechischen Theologen die Wahl in die theologischen Kommissionen des ÖRK. Ich hätte gerne in der Kommission „Glauben und Kirchenverfassung" Einsitz genommen, in die jedoch mein Kollege Smolík gewählt wurde. Ich kam in die Kommission „Kirche und Gesellschaft".

Vom heutigen Standpunkt aus gesehen war es auch damals Gottes Vorsehung im menschlichen Irregehen. Ich war alles andere als begeistert. Aber die bevorstehende "Weltkonferenz für Kirche und Gesellschaft" 1966 in Genf war ein Ereignis, das meinen weiteren ökumenischen Weg prägen sollte. Zusammen mit J.B. Souček schrieb ich Artikel in den vorbereitenden Sammelband, an der Konferenz hatte ich ein Referat zu halten und ich wurde ins Leitungsgremium einer der Sektionen gewählt.

Die Konferenz war für die Zukunft der Ökumenischen Bewegung enorm wichtig. Zum ersten Mal war die Dritte Welt mit einer starken Stimme vertreten, ja sie hatte sogar die Mehrheit inne, und sie meldete sich auch zu Wort. Das ging auch die Teilnehmer aus der „sozialistischen Welt" etwas an, denn wir sahen, dass wir nicht die einzigen waren, die „revolutionäre Erfahrungen" gemacht hatten, und dass es außer uns andere Christen mit ernsthaften Problemen gab. Gleichzeitig lernten wir, uns zu Wort zu melden, um ökumenisch nicht marginalisiert zu werden. Diese Gefahr bestand nicht nur bei Kirchen in der Ersten Welt, sondern auch bei solchen aus der Dritten Welt. Verstärkt wurde diese Tendenz noch dadurch, dass die offiziellen Vertreter der „Zweiten Welt" unter der

Kuratel ihrer zuständigen staatlichen Dienststellen Gefahr liefen, der wunderlichen Devise: „Reden ist Silber, schweigen ist Gold" zu huldigen oder, was weitaus problematischer war, die von ihnen erwarteten politischen Stellungnahmen unreflektiert und mit falschem Pathos vorzutragen.

Referat an der „Weltkonferenz für Kirche und Gesellschaft" 1966 in Genf. Auf dem Podium die Anthropologin Margaret Mead, E.C. Blake, Generalsekretär des ÖRK, sein späterer Nachfolger Emilio Castro und – im Hintergrund – M.M. Thomas

Ein glaubwürdigeres, und das bedeutete auch differenziertes Zeugnis von der kirchlichen Existenz in einem Land des realen Sozialismus tat not. Das war nicht leicht, weder im eigenen Land, noch in der Ökumene, denn sehr schnell machte man sich in den Augen der Linken aber auch der Rechten verdächtig. Wollte man auf den unhaltbaren Zustand hinweisen, dass eine nach marxistisch-atheistischen Grundsätzen entworfene Gesellschaft sich als totalitärer Polizeistaat etabliert hatte und die Menschenrechte verletzte, stieß man bei einigen Lateinamerikanern, bei extremen Linken aus dem Westen, gelegentlich aber auch bei Mitarbeitern der Genfer Zentrale des ÖRK auf taube Ohren. Wies man auf die im Feuer der Diskriminierung bewährte Glaubenstreue der Gemeinden hin, welche der Sendung der Kirche in einer feindlichen Umwelt Sinn verlieh und den Lebensstil der privilegierten, doch innerlich angeschlagenen westlichen Christenheit in Frage stellte, erntete man viel Misstrauen von rechts. Weniger in der Ökumene, aber in weiteren Kreisen der westlichen Öffentlichkeit gab es solche, die alle aus dem Osten Kommenden für Handlanger des kommunistischen Systems hielten. Ich habe dies persönlich etwa in den Vereinigten Staaten erlebt. Zum Teil konnte ich solche Vorurteile verstehen, denn es gab wirklich solche kirchlich getarnten Handlanger unter den Würdenträgern und vielleicht gerade unter ihnen. Aber es gab wahrhaftig nicht nur solche, welche man von den anderen unterscheiden konnte und unterscheiden musste. Verfügte die Kirche nicht seit ihren apostolischen Anfängen über die Gabe der „Unterscheidung der Geister"? Daran musste ich jedes Mal denken, wenn ich mich mit Pauschalurteilen beider Prägung konfrontiert sah. So freute ich mich darüber, bei Eberhard Jüngel, der ähnliche Erfahrungen mit der realsozialistischen Gesellschaftsordnung gemacht hatte wie ich und dessen grundlegende theologische Perspektive ich teilte, unlängst folgende Sätze zu lesen, mit denen er nach dem Zusammenbruch des kommunistischen Systems die westdeutschen Kirchen vor Pauschalurteilen über die verantwortlichen Kirchenvertreter der ehemaligen DDR warnte: „Wenn ich an so aufrechte Christen wie den Magdeburger Altbischof Werner Krusche denke, treibt mir die Forderung nach einem Schuldbekenntnis die Schamröte, ja die Zornesröte ins Gesicht. Gewiss, es gab bedenkliche, ja verwerfliche Kooperation kirchlicher Funktionäre mit dem Staatssicherheitsdienst. Es gab aber keine babylonische Gefangenschaft der Kirche im Sozialismus." Die Erwähnung meines ehemaligen Basler Kommilitonen und Freundes Krusche weiß ich sehr zu schätzen: Ja, es gab auch Rechtschaffene inner- und außerhalb der Ökumene, selbst innerhalb der Christlichen Friedenskonferenz. Wenn ich etwa an das Verhalten des estnisch-lutherischen Erzbischofs Jaan Kiivit sr. in der extrem schwierigen Lage einer baltischen Kirche in der Sowjetunion denke, kann ich den Sätzen Jüngels nur zustimmen.

Wenn ich an mein eigenes Engagement in der ökumenischen Bewegung zurückdenke, so hoffe ich, dass es mir und anderen Vertretern östlicher Kirchen trotz aller Schwachheit und Versuchungen einigermaßen gelungen ist, diese Gratwanderung zu bestehen. Unsere Stimme wurde gehört und das Verständnis für die Kirchen im Ostblock größer. Für mich hieß das, den Auftrag der Konferenz entgegenzunehmen und die Ergebnisse der Genfer Konferenz sowie die weitere Planung zuhanden des Zentralausschusses des ÖRK, welcher im August 1967 auf Kreta tagen würde, persönlich vorzulegen. Mein Bericht wurde wohlwollend aufgenommen, doch es kamen sogleich neue Aufgaben auf mich zu.
Diesmal ging es um die Vorbereitung der Vollversammlung des ÖRK in Uppsala, über die ich ausführlicher berichten möchte. Sie stand unter dem Motto „Siehe, ich mache alles neu" – ein Thema voller Hoffnung. Das Jahr 1968 brachte ja vielen Ländern neue Aussichten und vielfältige Versuche, das menschliche Zusammenleben auf der Erde freier und gerechter zu gestalten. Uppsala war der Versuch, die Kirchen auf die verheißene Wirklichkeit des Reiches Gottes aufmerksam zu machen und im Lichte der eschatologischen Hoffnung den geistigen Raum für eine Erneuerung der menschlichen Belange zu öffnen.
Für uns, die wir für die Konferenz „Kirche und Gesellschaft" verantwortlich waren, ging es darum, dass die Neugestaltung der sozialen, ökonomischen, kulturellen und politischen Beziehungen auf internationaler Ebene, kurz gesagt, die Frage der solidarischen Entwicklung der Dritt-Welt-Länder ein Anliegen der Ökumene bleiben musste.
Diesen brennenden Fragen widmete sich Sektion III der Versammlung. Als Vorsitzender dieser Schlüssel-Sektion war ich ganz persönlich gefordert. Ich hatte eine große Verantwortung und zeitliche Inanspruchnahme zu tragen, denn neben dem Plenum tagten jeden Tag Kommissionen und Beratungsgremien, die das Programm und die Dokumente für das Plenum vorbereiteten. In der Person des indischen Soziologen und Theologen M.M. Thomas, einer der bedeutendsten ökumenischen Denker, und im Sekretär des ÖRK, Paul Al-

brecht, hatte ich hervorragende Mitarbeiter. Wegen der Fülle der eigenen Arbeit entging mir manches von den Beratungen der anderen Sektionen. Das ist das Dilemma der Ökumene.
Eine Frage bewegte mich bei all dieser Arbeitsfülle. Wie entwickelten sich die Dinge in meiner Heimat? Dazu ein paar Sätze. Die Versammlung tagte im Juli 1968. Die Delegation aus der Tschechoslowakei war voller Elan angereist, eine Welle der Sympathie der Mehrheit der Teilnehmer schlug uns entgegen. Gleichzeitig waren wir uns jedoch der Bedrohung durch die Staaten des Warschauer Pakts im Klaren und deswegen schon vor der Abreise in Sorge. Diese verstärkte sich noch aufgrund der Meldungen der internationalen Medien. Einige Delegationen, z.B. die westdeutsche, bemühten sich unter Ausnutzung diplomatischer Kanäle um zuverlässige Informationen. Eines Tages steckte mir Dr. Wischmann, Präsident des Außenamtes der Evangelischen Kirchen in Deutschland, einen Zettel zu: „Die Gerüchte über ein unmittelbares Eingreifen der Sowjetunion in Ihrer Heimat haben sich nicht erhärtet.“ Wir waren erleichtert. Und tatsächlich kam es nicht zum Umsturz, solange die Konferenz von Uppsala tagte.
Wir kehrten also mit der Aussicht auf geruhsame Sommerferien in die Heimat zurück, die ich mit meiner Familie in Nové Město verbrachte. Doch dann kam der 21. August. Früh am Morgen weckte uns das Rasseln von Panzern und ein polnisches Geschütz zielte auf die Fensterfront meines Geburtshauses. Solche Ereignisse prägen sich einem für immer ins Gedächtnis ein. Während der Konferenz von Uppsala war ich als Professor an die Universität Basel gewählt worden, eine einjährige Gastprofessur in New York stand bevor, die Ausreisedokumente für die ganze Familie waren ausgestellt, und jetzt dieser Schock. Die so entstandene Unsicherheit bekümmerte uns nicht sonderlich. Die großartige Solidarität der Bürger unseres Landes riss uns einfach mit und das Anliegen einer offeneren, demokratischen Gesellschaft beschäftigte uns viel mehr als in Frage gestellte Reisepläne. Damals erlebten wir unvergessliche und bei aller Tragik positive Tage.
Die Behörden der Tschechoslowakei boten uns damals noch Schutz. Als ich nach einer Woche auf abenteuerlichen Wegen

nach Prag fuhr, bestätigte mir die Leiterin des staatlichen Kirchenamtes Dr. Erika Kadlecová, ich müsse meine Reisepläne nicht ändern, sondern solle, solange dies möglich sei, die vorgesehene Stelle antreten. „Wir haben ein großes Interesse daran, Leute wie Sie im Ausland zu wissen." Also machten wir uns auf den Weg. Der Luftweg war gesperrt, da der Prager Flughafen noch von sowjetischen Truppen besetzt war. Wir mussten per Bahn nach Wien reisen. Die österreichische Konsularabteilung kam unseren Bürgern großzügig entgegen und stellte auf der Straße Visa aus. So gelangten wir von Wien mit kurzem Zwischenhalt in Basel nach New York.

Im Exekutivrat des ÖRK

Kehren wir zur ökumenischen Arbeit zurück, die nach meinem Wegzug ins Ausland weiterging. In Uppsala war ich nämlich in den Zentralausschuss und den Exekutivrat des ÖRK gewählt worden. Dieses Amt war mit einer zehntägigen Session zweimal pro Jahr irgendwo auf der Welt verbunden. Oft tagten wir in Genf. Weitere Tagungsorte waren Tulsa (Oklahoma), Canterbury, Addis Abeba, wo wir Kaiser Haile Selassie mit seinen Löwen begegneten, Utrecht, Westberlin, Auckland und Nairobi. Der Exekutivrat hatte 16 Mitglieder, Vorsitzender war M.M. Thomas, Generalsekretär Dr. Eugene C. Blake. Im Laufe der Jahre wuchsen wir an den verschiedenen Tagungsorten zu einem organischen und handlungsfähigen Team zusammen. Mit Richard von Weizsäcker, dem künftigen Präsidenten der Bundesrepublik Deutschland, verstand ich mich besonders gut. Andere Mitglieder des Exekutivrates waren Frau Janet Wesonga aus Uganda; General T.B. Simaputang, Held der indonesischen Befreiungsbewegung und jetziger Freund seiner ehemaligen holländischen Widersacher; der russische Metropolit Nikodim von Leningrad; der bulgarische Theologe und spätere ÖRK-Stabsmitarbeiter in Genf, Prof. Todor Sabev; Dr. Jacques Rossel, Präsident der Basler Mission; Bischof Karekin Sarkissian, der spätere Patriarch der Armenischen Kirche…

Die damit verbundenen Weltreisen waren nicht touristisch,

sondern jedes Mal mit intensiven Besuchen der Kirchen und theologischen Lehrstätten verbunden. Gleichzeitig ermöglichten sie es uns, die Lage und die Arbeitsmöglichkeiten von Kirchen in den unterschiedlichsten kulturellen und politischen Kontexten kennen zu lernen.
Unser Rat hatte die Aufgabe, die Arbeit des Genfer Stabes, eines ansehnlichen Apparates größtenteils begeisterter Ökumeniker, zu beurteilen. Deshalb nahmen die Vorsitzenden der einzelnen Abteilungen an den Sessionen des Exekutivrates teil, ihre Arbeit wurde analysiert und das weitere Vorgehen geplant. Unter ihnen hatte ich ein besonders gutes Verhältnis zu Lukas Vischer, dem Direktor von „Glauben und Kirchenverfassung" und zu Paul Albrecht von „Kirche und Gesellschaft". Meine Aufgabe war es, mich speziell um die theologische Arbeit des ÖRK zu kümmern.
Nach Uppsala stand der Rat vor einer heiklen theologischen, geistlichen und sozialen Frage: Wie konnte die wachsende sozialethische Tätigkeit der Ökumene mit ihrer klassischen theologischen Aufgabe der Stärkung der Einheit der Christen verbunden werden? Welchen Stellenwert im Kampf um größere Gerechtigkeit hatten die ökumenische Spiritualität und die missionarische Sendung der Kirchen? Unter den Mitgliedskirchen aber auch im Exekutivrat kristallisierten sich zwei Tendenzen heraus. Die Anhänger der einen bezeichneten wir provisorisch als sozial engagierte „Horizontalisten", die anderen, denen die geistige Vertiefung des kirchlichen Lebens ein Anliegen war, als „Vertikalisten". Dieses Begriffspaar war ebenso vereinfachend wie die Zuordnung dieser zur orthodoxen und jener zur protestantischen Tradition. Die unterschiedliche Orientierung war weder mit der theologischen noch mit der konfessionellen Zugehörigkeit deckungsgleich. Legitime Differenzen durften unserer Meinung nach nicht in kurzsichtigen Ausschließlichkeiten enden. Gerade die ökumenische Devise „Einheit in der Vielfalt" warnte vor falschen Alternativen.
Diesem Problem galt mein Hauptaugenmerk. Auf einer anderen Ebene ging mich die Frage nach dem Verhältnis der Ökumene zu den Menschenrechten etwas an. Einiges davon habe

ich in meinem Buch „Versöhnung und Befreiung“ mit dem Untertitel „Absage an ein eindimensionales Heilsverständnis“ dargelegt. Meine These lautet plastisch ausgedrückt: Das Kreuz hat zwei Balken, einen vertikalen und einen horizontalen. Die Ganzheit des Evangeliums leidet, wenn man das Kreuz „auseinander nimmt“.
Während vieler Sessionen des Exekutivrates hatte ich die Möglichkeit, auf die unheilvolle Situation in der Tschechoslowakei nach der Okkupation und der einsetzenden „Normalisierung“ hinzuweisen und in zahllosen Gesprächen hinter den Kulissen darüber zu informieren. Ich erinnere mich an die erste Session des in Uppsala gewählten Exekutivrates, die 1969 in Tulsa, Oklahoma, stattfand. Dort erwähnte Generalsekretär Dr. Blake in seinem Rechenschaftsbericht über das letzte halbe Jahr mit einem gewissen Bedauern die Ereignisse in der Tschechoslowakei. Hauptsächlich war er jedoch erleichtert darüber, dass die Gefahr eines größeren Konfliktes gebannt war und man also zur Tagesordnung übergehen konnte. Dagegen wehrte ich mich. Militärische Gewalt gegen ein Land, das seine gesellschaftlichen Verhältnisse zu demokratisieren und zu humanisieren versuchte, kann nicht als Ereignis angesehen werden, das man mit Schweigen übergeht, umso weniger, als das Eingreifen als „brüderliche Hilfe“ ausgegeben wurde. Die sowjetischen Vertreter im ÖRK übernahmen diese Sprachregelung mit Ausnahme des orthodoxen Theologen Vitalij Borovoj von der Russischen Orthodoxen Kirche, der als einziger sein Bedauern über den russischen Einmarsch klipp und klar ausdrückte: „Jahrzehnte lang gedeihliche Beziehungen zwischen unseren beiden Völkern wurden mit einem Schlag vernichtet.“ Sowohl Dr. Blake wie auch der Vorsitzende M.M. Thomas entschuldigten sich nachträglich für ihr Schweigen zur sowjetischen Invasion.
Es gab auch andere Möglichkeiten, direkt oder indirekt auf die Situation in der ČSSR aufmerksam zu machen. Bei der Vorbereitung der Generalversammlung in Nairobi legten die Schweizer Kirchen, genauer gesagt, Dr. Rossel, Unterlagen für einen Menschenrechtsdebatte vor, wobei hauptsächlich die Menschenrechtssituation in der „Zweiten Welt“ erörtert wer-

den sollte, was die Repräsentanten aus Osteuropa bisher zu verhindern gewusst hatten. Wenigstens teilweise wurde diese Debatte in Nairobi tatsächlich geführt, nicht zuletzt deshalb, weil hinter den Kulissen die Stimmen russischer Dissidenten vernehmbar waren.

Rauswurf aus der Ökumene?

Die schwersten Momente in meiner ökumenischen Tätigkeit erlebte ich während der Session des Exekutivrates in Utrecht im Jahre 1972. Damals hatten die tschechoslowakischen Behörden meinen Pass eingezogen, weil ich mich weigerte, zur politischen Überprüfung nach Prag zu reisen. Durch den Fall meines Schwagers Jan Mířejovský, der 1948 nicht mehr nach Genf zurückkehren konnte, war ich vorgewarnt. Daraufhin starteten die Behörden eine Kampagne gegen mich und übten auf die Prager Theologische Fakultät, auf den Synodalrat und auf den Ökumenischen Rat der Kirchen in der ČSSR starken Druck aus, damit mich der ÖRK meiner ökumenischen Ämter enthebe. Ich wurde von Genf aus gewarnt und gleichzeitig aufgefordert, dem Druck nicht nachzugeben, denn sonst wäre ich zum Präzedenzfall für weitere Druckversuche gegen den ÖRK geworden.
Rein persönlich wäre mir ein Rücktritt nicht ungelegen gekommen. Mich betrübten die Weisungen des Ministeriums, aber auch das Verhalten des Synodalrats, der sich die Argumente der staatlichen Behörde zu eigen machte und sie mit eigenem Pathos anreicherte. Besonders Synodalsenior Václav Kejř zeichnete sich darin aus, was unserer Freundschaft in späteren Jahren jedoch keinen Abbruch tat. Die Fakultät verhielt sich demgegenüber unter der Leitung ihres Dekans Dobiáš wesentlich differenzierter. Einige wenige Pragbesucher erzählten mir auf Geheiß des Ökumenischen Rates der Kirchen in der ČSSR, die Kirchen in der Heimat dürften keine Neuausgaben von Bibeln tätigen, solange ich Mitglied des ÖRK-Exekutivrates sei usw. Das wirkte. Was wäre, wenn diese Aussagen wirklich stimmten? Dieser Gedanke war erschreckend. Ich wurde unsicher und wäre beinahe zurückgetreten.

Utrecht stand bevor. Da es sich um eine Session handelte, der sich eine Tagung des gesamten Zentralkomitees anschloss, reisten Andrej Žiak und Milan Salajka aus der Tschechoslowakei an. Bruder Žiak, der Vertreter der Slowakischen Kirche A.B. in der ČSSR kam auf mein Zimmer, umarmte mich mit slowakischem Pathos und eröffnete mir ohne Umschweife: „Mein lieber Milič, du weißt, dass wir bei Auslandsreisen staatliche Aufträge haben. Meine Aufgabe ist es also, hier deine Abberufung aus den ökumenischen Gremien durchzusetzen." Mir stockte der Atem, besonders als ich das Wort „Aufträge" hörte. „Andrej", antwortete ich, „auf meinen Reisen habe ich niemals einen „politischen Auftrag" erhalten oder entgegengenommen. Was sagst du da?" Es stimmte und besonders in den späteren Jahren waren die Beamten der staatlichen Kirchenbehörde klug genug, keine Aufträge zu erteilen, weil das kontraproduktiv gewesen wäre, zumal mehrere von uns lieber auf eine Auslandsreise verzichteten, anstatt sich manipulieren zu lassen – aber vielleicht herrschten in Bratislava ja strengere Bräuche.

Der Antrag auf meine Abberufung hatte im internationalen Rahmen keine Chance. Trotz aller Unannehmlichkeiten hatte die Sache auch eine erfreuliche Seite: die Zahl derer, die sich einer solchen Aktion angeschlossen hätten, war gering. Im Gegenteil, Janet Wesonga aus Afrika, der bulgarische Delegierte Sabev und viele andere mehr erklärten sich solidarisch mit mir und äußerten ihren Unmut darüber, wie Žiak und Salajka in den Wandelgängen für ihr Ziel agitierten. Dr. Blake kommentierte ihr Vorgehen so: „Dr. Žiak and Dr. Salajka pressed very strongly in private discussions … but they were not successful." Die Sache hatte nämlich einen Haken. Nach den Statuten des ÖRK war ein Exekutivmitglied, das mit der Zustimmung seiner Kirche gewählt worden war, vom Moment seiner Wahl an Repräsentant der ihn wählenden Vollversammlung und nicht mehr Repräsentant einer Mitgliedskirche. Und Dr. Blake ergänzte seinen Bericht durch den Hinweis, dass in der ganzen Geschichte des ÖRK nur ein einziges Mal während des kalten Krieges versucht worden sei, ein Mitglied des Exekutivrats abzuwählen. Es handelte sich ausgerechnet um

J.L. Hromádka. Der Rat habe sich damals gegen den starken Druck konservativer Kreise durchgesetzt und Hromádka bestätigt. So müsse es auch in Zukunft bleiben. Der Antrag Žiak, den neben ihm nur einige russische Delegierte unterstützten, scheiterte also. Doch ich muss sagen, dass mir die ganze Sache zusetzte.

Die Kommission „Glauben und Kirchenverfassung"

Meine Mitgliedschaft im Exekutivrat endete mit der Vollversammlung von Nairobi im Jahre 1975. Ich war froh, von nun an mehr Arbeitsmöglichkeiten auf dem Gebiet der ökumenischen Theologie zu haben. Unmittelbar nach Nairobi wurde ich in die Kommission Glauben und Kirchenverfassung gewählt, die mir besonders am Herzen lag. Gleich an der ersten Vollversammlung erfolgte meine Wahl in den Leitungsausschuss. Direktor dieser Abteilung war der aus Basel stammende Theologe Lukas Vischer. Ich denke, ich habe nie einen Menschen kennen gelernt, der den ökumenischen Gedanken eifriger und kompetenter gelebt hätte als er. Während einiger Jahre arbeiteten wir sehr eng zusammen.
Mit anderen Mitgliedern der Kommission führte ich manchmal scharfe aber sachliche Auseinandersetzungen. Wenn ich an das engere Leitungsgremium denke, fallen mir folgende Namen ein: John Deschner aus den USA, der nach dem tragischen Tod von Nikos Nissiotis aus Griechenland Vorsitzender der Kommission wurde; Metropolit Bartholomaios, der spätere Ökumenische Patriarch von Konstantinopel, das Oberhaupt der orthodoxen Welt; die Anglikanerin Dr. Mary Tanner; der dynamische und tiefschürfende katholische Theologe Jean Tillard; Vitalij Borovoj, der fähigste Ökumeniker der Russischen Orthodoxen Kirche; Manes Buthelesi, Oberhaupt der lutherischen Kirche in Südafrika; Prof. Martin Cressey aus Cambridge; Dr. Paul Crow, der ökumenische „Chef" der „Disciples of Christ", Prof. Ulrich Kühn aus Leipzig; Dr. Maraschin aus Brasilien; Prof. Wolfhart Pannenberg, einer der bedeutendsten deutschen Theologen, und mein katholischer

Freund, Bischof Paul Scheele aus Würzburg. Übrigens ist die katholische Kirche in der Kommission Glauben und Kirchenverfassung Vollmitglied, während sie ansonsten in der Ökumene lediglich Beobachterstatus hat. Für die Kommission ist das ein Gewinn.

Mit Johannes Paul II. im Vatikan

Es war eine ungewöhnlich repräsentative Kommission, theologisch vielfältig, aber in ihrem ökumenischen Engagement einheitlich, da sich die Mitglieder dessen bewusst waren, dass ernsthafte theologische Arbeit für den Weltkirchenrat existenziell wichtig ist. Nicht alle Ökumeniker in der Genfer Zentrale verhielten sich dementsprechend. „Glauben und Kirchenverfassung" hatte in diesem Punkt für andere Kommissionen eine grundsätzliche Mission.

Ich gehörte dieser Kommission während zweier Wahlperioden bis zum Jahre 1990 an. Es war eine fruchtbare Zeit, auch nach dem Ausscheiden von Lukas Vischer aus seinem Amt. Wir erarbeiteten eine Reihe anspruchsvoller Programme wie z.B.

den Rechenschaftsbericht über den gemeinsamen apostolischen Glauben oder die Studie „Einheit der Kirchen und Einheit der Welt".

Bangalore 1978

Auf eine Studie, die mir besonders am Herzen lag, möchte ich näher eingehen. Unmittelbar nach meinem Eintritt in die Kommission gab mir Lukas Vischer den Auftrag, eine Studie zusammenzufassen, die schon einige Jahre in Arbeit war. Es handelte sich um die Studie "Rechenschaft ablegen über unsere gemeinsame Hoffnung", an der die Mehrheit der Kirchen aus allen „drei Welten" beteiligt war. Nicht alle haben geantwortet, aber es war doch erfreulich, wie ernsthaft sich viele Einzelpersonen und Gruppen mit diesem Thema befassten, das in der Luft lag und sich spätestens seit der Vollversammlung von Uppsala mit ihrer Losung: „Siehe, ich mache alles neu" im Bewusstsein der ökumenischen Bewegung festgesetzt hatte. Doch die siebziger Jahre brachten weitreichende Umwälzungen mit sich. Die mit dem dynamischen Jahr 1968 verbundenen sozialen Hoffnungen waren in allen „drei Welten" enttäuscht worden, sodass die ökumenische Studie über die Hoffnung keine ernsthaften Anknüpfungspunkte in der Mentalität oder den Stimmungen des säkularen Kontextes mehr vorfand. Die theologische Arbeit am Fundament der Hoffnung gewann dadurch noch mehr an Bedeutung.

Und in der Tat trafen bei mir in Basel Voten von Christen aus allen Weltgegenden ein. Das Ergebnis war eine ungewöhnliche Polyphonie, ein vielstimmiges Zeugnis, als dessen cantus firmus sich das apostolische Zeugnis über die Hoffnung herauszukristallisieren begann. Eine Stelle aus 1. Tim 4,10 wurde dabei zum Schlüsseltext, über den ich bei den verschiedensten ökumenischen Anlässen mit den entsprechenden kontextuellen Akzenten predigte: „Denn dafür mühen wir uns und lassen uns schmähen, weil wir die Hoffnung auf den lebendigen Gott gesetzt haben, der ein Heiland aller Menschen, besonders der Gläubigen ist." Alle Teile dieses Textes verdienten Aufmerksamkeit. Er gibt den Blick frei auf eine Welt, in

der es die Christen nicht leicht haben, in der sie auf verschiedenste Weise geschmäht werden. Das zeigten die Dokumente aus denjenigen Teilen der Welt, in denen Unterdrückung herrschte wie in Lateinamerika oder eine Diktatur wie damals in Südkorea. Christen, die unter dem Stalinismus oder wie in meiner Heimat unter einem Neostalinismus lebten, wiesen darauf hin, dass der leider nur oberflächlich motivierte gesellschaftliche Aufbruch der Hoffnung zunichte gemacht worden war. Gleichzeitig zeigt die Stelle aus dem Timotheusbrief auf, dass die apostolische Hoffnung eine Hoffnung auf den lebendigen Gott ist. Christen aus Ländern mit massiver Unterdrückung bezeugten die Tragfähigkeit dieser Verankerung auf besonders überzeugende Weise in Bekenntnissen, die manchmal aus dem Gefängnis herausgeschmuggelt worden waren. Einmal erreichte mich ein Brief aus Lateinamerika, der dort in der Osternacht in einer Zelle unter menschenunwürdigen Bedingungen geschrieben worden war. Aber es war an Ostern und Ostern bringt Licht in tiefste Dunkelheit. Der Ostermorgen wird für den Gefangenen zur unversiegbaren Quelle der Hoffnung auf ein Morgen, das „uns letztendlich niemand verwehren kann." Das Gedenken an den Ostermorgen gibt Kraft, so steht es in dem Dokument aus dem lateinamerikanischen Gefängnis, und lässt angesichts massiver Menschenrechtsverletzungen ein Flüstern hören, „das verheißt, dass der Sieg der Finsternis nicht endgültig ist", weil unsere Hoffnung der lebendige Gott ist.
Die Textstelle aus dem Timotheusbrief akzentuiert seine Aussage in der zweiten Satzhälfte noch schärfer. „Gott ist der Heiland aller Menschen, besonders der Gläubigen." Die Kirche hat eine besondere Sendung und einen besonderen Grund der Hoffnung, des Glaubens. Aber dieser „besondere" Grund ist nicht ihr Monopol, er meint alle und zielt auf alle. Das Heil in Christus ist nichts Partikulares; die ökumenische Sendung zielt auf den Nächsten, auch wenn er weit entfernt ist. Gerade in wenig hoffnungsvollen Momenten haben wir also unsere Mission der Hoffnung, jenes österliche Flüstern zu verstärken, denen beizustehen, die zweifeln oder scheitern.
Die Plenartagung der Konferenz „Glauben und Kirchen-

verfassung" fand 1978 in Bangalore statt. Ich hielt das Hauptreferat, dessen theologische Perspektive ich soeben in groben Zügen dargestellt habe. Ich sprach vom Rückschlag der gesellschaftlichen Hoffnungen in der Tschechoslowakei und erwähnte – einige seiner Thesen zitierend – das tragische Schicksal von Vítězslav Gardavský. Ich versuchte jedoch auch auf die indische Situation einzugehen, die mir – vor allem in Gestalt von M.M. Thomas und Russel Chandran – im Laufe der Jahre vertraut geworden war. Angesichts der indischen Tradition mit ihrer Tendenz, die Welt fatalistisch hinzunehmen, prägte ich den Satz, dass das apostolische Christentum der Vergangenheit aber auch dasjenige der Gegenwart eine Widerstandsbewegung gegen den Fatalismus sein muss. Dieser Satz wurde in immer neuen Varianten in den säkularen Medien zitiert. Offensichtlich hatte ich eines der heikelsten politischen Probleme der indischen Situation getroffen, welche aber auch in anderen Ländern ihre Entsprechung hat.
Wie bei anderen ökumenischen Versammlungen wurde auch hier eine öffentliche Veranstaltung für Mitgliedskirchen, Nichtmitgliedskirchen des ÖRK und für die Öffentlichkeit durchgeführt. Der Festgottesdienst fand in der katholischen Kathedrale statt, deren Fenster weit offen standen. Ich hielt während der Messe die Predigt. Vögel als Abgesandte der Schöpfung flogen über unseren Köpfen umher. Unter der Kanzel saß eine bunt gemischte Gemeinde, die sich von der Predigt im wahrsten Sinne des Wortes bewegen ließ. Mütter stillten ihre Kinder, Väter ergötzten sich an ihrem Nachwuchs, Alte und Junge, katholische Christen – diese ökumenische Erfahrung durchbrach jede ökumenische Lethargie und griff auf eine ökumenische Bewegung vor, die das kommende Jahrhundert hoffentlich erfassen wird…

Reformierter Weltbund

Bei diesem nur bruchstückhaften Überblick über meine ökumenischen Aktivitäten darf mein Engagement im Reformierten Weltbund (RWB) nicht fehlen, dem hauptsächlich aus der schweizerischen und der schottischen Reformation hervorgegangene Kirchen bzw. amerikanische presbyterianische und kongregationalistische Kirchen angehören. Unsere Evangelische Kirche der Böhmischen Brüder, eine 1918 begründete Unionskirche reformierter und lutherischer Gemeinden, welche das Erbe der tschechischen Reformation weiterführt, war sozusagen von Anfang an Mitgliedskirche. Genauso gut hätten wir auch Mitglied des Lutherischen Weltbundes werden können, so empfanden und empfinden es jedenfalls etliche unserer Kirchenglieder. Die Mehrheit fühlte sich jedoch theologisch zum Reformierten Weltbund hingezogen. Das galt besonders für J.L. Hromádka, der ursprünglich Lutheraner gewesen war. Ich erinnere mich, wie er als einer der Vizepräsidenten des RWB wiederholt von der dort herrschenden, theologisch und menschlich besseren Atmosphäre berichtete, während er in den Gremien des Weltkirchenrats zur Zeit des Kalten Krieges zwar den Respekt der Mehrheit genoss, jedoch auch den Widerstand derjenigen zu spüren bekam, die ihn für einen „Kryptokommunisten" hielten, was er nie war.

Auch auf diesem Feld der Ökumene trat ich in Hromádkas Fußstapfen. 1970 wurde ich in Nairobi zum Vorsitzenden der theologischen Abteilung des RWB gewählt, in eine Funktion, die ich während zweier Amtsperioden bis 1982 innehatte. Einige Jahre lang bekleidete ich also sowohl im RWB wie auch im Weltkirchenrat ein verantwortungsvolles Amt. Das führte zuweilen zu grotesken Situationen. Natürlich versuchte ich bei Reisen in andere Kontinente, Aufgaben im ÖRK und im RWB miteinander zu verbinden. Bei einer Versammlung des Weltkirchenrates in Neuseeland war ich sowohl zu einer ökumenischen Versammlung von Mitgliedskirchen wie auch zu einer Tagung des reformierten Pfarrkollegiums eingeladen. In beiden Gremien musste ich im jeweils umgekehrten Sinn die Frage beantworten, ob es mir Probleme bereite, einen ökumenischen und einen reformierten Hut zu tragen.

Probleme gab es tatsächlich: Ich musste mit meiner Zeit und meinen Kräften haushälterisch umgehen, um beide Aufgaben bewältigen zu können. Innerlich, d.h. mit der Frage meiner konfessionellen und ökumenischen Identität, hatte ich keine Probleme. Die ökumenische Bewegung zielt ja nicht auf einen christlichen Eintopf oder Schmelztiegel hin. Sie ist keine Bewegung des farblosen Kosmopolitismus. Sie sucht vielmehr die „Einheit in der Vielfalt“, wie es Oscar Cullmann in Anknüpfung an die tschechische Reformation ausgedrückt hat. Konfessionelle Akzente sind im Wissen darum, dass das uns Verbindende stärker ist als das Trennende, eine Ermunterung auf dem Weg zur Einheit. Ich ehre das reformierte Erbe der schweizerischen und der schottischen, ganz besonders natürlich dasjenige der tschechischen Reformation, welche mich in besonderem Maße auf dem Weg zu den Anderen leitet, anstatt im Ghetto einer Uniformität zu behaften. Dasselbe Verständnis lag Hussiten wie Pavel von Kravaře zugrunde, wenn er nach Schottland reiste, den Böhmischen Brüdern, die auf der Suche nach dem wahren Christentum bis in den damals „fernen Osten“ der Orthodoxen Kirchen reisten, und insbesondere Comenius mit seinem beispielhaft entwickelten ökumenischen Denken. Ich habe mich schon immer darüber gefreut, dass die Wegbereiter des heutigen Reformierten Weltbundes ihre damalige programmatische Zeitschrift „Presbyteriale Katholizität“ nannten.

Was die „presbyteriale Katholizität“ ökumenisch bedeuten und was sie der Ökumene abgewinnen kann, hatte ich oft Gelegenheit herauszufinden. Eine dieser Gelegenheiten war für mich besonders anregend. Im März 1987 nahm ich im Auftrag der Kommission „Glauben und Kirchenverfassung“ und mit Billigung des Reformierten Weltbundes an der Konsultation über die Hierarchie der Wahrheiten im Vatikan teil. Die relativ kleine Konferenz offizieller Vertreter des Vatikans und des ÖRK hatte eine wichtige Aufgabe zu bewältigen. Auf dem Zweiten Vatikanischen Konzil war in der Debatte über den Ökumenismus der Begriff „Hierarchie der Wahrheiten“ aufgetaucht, der auch Eingang in das Dekret über den Ökumenismus fand. Er wurde in der ökumenischen Bewegung begreiflicherweise stark beachtet. Hinter dem Begriff steckt der Gedanke, dass in unserer Mannigfaltigkeit nicht alle konfessionellen Verschiedenheiten gleichwertig sind. Die Anerkennung dieser Gegebenheit birgt die Möglichkeit zu einem fruchtbaren Dialog in sich, weil im Lichte dieses Gedankens

christliche Gemeinschaften nicht isoliert nebeneinander, und schon gar nicht wie monolithische Blöcke gegeneinander stehen. Wenn Übereinstimmung bezüglich der höchsten Wahrheit herrscht, ist man noch weit entfernt von allgemeiner Übereinstimmung, jedoch relativieren sich die Unterschiede an der Peripherie, d.h. sie führen nicht automatisch zur Spaltung.
In meinem Referat an dieser Versammlung legte ich den Zuhörern dar, wie in der Böhmischen Brüder-Unität auf klassische Weise unterschieden wird zwischen dem, was im Leben der Kirche wesentlich, was dienstbar und was zufällig ist. Das war keine Erfindung der Unität, ähnliche Versuche gab es bereits vorher bei Augustinus und in der Scholastik. Die Unität machte jedoch laut Amedeo Molnár aus dieser Unterscheidung ein „formales Prinzip jeglicher Theorie". Entscheidend ist dann die Festlegung, was jene höchste Wahrheit des Glaubens, was seine wahre Grundlage ist. Es hat sich erwiesen, dass ein Kern von Übereinstimmung in dieser komplexen Frage möglich ist. Schon auf dem Konzil wurde in diesem Zusammenhang auf das „Mysterium Christi und auf die Heilsgeschichte" hingewiesen, und wir sind an der Konsultation dieser Richtlinie gefolgt: „Jeglicher Versuch, die Glaubensgrundlage auf der begrifflichen Ebene zu fassen, müsste auf die Person und das Geheimnis Jesu Christi hinweisen." Von daher kann man die uns trennenden Fragen angehen, über die wir vielleicht noch lange uneins sein werden. Der alte ökumenische Grundsatz gilt weiterhin: „Je näher zu Christus, desto größere gegenseitige Annäherung." Aus diesem Konsens und aus der ihm zugrunde liegenden Perspektive lebt die ökumenische Hoffnung, weshalb im reformatorischen Sinne korrekt von „evangelischer Katholizität" gesprochen werden kann.
Zurück zum Reformierten Weltbund. Dort konnte ich während Jahren auf die Unterstützung berühmter Theologen zählen, z.B. auf die des Präsidenten des Princeton Theological Seminary, Jim McCord. Dieser unterstützte seit jungen Jahren die osteuropäischen Kirchen, bemühte sich tatkräftig um Stipendien für ihre Theologen, vor allem als Präsident der presbyterianischen Hochschulen in Austin, Texas, und später in Princeton. Mich beeindruckte immer wieder, wie er über

Jahrzehnte seinen ehemaligen Studenten die Treue hielt. Weil er zugleich einer der einflussreichsten amerikanischen Ökumeniker war, kam seine autoritative Stellung auch den diskriminierten osteuropäischen Kirchen, vor allem den ungarischen und tschechischen, zugute. In den kritischen Siebzigerjahren behielt das Princeton Theological Seminary unter seiner administrativen Leitung im Unterschied zu manchen anderen amerikanischen Hochschulen sowohl theologisch wie auch ökonomisch eine gesunde Basis.

In der Theologischen Abteilung arbeitete ich mit dem Sekretär des Weltbundes, dem schottischen Theologen Richmond Smith zusammen, der einmal ausgerechnet hat, dass wir in Basel insgesamt etwa 44 Arbeitstage mit Vorbereitungen und Nachbesprechungen unserer Vorhaben zugebracht haben.

Einen Überblick über all diese Programme kann ich nicht geben. Ich möchte wenigstens erwähnen, dass in der ersten Periode das Thema „Die Herrlichkeit Gottes und die Zukunft des Menschen“ im Zentrum unserer theologischen Arbeit stand. Hier ging es um die Überwindung einer falschen Alternative: Das klassische gloria dei des Johannes Calvin ist kein Programm eines überirdischen, abstrakten Theozentrismus. Wenn sich nach der neutestamentlichen Botschaft die Herrlichkeit Gottes im Antlitz des Gekreuzigten gezeigt hat, dann stachelt uns der Eifer für das Reich Gottes zur Arbeit an und dazu, uns um die Zukunft unserer bedrohten Welt zu kümmern. Die Ergebnisse der Studie, an der auch unsere amerikanische und europäische Kommission mitgearbeitet haben, legte ich an der Konferenz in St. Andrews, später dann an der Weltversammlung des Reformierten Weltbundes 1982 in Ottawa vor.

Der Kampf um die Menschenrechte

Von den verschiedenen Plänen und Programmen hat die Arbeit am theologischen Fundament unserer Bemühungen um die Menschenrechte den größten ökumenischen Widerhall gefunden. Dieses Thema war brennend und aktuell. In gewissem Sinne kann man sagen, dass wir in der Reflexion um die ökumenische Verantwortung alle mit dem Problem der „Aberkennung der Menschenrechte“ konfrontiert waren. Die Art der Unterdrückung kann ganz verschiedenartig sein. Dies mussten wir aus den Begegnungen in verschiedenen Weltgegenden erst lernen. Uns Vertreter der „Zweiten Welt“ quälte die totale Manipulation der Bürger auf politischem Gebiet, die harte Diskriminierung, insbesondere von Christen, im Interesse einer Ideologie, welche den einzigen Schlüssel zur Zukunft zu besitzen beanspruchte. Nur wer mit ihr im Gleichschritt war, hatte einen Anspruch auf Zukunft. Die Freiheit der übrigen müsse eingeschränkt werden. Der marxistische Lektor an unserer Fakultät mit Namen Polák reizte die Studenten mit der selbstgefällig vorgetragenen These von der „proportionalen Freiheit“, der zufolge Christen als Repräsentanten einer „historisch überholten“ Denkweise kein Beschwerderecht gegen die Beschneidung ihrer Freiheitsrechte durch die Gesellschaft hätten.

Auf diese Art von Menschenrechtsverletzungen versuchten wir aufmerksam zu machen, nicht immer mit Erfolg. Christen aus Lateinamerika z.B. waren von ihrem Kampf gegen Tyranneien eines anderen Typus absorbiert, zumal sie von einheimischen Oligarchen und vom internationalen Kapital ausgebeutet wurden. Und es gab Vertreter aus Afrika, aus der Dritten Welt, wo es für viele von ihnen ums nackte Überleben ging. Wir hatten also unterschiedliche Prioritäten in der Analyse und in den Schlussfolgerungen bezüglich der Menschenrechtsverletzungen. Wichtig war das gegenseitige Verständnis für unterschiedliche Herausforderungen. Wichtig war jedoch auch der gegenseitige Dienst. Bei vollem Verständnis für die Prioritäten der lateinamerikanischen Christen und ihrer legitimen „Befreiungstheologie“ war es unsere Aufgabe, darauf hinzuweisen, dass das Instrument der marxistischen Konzeption, auf die sie sich bis zu einem gewissen Grade stützten, belastet und zweideutig war. Das Instrument revolutionärer Hoffnung verkommt leicht zum neuen Unterdrückungsinstrument. Nicht immer wurden unsere Bedenken ernst genommen. Der gegenseitige Dienst galt jedoch auch für die Zweite Welt. Wir relativierten unsere Prioritäten, indem wir die Notsituation der

Dritten Welt ernst nahmen und nicht nur in den ökonomisch privilegierten Kirchen der „Ersten Welt" Verständnis für sie weckten, sondern auch bei uns. Gerne berief ich mich nach der Genfer Konferenz im Rahmen des christlich-marxistischen Dialogs auf diese Erkenntnis. An einer großen Versammlung im Frühjahr 1968 in Prag stellte ich die These auf: „Wir lernen zu verstehen, dass unsere Freiheit immer unteilbar mit der Freiheit der anderen verbunden ist. Aber man muss diesen Blickwinkel noch erweitern: Unsere Freiheit hat zu tun mit der Freiheit 'jener Dritten' in der Dritten Welt."

In unserer Arbeit ging es jedoch nicht nur darum, die Verschiedenartigkeit von Situationen und das Recht auf entsprechende Prioritäten zu erkennen. Es ging um eine gemeinsame Grundlage, also um eine theologische Grundlage der Menschenrechte. Bei uns hat sich die christliche Philosophin Božena Komárková in ihrem bahnbrechenden Werk mit der philosophischen Seite dieser Frage befasst, das zu kommunistischen Zeiten lediglich in Manuskriptform vorlag und nur im Ausland als Buch herausgegeben werden konnte. Komárkovás Werk hat mir bei der Arbeit an unserem Programm wertvolle Dienste geleistet. Den Abschluss des über Jahre sich hinziehenden Programms bildete die Londoner Konsultation von 1976, an der Jürgen Moltmann maßgeblich mitwirkte.

Unter dem Titel „Gottes Recht und Menschenrechte" haben wir die Schlussfolgerungen der Konferenz, die grundlegenden Dokumente unserer Studie sowie internationale Menschenrechtsdokumente in einer deutschen und einer amerikanischen Version veröffentlicht. Die Publikation wurde stark beachtet, z.B. unser Hinweis darauf, dass die Menschenrechte auch eine zukunftgerichtete Dimension haben und angesichts der ökologischen Bedrohung auch an das Recht zukünftiger Generationen zu denken ist. Das Buch hat bei der Vorbereitung des konziliaren Prozesses zu Fragen des Friedens, der Gerechtigkeit und der Bewahrung der Schöpfung, der 1989 in die große ökumenische Versammlung von Basel mündete, gute Dienste geleistet.

An dieser Versammlung nahmen katholische, protestantische

und orthodoxe Delegierte aus fast allen europäischen Kirchen teil. Mit ihren über 1000 Delegierten und Beobachtern schlug sie die ganze Stadt in den Bann. Das sonst stark säkularisierte Basel, wo die Mitgliederzahlen sämtlicher Konfessionen stark zurückgegangen sind, hatte sich gleichsam an seine reformatorische und pietistische Vergangenheit erinnert. Eine Woche lang prägte die Ökumene das Gesicht dieser Stadt. Die meisten Delegierten waren privat untergebracht. Selbstverständlich boten auch wir im Frey-Grynaeum Freiplätze an mit dem Hintergedanken, Gäste aus den tschechischen Ländern beherbergen zu dürfen. Und tatsächlich waren zwei angemeldet. Der eine war der mit mir verschwägerte Lubomír Miřejovský, einst Pfarrer in Karlsbad und in Tabor, [nach 1968] während der sog. „Normalisierung" Generalsekretär der Christlichen Friedenskonferenz. Der Name des anderen lautete Václav Malý, eine im Frühjahr 1989 noch nicht allzu bekannte Persönlichkeit, der in Dissidentenkreisen als standhafter katholischer Pfarrer galt. Wenige Monate später, im November 1989 sollte seine große Zeit kommen, als er die großen Versammlungen Hunderttausender auf den Prager Letná-Wiesen moderierte, die zum Zeichen ihrer entschlossenen Friedfertigkeit unter Malýs Leitung gemeinsam das Unservater beteten. Auf beide Gäste freuten wir uns sehr. Doch zu unserem Bedauern erhielt der katholische Pfarrer keine Ausreiseerlaubnis. Seinen Platz nahm ein anderer Delegierter ein.

Als meine Frau Eliška den Unbekannten in ähnlicher Manier fragte wie einst den Stasi-Mitarbeiter im Hus-Seminar: „Von welcher Fakultät sind Sie?", versetzte uns seine Antwort in Staunen: „Von der Parteihochschule." An die Europäische Versammlung von Kirchen hatten die Behörden also auch einen Parteivertreter entsandt. Wir waren gespannt, wie er auf die Konferenz reagierte. Er geizte nicht mit politischen Qualifizierungen.

Aber die Zeiten begannen sich zu ändern. Die tschechische Delegation sprach nicht mehr unisono, neben den vorsichtigen offiziellen Delegierten ergriffen einige Dissidenten das Wort, die sich eine gewisse Erleichterung bei der Erteilung von Ausreisevisa zu Nutze gemacht hatten. Im Plenum war es ihnen verwehrt, aber in den Couloirs der Messehallen war es möglich. Hier organisierten sie Diskussionsrunden mit Leuten, die sich für sie interessierten, und solche gab es genug. Die katholische Schwester Marie Kaplánová z.B. trat dort in bemerkenswerter Weise auf. Später habe ich sie unter vier Augen auf die Unterstützungsmöglichkeiten für diskriminierte Katholiken in der ČSSR angesprochen. Die meisten tschechischen Delegierten kamen zu einer weiteren Unterredung ins Frey-Grynaeum. Gerne denke ich an diese offene Diskussion.

Die polizeiliche Überwachung des „Friedenslagers" funktionierte jedoch weiterhin, wovon ich mich im August 1989 bei der Vorbereitung einer Konferenz von „Glauben und Kirchenverfassung" in Budapest persönlich überzeugen konnte. Es handelte sich um die Abschlusskonferenz meiner zweiten Amtsperiode, an der ich einen Ausblick auf die weitere Arbeit und die geplante Weltkonferenz geben sollte. An der ungarischen Grenze war mit Komplikationen zu rechnen, da ich in den Ländern des „realen Sozialismus" persona non grata war. Immerhin hatte ich einen gültigen Schweizerpass und ein ungarisches Visum. Damals im August 1989 waren die Grenzen des „Friedenslagers" bereits durchlässig geworden, insbesondere die ungarische. Und dennoch: als ich meine Dokumente der Grenzpolizei vorlegte, wurde mir knapp mitgeteilt, dass ich nicht nach Ungarn einreisen dürfe. Es sah ganz danach aus, dass ich wieder in die Schweiz zurück fliegen musste. Doch da tauchte die amerikanische Delegation mit dem Konferenzvorsitzenden John Deschner aus Texas auf, der einst in Basel studiert und bei Karl Barth gearbeitet hatte. Dieser forderte den ungarischen Ökumenischen Rat unverzüglich auf, sich bei den zuständigen Behörden für mich einzusetzen. Und tatsächlich: die Dinge gerieten in Bewegung. Ich konnte doch noch nach Ungarn einreisen, meinen Vortrag halten und zusammen mit Wolfhart Pannenberg in der Gemeinde meines ehemaligen Doktoranden und künftigen Bischofs Loránt Hegedűs predigen. Offensichtlich war der Polizeiapparat des „Friedenslagers" zählebig und vernetzt, während das Schiff schon langsam zu sinken begann. Mit der Budapester Konferenz beendete ich mein mehr als zwanzigjähriges Engagement in offiziellen ökumenischen Funktionen. Ich möchte sagen, zur rechten Zeit, denn auch in der ČSSR wurde wenig später der Eiserne Vorhang beseitigt. Wir konnten wieder in die Heimat fahren. Hier lag künftig meine ökumenische Priorität.

Ökumene im Exil

Unter dieser Perspektive möchte ich auf einen Nebenaspekt der ökumenischen Arbeit zu sprechen kommen, nämlich die Zusammenarbeit tschechischer katholischer, evangelischer und hussitischer Theologen im Exil. Die tragischen kirchengeschichtlichen Umwälzungen nach dem Dreißigjährigen Krieg hatten in den tschechischen Ländern zur Folge, dass die ökumenischen Bemühungen dort steinigen Boden vorfanden und die Kommunikation zwischen den Kirchen stockte. Erst das gemeinsame Los von Geistlichen und Laien verschiedener Konfessionen während der nazistischen Ära und dann während der kommunistischen Verfolgung, welche die Katholiken härter traf als die Protestanten, hat die Voraussetzungen zu einem neuen gegenseitigen Verständnis geschaffen. So äußerte sich Kardinal Beran an der ökumenischen Versammlung Anfang Februar 1948 in Prag und später auf dem vatikanischen Konzil wohlwollend über Jan Hus, der in den Augen der Katholiken bis dahin als Ketzer gegolten hatte.
Daran konnten wir im Exil anknüpfen. Eine ansehnliche Gruppe tschechischer Theologen in Westeuropa gründete spontan ein Symposion ökumenisch orientierter Theologen beider konfessionellen Hauptrichtungen. An diesen Symposien arbeiteten wir über anspruchsvolle theologische Fragen und machten uns Gedanken darüber, wie wir unseren Heimatkirchen helfen konnten. Das gegenseitige, in der Tiefe der gemeinsamen Überzeugung verankerte Vertrauen dauert bis heute an und gereicht der tschechischen theologischen Arbeit zum Nutzen.
Es gab auch andere Kontaktmöglichkeiten; eine davon hat der Papst direkt in die Wege geleitet. Am 3. Juni 1979 schlug er am Grab des Hl. Adalbert in Gnesen eine große Versammlung

in Rom vor, die über die gemeinsamen christlichen Wurzeln der europäischen Völker nachdenken sollte. Mit dieser Initiative unternahm der Papst den ernsthaften Versuch, bei den Reflexionen über das gemeinsame geistige Erbe Europas das slawische Element stärker zu gewichten. Aus diesem Grunde lud er auch nichtkatholische Theologen und Intellektuelle slawischer Herkunft zu Vorlesungen ein, so z.B. Jaroslav Pelikán aus Yale, einen hoch angesehenen amerikanischen Historiker mit bewusst tschechoslowakischem Ansatz, den Slawisten Lubomír Ďurovič aus Lund und mich aus Basel. Zum ersten und wohl auch zum letzten Mal wurde ich aufgrund meiner slawischen Herkunft zu einer Konferenz eingeladen. Gerade in der Zeit totalitärer Abschottung war es wichtig, auf den eigenen und wichtigen Beitrag der slawischen Christenheit an die europäische Zivilisation hinzuweisen. Diesem konnte die Zerstörung der geistigen Kultur in der kommunistischen Entfremdung nichts anhaben.

Zum Schluss eine persönliche Bemerkung: Auch die Ökumene „frisst" ihre Kinder, besonders wenn deren Väter ökumenisch stark engagiert sind. Dieses Engagement kostete uns viel Zeit, es brachte uns viele anregende Möglichkeiten des Dienstes und ich denke dankbar an diese intensiven Jahre zurück. Doch die Zeit, die ich der Ökumene widmete, ging auf Kosten meiner Familie. Mehrere Wochen der Ferienzeit verbrachte ich irgendwo mit Konferenzen und überließ die Familie ihrem Schicksal. Eliška und die Kinder haben darüber nie ein böses Wort verloren. Aber gleichgültig war es ihnen nicht. Ein Beispiel: 1967 hatten wir mit einer Pfarrfamilie aus der DDR einen Ferienaustausch vereinbart. Das war eine gute Gelegenheit, wenigstens in bescheidenem Rahmen etwas Neues kennen zu lernen. Wir waren schon zur Abreise bereit, als plötzlich eine dringliche Einladung eintraf, ich solle an einer Sitzung des Zentralausschusses des ÖRK teilnehmen, dessen Mitglied ich noch nicht war, und dort die Ergebnisse der Genfer Konferenz „Kirche und Gesellschaft" vorlegen und interpretieren – eine ehrenvolle, aber auch anspruchsvolle Aufgabe. So flog ich nach Kreta, während Eliška mit den Kindern, deren jüngstes erst drei Jahre alt war, allein an die Ostsee reisen musste, was unter den gegebenen Umständen zum abenteuerlichen Unternehmen geriet. Mit der mit uns befreundeten Familie Kalus aus Miroslav verbrachten sie trotzdem schöne Ferien am Meer. Ich mache mir, wenn ich heute zurückschaue, deswegen Vorwürfe. Manchmal sprachen wir Mitarbeiter der Ökumene scherzhaft von „ökumenischen Witwen und Waisen", doch war uns dabei nicht nur zum Lachen zumute. Auch das gehört zu meinen ökumenischen Erinnerungen. So ist es an der Zeit, mich meiner Familie, Eliška, meiner Frau, und den Kindern Věra, Tomáš und Marek zuzuwenden.

Unsere Familie

Eliška Jeřábková

Während eines langen Gesprächs mit meinen besten Freunden an der Fakultät, J.B. Souček und F.M. Dobiáš, kamen wir aufs Heiraten zu sprechen. Nach František Dobiáš gehörte zu einer guten Ehe die Vision der Vollkommenheit, die er später auch in der Vorlesung näher umriss. Damit meinte er nicht, die Eheleute sollten sich gegenseitig für „vollkommen" halten, sondern vom Bewusstsein getragen sein, dass dieser Partner und kein anderer der einzig richtige ist. Bruder Josef Souček stimmte dieser Ansicht zu und ergänzte sie mit eigenen Erfahrungen. Er erzählte, wie sich ihm das Gesicht seiner zukünftigen Frau einst bei einem Treffen am Lagerfeuer unauslöschlich eingeprägt habe, als es hinter einer Rauchwolke auftauchte. Ich verstand die beiden gut, weil ihre Frauen, jede auf ihre Weise, Partnerinnen waren, die ihre Männer bestens ergänzten.

Ähnliches erlebte ich, als ich Eliška kennen lernte. Auch ich hatte zuerst eine „Offenbarung", nicht so romantisch wie am Lagerfeuer, sondern prosaischer auf dem Volleyballfeld. Dort kämpften wir um jeden Ball, als plötzlich zwei Mädchen am Rand des Spielfelds auftauchten, die eine weiß angezogen, sozusagen in Licht gekleidet. Ich kannte beide aus dem Akademischen CVJM. Aber von Stund an dachte ich mit besonderem Interesse an Eliška. Darüber sprachen wir bei der Rückreise von einer Konferenz des Akademischen CVJM, die zum Jahreswechsel 1950/1951 stattgefunden und auf staatlichen Druck hin die Auflösung des CVJM beschlossen hatte.

Meine künftige Frau Eliška Jeřábková wurde wurde am 9. September 1928 in Znojmo geboren, wo ihr Vater Kommissar der politischen Verwaltung war. Dr. Josef Jeřábek stammte aus einer Lehrerfamilie, hatte als junger Soldat im Ersten Weltkrieg die blutigen Kämpfe der Österreicher in Norditalien miterlebt und war auch selber verwundet worden. Nach dem Krieg studierte er Jura an der Masaryk-Universität in Brünn. Eliškas Mutter Eliška (geb. Vránová) stammte aus einer mährischen Bauernfamilie.

Häufiges Umziehen war das Los von Beamtenkindern, da ihr Vater von einer Kreisverwaltung in die andere versetzt wurde. Kurze Zeit lebten sie in Znojmo, dann in Prostějov, wo Eliška eingeschult wurde, bis die Familie nach Zlín umzog. Von dort wurde der Vater ins Innenministerium nach Prag versetzt mit der Aussicht, einige Jahre später in höherer Funktion in die Landesbehörde nach Brünn wechseln zu können. Dazu ist es dann infolge politischer Umwälzungen unter zwei totalitären Regimes nicht mehr gekommen. Die Familie Jeřábek behielt ihren ständigen Wohnsitz in Prag Střešovice. Hier besuchte Eliška das Gymnasium, die letzten Jahre unter den erschwerten Bedingungen der Kriegszeit. Zusammen mit Freundinnen nahm sie Kontakt zum Akademischen CVJM auf, besonders nachdem sie angefangen hatte Pharmazie zu studieren.

Mit Eliška Jeřábková

Eliška und ich erlebten also gemeinsam das offizielle Ende des Akademischen CVJM. Wir dachten jedoch nicht daran, die christliche Jugendarbeit aufzugeben, sondern suchten nach anderen Wegen. Eine besondere Bedeutung gewannen hierbei die sog. Waldbrigaden, eine besonders sinnvolle und gelungene Idee. Zu einer Zeit, wo die Kommunisten beinahe das gesamte unabhängige Vereinsleben aufgelöst hatten, waren die Brigaden, d.h. notwendige Arbeiten im volkswirtschaftlichen Bereich, nicht so leicht zu verbieten. Wir arbeiteten im Wald, besonders im Altvatergebirge in Nordmähren, einem nach der Vertreibung der deutschen Bevölkerung menschenleeren Gebiet. Unter der wohlwollenden Aufsicht der Forstverwaltung verrichteten wir einfache Waldarbeit, reinigten den Boden, setzten neue Bäumchen und stellten Wege instand. Die gemeinsame Arbeit war ein Stück gemeinsamen Lebens. Wichtiger waren jedoch die gemeinsamen Gottesdienste und die intensiven Gespräche nach der Arbeit über zeitlose und aktuelle Themen, wie wir sie bereits im CVJM geführt hatten. Später organisierte Marta Kačerová im Auftrag des Synodalrats diese Brigaden. Sie hatten für uns existentielle Bedeutung.

Eliška war von Anfang an dabei. Sie arbeitete im Wald und in der Küche, wo sie „unserer Professorin Božena Komárková" zur Hand ging, die uns durch die Tiefe ihrer Denkweise und durch die Bereitschaft zum praktischen Dienst ein Leben lang Leitfigur war. Von den Nazis jahrelang inhaftiert, von den Kommunisten an einer akademischen Karriere gehindert, wurde sie zum Vorbild einer glaubwürdigen christlichen Existenz.

Eliška erlangte dadurch gewisse Berühmtheit, dass sie bei einem Ausflug auf den Berg Vozka vom Weg abkam und erst am anderen Tag wieder auftauchte, während der Rest der Mannschaft mit einer in den Ruinen von Josephsdorf aufgefundenen Glocke Alarm schlug und eine Rettungskolonne zusammenstellte. Über diesen Vorfall schrieb Jan Šimsa eine Ballade, sodass spätere Brigadisten-Generationen das dramatische Geschehen mit glücklichem Ausgang nachvollziehen konnten.

Jan Šimsa hat übrigens nach der Wende unter dem einladenden Titel: „Wie Eliška Jeřábková bei der Stasi aktenkundig wurde", über diesen Vorfall berichtet. Während eines Verhörs wurde die Frage gestellt: „Wer ist Eliška Jeřábková?“ worauf Jan Šimsa geistesgegenwärtig antwortete: „Das ist eine lange Geschichte.“ „Die wollen wir uns gerne mal anhören“, lautete die Antwort. Und Šimsa malte in allen Farben aus, wie die Brigadière Eliška Jeřábková verloren ging und wieder gefunden wurde. Der Grund, warum sich die Stasi für meine Frau interessierte, war jedoch ein anderer. Um Einzelpersonen und Familien helfen zu können, die als Mitglieder der Bürgerrechtsbewegung Charta–77 verfolgt wurden, gab ich bei Paketsendungen den Mädchennamen meiner Frau als Absender an; denn der Name Lochman hätte sogleich den Argwohn der Behörden geweckt. Basler Freunde unterstützten solche Hilfsaktionen großzügig und die Pakete kamen an. Deshalb wollte die Stasi wissen, wer Eliška Jeřábková ist.

Mit Eliškas Schwester Zdena, Lubor Drápal und Bohuslav Lochman am Tag der Hochzeit

Kehren wir zur Anfangszeit unserer Ehe zurück. Zwei Jahre, nachdem wir einander gefunden hatten, heirateten wir am 20. September 1952 in der Michaelskirche in der Gerbergasse. Damals arbeitete Eliška bereits als stellvertretende Leiterin des epidemologischen Sanitätspostens in Karlsbad. Niemals konnte sie die Opfer von Seuchen in kommunistischen Ar-

beitslagern vergessen, die, obwohl schon halb tot, immer noch gefesselt zum Sanitätsposten gebracht wurden. Die helle Seite ihres Lebens in Karlsbad war der Kontakt zur evangelischen Gemeinde mit Pfarrer Lubomír Miřejovský und der Kirchgemeindepräsidentin Věra Vacková-Ulmanová. Hier trat Eliška, die ursprünglich katholisch war, noch vor unserer Hochzeit zur evangelischen Kirche über. Aus familiären Gründen bemühte sie sich darum, in die Gegend von Prag zu kommen. Nach einiger Zeit gelang ihr das auch, indem sie eine Stelle in der Penizillinfabrik in Roztoky bei Prag erhielt, wo sie bis zur Geburt unseres ersten Kindes Věra arbeitete.
In Prag wohnten wir zuerst unter einfachen Bedingungen bei Eliškas Eltern in Střešovice. Erst 1956 bekamen wir in Prag-Vršovice eine eigene kleine Wohnung zugeteilt, von wo wir nach meiner Ernennung zum Leiter des Hus-Seminars in die Gerbergasse umzogen, wo unser drittes Kind zur Welt kam. Dort übernahm Eliška informelle, aber sinnvolle Aufgaben in der Gemeinschaft der Studenten und Angestellten, die sie dank ihrer anspruchslosen, ruhigen Art souverän erledigte

Leben im Ausland

Die Berufung nach Basel und das Zwischenjahr in New York rissen uns aus dem bewegten Leben im Hus-Seminar, wo die zahlreichen uns besuchenden in- und ausländischen Pfarrfamilien viel Betrieb machten. In New York haben Eliška und die Kinder schnell Anschluss gefunden. Wir wohnten in Gemeinschaft mit Dozenten und Studenten auf dem monumentalen Campus des Union Theological Seminary in unmittelbarer Nähe des Areals der Columbia University. Die lebendige und freundschaftliche Atmosphäre dieser Hochschule verhalf auch Eliška zu einem glücklichen Jahr. Aus New York kehrten wir im Juli 1969 nach Europa zurück, wo nach einem kurzen Abstecher nach Prag die Basler Professur auf mich wartete. Freunde aus kirchlichen Kreisen hatten uns ein hübsches Einfamilienhaus in der Largitzenstr. 42 als vorläufige Bleibe eingerichtet, bis ein Teil unseres Mobiliars aus Prag eintraf. Damit begann für Eliška die anspruchsvolle Aufgabe,

einen Haushalt zu führen und insbesondere die Kinder zu erziehen, die in nochmals neuer Umgebung vermehrt auf Hilfe angewiesen waren. Sich einzuleben war für sie in Basel beschwerlicher als in New York. Erfreulicherweise fanden wir tschechische Freunde, bald sogar eine Gruppe von Landsleuten aus meiner Vaterstadt.
Besondere Aufgaben kamen auf sie zu, als ich zum Rektor der Universität gewählt wurde. Jetzt musste sie oft repräsentative Pflichten ausüben, nach denen sie sich nicht sehnte, die sie aber gut versah. Sie knüpfte Freundschaften zu Professoren-Frauen verschiedener Fakultäten, z.B. aus dem Kreis der Frauen ehemaliger Rektoren. Dabei kam ihr unser Umzug ins Frey-Grynaeum entgegen, ein altertümliches, prächtiges Haus im Herzen Basels. Dort pflegte sie nicht nur Haus und Garten, sondern kümmerte sich auch um die vielen Gäste, die von nah und fern das Haus aufsuchten; mit der Zeit häuften sich auch die Besuche aus der Tschechoslowakei.
Schmerzhaft war in Basel die Trennung von der Heimat und von der weiteren Familie. Trotz aller Hindernisse konnten uns einige Verwandte besuchen, insbesondere Eliškas Eltern und ihre Schwester Zdena. Als jedoch 1985 ihre Mutter und ein Jahr später ihr Vater starben, durfte Eliška nicht zur Beerdigung fahren. Umso größer war die Freude, als 1989 das kommunistische Regime zusammenbrach und die lang ersehnte „Reise nach Hause" endlich möglich wurde.
Es war bitter, die Eltern nicht wieder zu sehen. Aber Gott sei Dank hatte sie noch ihre Schwester, deren Kinder Jana und Aleš und ihre Familien. Noch zwei Wochen vor ihrem plötzlichen Tod besuchte Zdena uns in Basel. Ihr Tod hat uns alle traurig gemacht.
Es ist sicherlich Eliškas Verdienst, dass unsere engere aber auch die weitere Familie einen guten Zusammenhalt hat und die Tradition tschechischen evangelischen und kulturellen Lebens aufrechterhält. Auch nach der Hochzeit der beiden älteren Kinder und der Geburt von fünf Enkelinnen hat sich dieser Zusammenhalt organisch auf die neue Generation übertragen. Das andere Verdienst von Eliška war, dass wir, trotz meiner Konzentration auf akademische und ökumenische Ver-

pflichtungen in der Schweiz und weltweit, den Kontakt zur tschechischen Gemeinschaft im Exil suchten. Dass sie, leider schon in einer Zeit verminderter Leistungsfähigkeit, zur Vorsitzenden des Heimatvereins „Domov“ der Tschechen und Slowaken gewählt wurde, ist symbolischer Beweis dafür, dass sie eine liebevolle Gastgeberin zahlreicher Besucher und ganzer Gruppen war, die manchmal auch ohne Einladung aus der Heimat anreisten.

Seit einigen Jahren leidet Eliška an einer ernsthaften Krankheit, die ihr Gedächtnis und ihre Orientierungsfähigkeit betrifft. Auch aus diesem Grunde haben wir uns entschlossen, das Frey-Grynaeum zu verlassen und in eine geeignete Wohnung an der Birmannsgasse zu ziehen. Die Krankheit nahm ihren Verlauf und wurde für uns alle zur ernsten Herausforderung und Belastung. Doch fanden wir in der Memory-Klinik von Prof. Stähelin fachmännische Unterstützung und in der Stiftung „Atrium“ einfühlsames Mittragen. Auch Familienmitglieder und Freunde halfen persönlich und institutionell. Unser Alltag hat sich durch die Krankheit nicht einfach verdüstert. Eliška konnte immer wieder an Erinnerungen aus der Kindheit und an unser gemeinsames Leben anknüpfen, was weiterhin eine reiche Kommunikation ermöglichte. Erstaunlich ist ihr Fundus an Liedern: Dazu gehören Kinder- und Volkslieder, besonders aber geistliche Lieder, seien es nun tschechische oder deutsche, ganz zu schweigen vom Liedgut der christlichen Studentenbewegung. Mir scheint, dass gerade diese Lieder und auch der Besuch von Gottesdiensten, die sie sichtlich erfreuten, zur Stütze in schwierigen Jahren wurden. Immer wieder hat sie die Lieder rezitiert und vorgesungen, sie kannte sie viel besser als ich. Neben den großartigen Chorälen der Böhmischen Brüder schätzte sie etwa die Lieder von Paul Gerhardt. Wie staunte ich, als sie im botanischen Garten plötzlich den bekannten Liederdichter zitierte: „Narzissus und die Tulipan, die ziehen sich viel schöner an als Salomonis Seide.“

Und immer wieder blitzen auch jetzt noch hie und da überraschende und treffende Bemerkungen auf, die die sonst im mündlichen Ausdruck eher zurückhaltende Eliška schon immer auszeichneten. Ein Beispiel: Wir hören einen theologischen Diskurs über den Gottesbegriff im Radio. Plötzlich sagt sie: „Die schwätzen zu viel, sie sollten lieber singen." Recht hatte sie und ich musste dies auch selbstkritisch für meine ganze Zunft beherzigen.

Die Kinder

Unsere älteste Tochter Věra Anna kam am 10. Juni 1954 zur Welt. Als jüngste bzw. älteste Enkelin der beiden Familien hatte sie eine Sonderstellung inne. Trotz der düsteren politischen Situation, in die hinein sie geboren worden war, erlebte sie wie ihre beiden jüngeren Brüder eine glückliche Kindheit. Auch zur Verwandtschaft fühlte sie sich hingezogen, zumal Onkel Bohuslav uns regelmäßig besuchte und bald einmal Eliškas Nichte Jana zur Welt kam. Die Ferien verbrachten wir zusammen mit den Familien meiner Schwestern in Nové Město. Mit unserem Wegzug nach New York und von dort aus nach Basel hatte Věra anfänglich Mühe. „Wäre mein Vater Straßenwischer, hätten wir in Prag bleiben können." Dieser vorwurfsvolle Satz klang lange in meinen Ohren nach. Doch gerade Věra, der der Wegzug aus Prag am schwersten fiel, kam schulisch damit am besten zurecht.
Mit dem Umzug nach Basel begann die Plackerei von neuem. Jetzt musste sie Deutsch und Schweizerdeutsch lernen. Ihre Schule war das Mädchengymnasium am Kohlenberg. Auch hier nahm Věra alle Hürden und legte die Matura in ihrer Klasse als Jüngste ab.
Nach dem Gymnasium studierte sie Biologie und Geographie und erwarb das höhere Sportdiplom. Mit dieser Ausbildung war sie als Mittelschullehrerin qualifiziert. Sie unterrichtete jedoch nur kurz, denn in den letzten Semestern freundete sie sich mit dem gleichaltrigen Kollegen Urs Schlittler an, mit dem sie eine Familie gründete. Dem Paar wurden drei Kinder geschenkt: Ruth, geb. 1981, Maja, geb. 1984 und Lisa, geb. 1987. Věra sorgt für die Familie, ist aber auch außer Haus tätig, sei es mit Stellvertretungen an Basler Schulen und in Muttenz, sei es als Trainerin beim Frauenturnen. Jahrelang

gab sie Sonntagschulunterricht und engagierte sich im Gemeindeleben. Manchmal erschreckt es mich, welches enorme Arbeitspensum unsere Tochter bewältigen muss, zumal sie sich in letzter Zeit vermehrt um die Mutter kümmert.
Tomáš, unser zweites Kind, kam am 8. März 1959 zur Welt. Er war als typisches Sonntagskind auffallend optimistisch und eine Frohnatur. Dass sein Geburtstag auf einen Sonntag fiel, hatte zur Folge, dass seine Schwester mich nach der Rückkehr vom Dienst unter der Tür ins Bild setzen konnte: „Papa, wir haben einen Jungen."
Die langen Gänge der Wohnung im Hus-Seminar kamen Tomáš' gesteigertem Bewegungsdrang entgegen. Besondere Freude hatte er an den Besuchen von Onkel Bohula, der ihm immer etwas mitbrachte und immer zu Späßen aufgelegt war. Mit Janas Bruder Aleš bildete er ein unzertrennliches Cousinpaar, das auch die Jahrzehnte der Trennung überstand.
Nach drei Jahren Grundschule in Prag kam er in New York in eine Experimentalschule mit tschechischer Lehrerin, die seine literarische und kreative Begabung förderte. In Basel besuchte er wie seine ältere Schwester Věra das Gymnasium am Kohlenberg, das inzwischen die Koedukation eingeführt hatte und wo er von guten Lehrern unterrichtet wurde. Nach der Matura studierte er Archäologie, Geschichte und Kunstgeschichte. Auf Anregung von Prof. Ernst Berger schrieb er eine Dissertation über die Grabsteinkunst in Phrygien zu hellenistischer Zeit.
Im Antikenmuseum lernte er Carole Billod, eine französische Kunsthistorikerin, kennen. Auch in dieser Familie kamen Töchter zur Welt: am 18. April 1993 Camille und im Dezember 1994 Bérénice.
In den letzten Jahren verlagerte sich der Schwerpunkt von Tomáš' Arbeit in die Skulpturenhalle, eine bemerkenswerte Sammlung von Kopien antiker Statuen. Hier organisierte er einige unkonventionelle Ausstellungen, die international Beachtung fanden.
Marek Lochman wurde am 14. April 1964 in Prag geboren, wo er jedoch nur wenige Jahre verbrachte. An seine Prager Kindheit und Ferienzeit in Nové Město hat er kaum Erinne-

Auf einem Spielplatz in Prag

rungen, höchstens eine schwache an den Schock der Okkupation: Als er während unserer ersten Auslandsferien 1969 in Puerto Rico im Meer etwas Ekelhaftes fand, nannte er es zu unser aller Überraschung „Polaken“. Offenbar konnte er sich an die polnischen Panzer erinnern, die im August 1968 Nové Město besetzt hatten.

An die Grundschule in Basel und die autoritäre Atmosphäre in seiner Klasse hat er schlechte Erinnerungen. Im Gymnasium wurde es dann besser. Wie seine beiden älteren Geschwister ging auch Marek am Kohlenberg zur Schule. Die Qualität der Schule bzw. der Klasse war nicht so gut wie zu Věras Zeiten, einige Lehrer waren ideologisierte Achtundsechziger, mit denen Marek manchen konstruktiven Wortwechsel ausfocht. Nach der Matura stellte sich die Frage des Studiums. Ein Jahr versuchte er es mit Chemie, aber bald zeigte es sich, dass dies weder seinen Interessen noch seinen Begabungen entsprach. Also wechselte er zur Nationalökonomie, zuerst in Basel, dann an der Hochschule St. Gallen, wo er am richtigen Ort war. Sein Engagement in der internationalen Studentenorganisation AIESEC, deren St. Galler Vorsitzender er war, hat ihm Auftrieb gegeben. Besonderes Engagement zeigte er beim Unterstützungsprogramm für Wirtschaftsstudenten aus den postkommunistischen Ländern, speziell aus der Tschechoslowakei. So konnte er noch intensiveren Kontakt mit tschechischen und slowakischen Studenten der Ökonomie pflegen, an deren Versammlungen er gerne teilnahm. Hier kamen ihm unerwartet seine Tschechischkenntnisse zugute, obwohl er die ganze Schulzeit im Ausland verbracht hatte. Überraschenderweise begann Marek nach Abschluss der Wirtschaftshochschule, sich aktiv am wirtschaftlichen Aufbau in Tschechien zu beteiligen. In Prag fand er eine gute Stelle mit interessanter Arbeit und ebenso Anschluss an die evangelische Kliment-Gemeinde. Seine Beziehung zu Basel und zur Schweiz hat daran keinen Schaden genommen.

Amerikanisches Intermezzo

Union Theological Seminary

Professor John C. Bennet ist es zu verdanken, dass ich einen Ruf nach New York erhalten habe. Er war Vorsitzender der Programmkommission der Genfer Konferenz „Kirche und Gesellschaft", in der ich vier Jahre lange mitgearbeitet habe. Bennet war einer der führenden Vertreter der amerikanischen ökumenischen Bewegung mit Schwerpunkt Sozialethik. Er selber plädierte für einen „theologischen Realismus", welcher jedoch immer offensichtlicher der Ergänzung durch die Theologie der Hoffnung bedurfte, wie sie Jürgen Moltmann mit internationalem Widerhall vertrat.
Der theologische Realismus wurde in der amerikanischen Szene am prägnantesten von Reinhold Niebuhr vertreten. Im Unterschied zur eher idealistisch und optimistisch orientierten amerikanischen Tradition ging es um ein tieferes Verständnis der rauen gesellschaftlichen Wirklichkeit. In der theologischen Anthropologie äußerte sich dies durch eine stärkere Betonung des biblischen Begriffs der Sünde als radikale Verletzung menschlicher Herzen und Verhältnisse.
Die „Theologie der Hoffnung" hatte nach Bennet mögliche Missverständnisse des Realismus zu korrigieren: Das Böse hat in der Bibel nicht das letzte Wort. Es gibt die Perspektive einer verheißenen Korrektur der Dinge, nicht im Vertrauen auf den „gesunden Kern im Menschen", sondern aufgrund der biblischen Zusage von Gottes Heilsplan. „Realismus" im christlichen Sinne darf also nicht als resignierender Defätismus verstanden werden.

Diese Position war mir nahe. Und Bennet war mir bald menschlich und politisch sympathisch. Er handelte konsequent, war aber konziliant und immer bereit, auch abweichenden Stimmen sein Ohr zu leihen, kurz: ein Mann des Dialogs. Das kam ihm nicht nur in der Ökumene zugute, wo er einer der Amerikaner war, denen auch die jüngere Generation sozial engagierter Theologen aus der Dritten Welt aufmerksam zuhörte, sondern auch in seiner Funktion als Präsident des Union Seminary. Dieses bedeutsame akademische Amt bekleidete er in den Jahren, als sich in der amerikanischen Gesellschaft und namentlich an den Hochschulen eine kritische Studentenschaft energisch zu Wort meldete. In meinem Jahr waren es militante Gruppen ethnischer Minderheiten, die gegen das traditionell privilegierte „WASP-Establishment" der „weißen angelsächsischen protestantischen Männer" Sturm liefen. Unterstützt wurden sie vom aufkommenden Feminismus, der ebenso wie die „schwarzen" Studentinnen und Studenten das Recht auf eine angemessene Vertretung in kirchlichen Ämtern und akademischen Institutionen beanspruchte. Dabei kam es zu Exzessen, die noch größeren Widerstand gegen solche Forderungen zur Folge hatten. Eine Reihe von Universitäten machte eine Krise durch.

Am Union Theological Seminary war es anders, wenigstens unter Bennet: Nach seinem Weggang erlebte diese Hochschule dann eine Zeit der Wirren und unverträglichen Divergenzen, die sie bis heute schwächen. Bennet gelang es mit der Unterstützung seiner Frau, die aufmüpfigsten Stimmen zu neutralisieren. Als während der Studentenunruhen vom Frühjahr 1969 die Studenten die Büros der Hochschuladministration besetzen wollten, schloss sich Ann Bennet dieser Forderung an, nahm an der Besetzung des Büros ihres Mannes teil und ebnete so den Weg zu einer einvernehmlichen Erfüllung berechtigter studentischer Forderungen.

Das Union Theological Seminary war ohne Zweifel eine der prestigeträchtigsten amerikanischen theologischen Lehrstätten. Das Seminar wurde in der zweiten Hälfte des 19. Jahrhunderts mit dem klaren Ziel gegründet, die Theologenausbildung nicht in akademischer Abgeschiedenheit, sondern in der sozialen Realität einer Großstadt durchzuführen, um so die Sendung der Theologie innerhalb dieses gesellschaftlichen Rahmens zu betonen. Von Anfang an war sie eine „ökumenische" Institution, die nicht von den Interessen einer bestimmten Denomination definiert und getragen war. Dadurch gewann sie große Sympathien und auch die Unterstützung wirtschaftlich relevanter Kreise. Noch in meinem Jahr wurde John Irwine, ein einflussreiches Mitglied der IBM-Besitzerfamilie Watson und nachmaliger Botschafter in Paris, Vorsitzender des Verwaltungsrates der Union. Ein gewisser Wohlstand der Hochschule, der allerdings in den unruhigen Siebzigerjahren spürbar zurückging, gab dem Fakultätsrat und seinem Präsidenten die Möglichkeit, Gastprofessuren zu finanzieren, deren wichtigste den Namen des berühmten New Yorker Predigers Harry Emerson Fosdick trug.

Vor der Inaugurationsvorlesung am Union Theological Seminary mit John C. Bennet und John Irwine

Die Professur sah vor, dass Theologen aus weniger bekannten Weltgegenden für ein Jahr nach New York berufen wurden, um den ökumenischen Horizont der amerikanischen Studenten zu erweitern. Während eines halben Jahres sollten diese Gastprofessoren Vorlesungen und Seminare halten und am Hochschulleben teilnehmen. In der zweiten Hälfte ihres Gastjahres würden sie als Lehrer des Union Seminary an befreundete Theologische Hochschulen und Universitäten delegiert. Zu diesem Zweck informiert der Präsident des Seminars diese Hochschulen darüber, wer in diesem Jahr Fosdick-Gastprofessor ist. Die interessierten Hochschulen müssen sich

melden und die Chefsekretärin des Präsidenten stellt aufgrund der eingegangenen Meldungen einen Reiseplan zusammen. Dann stellt sich heraus, ob der Professor zu einer großen Rundreise antreten muss oder ob er nach einigen Ausflügen in New York bleiben kann.
In New York wurde ich mit großer Spannung erwartet, schon allein aus dem Grund, weil mein Heimatland drei Wochen vor meiner Ankunft besetzt worden war. Niemand wusste, ob ich unter solchen Umständen überhaupt ausreisen konnte. Doch wir hatten Glück. Am 9. September, zufällig war es der 40. Geburtstag von Eliška, kamen wir wohlbehalten in New York an. Präsident Bennet holte uns am Flughafen ab und brachte uns zur Fakultätswohnung an der Claremont Avenue direkt gegenüber vom Hauptcampus des Union Seminary. So konnte ich von meinem Studierzimmer aus mit leichter Beklemmung immer an den Ort meines nächsten Auftritts herüberblicken. Meine Vorlesung hatte ich zwar schon zu Hause erarbeitet, jedoch im Schatten der politischen Ereignisse nur in groben Zügen. Die Vorlesungen bedurften der ausgearbeiteten Form und hatten, was für mich das Interessanteste war, auf die Fragen und Erwartungen der Studenten einzugehen.
Ich wurde sogleich voll eingespannt. Die Fakultät forderte mich auf, die Inaugurationsrede zur Eröffnung des akademischen Jahres zu halten. Überhaupt war das reiche Fakultätsleben für mich ein unerwarteter Ansporn. Christliche Gruppen aus der ganzen Welt fanden sich im Laufe des Semesters hier ein. Die Professoren mussten für sie da sein. Das wurde mit der Zeit belastend, schließlich war ich ein Exot, welcher in einem kommunistischen Land Theologie lehrte, was viele anzog. Außerdem hatte ich schnell herausgefunden, dass die amerikanischen Studenten den Kontakt mit ihren Lehrern auch außerhalb der festgelegten Vorlesungs- und Seminarstunden suchen. Um solche persönlichen Gespräche etwas zu kanalisieren, musste der Dozent zu fixen Zeiten in seinem Büro jedermann zur Verfügung stehen. Hier fanden die spannendsten Diskussionen statt, in meinem Falle in recht romantischer Atmosphäre, denn mein Büro befand sich in einem der großen Türme des Seminars. So konnte ich im Laufe des Jahres in-

tensiven Kontakt mit einigen Studenten pflegen, die sich für meine Themen besonders interessierten.

Das erste Thema meiner beiden Vorlesungen, oder, wie man in Amerika sagt: Kurse, hing eng mit dem Stiftungszweck der Fosdick-Professur zusammen, d.h. ich interpretierte die Situation der Kirche und ihrer Theologie meines Herkunftslandes. Im Vorlesungsverzeichnis stand: „Christliche Existenz in Osteuropa". Zuerst gab ich einen Überblick über das historische Umfeld, besonders über die tschechische Reformation, dann legte ich die soziale und kulturelle Situation der Kirchen unter den Bedingungen der marxistischen Totalität und die Bedeutung und Grenzen des christlich-marxistischen Dialogs dar.

Sympathisch war, dass dieses grundlegende Programm auf studentische Initiativen hin modifiziert wurde, was auch für mich interessant war, da ich mich genötigt sah, immer neue Aspekte dieser Problematik herauszuarbeiten. Es war eine lebendige und gut besuchte Vorlesung.

Eine ruhigere und anspruchsvolle Atmosphäre herrschte in meinem zweiten Kurs, der von Modellen der Zusammenarbeit bzw. Konfrontation zwischen der modernen Theologie und der Philosophie handelte. Der größere Teil des Semesters war Karl Jaspers und Ernst Bloch gewidmet, ich konnte jedoch kurz auf Masaryk und Rádl eingehen, was mir wichtig schien.

Neben der Arbeit an der Fakultät nahm ich im Auftrag des Seminary an einer Reihe von Konferenzen teil, die meist in New York stattfanden, und hielt Vorträge bei den Rotariern in der Wall Street über die politische Situation in Osteuropa und über die Lage und Ausrichtung der Kirchen im osteuropäischen Kontext. In New York und anderswo stieß ich auf Unwissenheit und in Kreisen, denen die tolerante Atmosphäre des Union Seminary fremd war, auf Argwohn: „Wer hier lehren darf, ist ein kommunistischer Agent." Im persönlichen Gespräch ließen sich solche Verdachtsmomente zerstreuen oder sie riefen den Protest offen denkender Amerikaner im Publikum hervor.

In der Seminarkapelle und in mehreren New Yorker Gemeinden verschiedener Denominationen hielt ich Gottesdienste, u.a.

in der berühmten „Riverside Church“, deren Turm wir aus unserem Schlafzimmer sehen konnten.

Tschechische Begegnungen

In New York hatte sich unter den hier lebenden Tschechen bald herumgesprochen, dass ein Professor aus ihrer Heimat am Union Seminary lehrte. So kamen wir schnell in Kontakt, vor allem mit der hiesigen, einst recht großen tschechischen evangelischen Jan-Hus-Gemeinde. Aber wie es im Schmelztiegel der amerikanischen Kultur üblich ist, verlor die zweite und dritte Generation allmählich ihr tschechisches Bewusstsein. Auch hatte ich den Eindruck, dass dieser Prozess bei den Tschechen schneller vonstatten ging als z.B. bei den Ungarn oder Polen. Die Hauptgottesdienste wurden bereits in Englisch abgehalten, diejenigen in tschechischer Sprache waren schon etwas Besonderes. An Begegnungen mit Leuten, die mir auch glaubensmäßig nahe standen, war mir viel gelegen. Die meisten waren seit Jahrzehnten hier oder nach dem Februar-Umsturz von 1948 emigriert, manche erst seit ein paar Wochen. Es gab Heerscharen von bekannten und unbekannten Tschechen, die zu einer Stippvisite nach New York kamen. Im ersten Jahr nach der Okkupation waren solche Ausflüge noch möglich.

Gerne denke ich an Besuche und Begegnungen mit außerkirchlichen Kreisen, besonders an unsere Partner im christlich-marxistischen Dialog, welche sich ebenso wie wir um eine Demokratisierung der tschechoslowakischen Gesellschaft bemüht hatten. Zu ihnen gehörten Vítězslav Gardavský und Milan Machovec. In der ČSSR war der Dialog gewaltsam zum Schweigen gebracht worden, im Westen ging er trotz der Erschütterung weiter. Kirchliche Kreise luden unsere ehemaligen Partner und heutigen Freunde zu einigen gewichtigen Konferenzen ein, was in den ersten Monaten der „Normalisierung“ noch möglich war. Vítězslav Gardavský, der mir besonders nahe stand, besuchte uns in New York. In seinem Buch „Gott ist nicht ganz tot“ würdigte er die befreiende Kraft des biblischen Denkens inmitten des Toten Meeres der marxistischen und nichtmarxistischen intellektuellen Szene. Wir hielten in New York gemeinsame Vorlesungen und verbrachten Stunden mit Gesprächen über die Verhältnisse in einer normalisierten Gesellschaft und über unsere Zukunftsaussichten. Diese waren düster, jedoch nicht resignativ.

Eine Begebenheit aus diesen Tagen hat mich tief bewegt. Gardavský, selber Philosoph und Dramatiker, interessierte sich für das kulturelle Leben Amerikas, vor allem für das Theater. Eines Abends besuchten wir eine Vorstellung des damals sehr populären Musicals „The Man of La Mancha", also über Don Quijote. Nach der Vorstellung schlenderten wir über den Broadway. Gardavský war nicht nur von der hoch stehenden Qualität der Aufführung beeindruckt, sondern auch vom Leitmotiv des Stücks, wie es im Hauptsong „To dream an impossible dream" zum Ausdruck kam. In der lebendigen Erinnerung an die Hoffnung der tschechoslowakischen Gesellschaft, das totalitäre System ändern zu können, und auf dem dunklen Hintergrund ihres Scheiterns traf diese Melodie, dieser Text den Nerv. So ist dieses Motiv für mich immer mit der Erinnerung an den Freund aus Brünn verbunden.

Milan Machovec traf ich an der Berkeley University in Kalifornien. Unsere letzte Begegnung hatte unter ganz anderen Voraussetzungen im April 1968 in Prag stattgefunden. Damals war die Demokratisierung in vollem Gange und die tschechischen Protestanten erklärten ihre Solidarität. Pavel Šimek, damals Laienpräsident der Synode, und ich hielten in der Salvatorkirche Ansprachen. Ein paar Tage später fand ein Treffen dialogbereiter Christen und Marxisten vor 2000 enthusiastischen Zuhörern statt. Die meisten von ihnen sympathisierten mit den christlichen Referenten, ob sie nun katholisch oder evangelisch waren. Prof. Souček warnte damals mit Recht: „In diesem Saal haben wir heute die Mehrheit, aber seien wir uns bewusst, dass es morgen auf der Straße anders sein kann." Auf dem Heimweg von dieser Versammlung, die uns ungeahnte Freiräume erschlossen hatte, meinte Machovec nachdenklich: „Wissen Sie, Herr Kollege, wovor ich Angst habe? In unserer Geschichte ist es am Schluss immer verkehrt herausgekommen."

Jetzt, auf dem Campus von Berkeley mussten wir uns eingestehen, dass er damals die bittere Wahrheit gesagt hatte. Aber eins war klar: Auch unter den gegebenen Umständen war dieser einst recht dogmatische Marxist nicht dazu bereit, irgendetwas zu widerrufen. Deshalb wurde er in der Heimat während Jahren totgeschwiegen. Doch im Freundeskreis verstummte seine Stimme nicht. Manche seiner Bücher, z.B. „Jesus für Atheisten“, erschienen in meist christlich orientierten Verlagen in Deutschland und anderen Ländern.

Die Freunde Kohák

Miloslav Kohák, ein anderer Tscheche, dem wir in den USA begegneten, war Mitglied des Akademischen CVJM und des Widerstands gegen den Nazismus gewesen. Václav Černý, der sonst Pfeile in alle Richtungen zu schießen pflegte, schrieb in seinen „Tränen der tschechischen Krone“ ausnahmslos positive Worte über Kohák: „Dieser gradlinige, sachliche, mutige, einfach und klar denkende Mann war das größte Organisationstalent, über das das Zentralkomitee des tschechischen Widerstands verfügte. Hinter der Bescheidenheit seiner Auftritte war eine emotionale Intensität, ein echter Enthusiasmus des Willens zu spüren.“ Für seinen Kampf haben Miloslav und seine ganze Familie teuer bezahlt: Er war jahrelang in Prag und im KZ Mauthausen inhaftiert, ebenso seine Frau Zdislava.

Ich kenne nur wenige Menschen, die es ähnlich wie Miloslav Kohák fertig gebracht haben, während eines langen Lebens voller Umstürze trotz aller Versuchungen billiger Angepasstheit bzw. sektiererischer linker oder rechter Parteilichkeit ihre geistige und bürgerliche Freiheit zu wahren. Für mich verkörpert er ein Leben in Wahrheit und Freiheit, sowohl christlich wie auch politisch gesehen.

Wie erging es meiner Familie in den USA? Für meine Frau und die Kinder war die Atmosphäre am Seminary hilfreich. Im Unterschied zu den Möglichkeiten und Traditionen in Europa lebte hier eine sehr offene und liebenswürdige Gemeinschaft nicht nur von Studenten und Dozenten, sondern von ganzen Familien, denen zahlreiche kinderfreundliche Einrichtungen zur Verfügung standen. Eliška fand eine Reihe Freundinnen unter den Kollegengattinnen und Studentinnen, auch in der benachbarten Gemeinde der Riverside Church. Das war besonders in der zweiten Hälfte des Jahres wichtig, als ich im Auftrag des Union Seminary an befreundeten Universitäten und Seminaren in den USA, in Kanada und in Mexiko Vorlesungen zu halten hatte.

Auf Reisen

Das Reiseprogramm im zweiten Halbjahr meines New-York-Aufenthalts war enorm. Das hing gewiss mit meinem Herkunftsland zusammen, dessen Kirchen und Völker damals eine dramatische Zeit erlebten. Die Zahl der Anfragen war so groß, dass nicht allen stattgegeben werden konnte und sich die Sekretärin des Präsidenten Mae Gautier den Kopf darüber zerbrechen musste, wie alle Einladungen miteinander zu koordinieren seien. Sie meisterte diese Aufgabe mit Bravour. Auch an völlig unbekannten Orten holte mich jemand am Flughafen ab und ich musste nie lange nach der betreffenden Person Ausschau halten – irgendwie erkannten wir uns immer. Ich habe in diesem zweiten halben Jahr so viele Reisen unternommen, dass mir dieser Abschnitt meines Lebens ob der Unmenge von Eindrücken im Gedächtnis zerfließt.
Über Princeton möchte ich mich näher äußern. Zu dieser Universität hatte ich eine besondere Beziehung, weil die Tschechen stolz darauf sein dürfen, dass J.L.Hromádka mit großer Resonanz während des Krieges hier tätig war. Ebenso haben eine ganze Reihe Tschechen hier studiert. Princeton war nicht nur als ökumene-weites „Mekka" der reformierten presbyterianischen Theologie bekannt, sondern genoss bei den Kirchen des östlichen Europa und seinen Studenten spezielle Sympathien. Das galt bereits für Dr. John A. Mackay, der zu Hromádkas Zeiten Präsident in Princeton gewesen war. Nicht minder galt es für den rührigen und allen Tschechen wohl gesonnenen Präsidenten James I. McCord. In Princeton stießen wir stets auf offene Türen, und dieser Ort ist mir auf zahlrei-

chen Reisen besonders ans Herz gewachsen. Hier wirkten Theologen, die ich von der ökumenischen Arbeit her kannte, z.B. Charles West, der ebenfalls offen und kritisch nach Wegen suchte, die Kirchen im östlichen Europa zu unterstützen, und dies bis heute beispielhaft tut.

Auch tschechische Freunde lebten hier: Rudolf Mach, mein lebenslanger Freund von der Grundschule bis zu seinem Tod. Otakar Odložilík, ein bedeutender tschechischer Historiker, reiste an, um mich zu sehen. Einst eine Koryphäe an der Karlsuniversität, musste er aus politischen Gründen zweimal emigrieren: zuerst nach der deutschen Okkupation, worauf er in Amerika eng mit J.L. Hromádka zusammenarbeitete, dann erneut nach 1948. Seine Bekanntschaft hatte mir J.B. Souček vermittelt. Mit diesem verstand er sich so gut, dass er „konspirativ" vorging und lange Wege auf sich nahm, um ihn zu treffen. Dieses Verhaltensmuster übertrug er später auf mich. Von dem Moment unserer Wohnsitznahme in Basel an war Otakar Odložilík bei uns ein gern gesehener Gast. Er machte es sich zur Regel, bei seinen Ferienreisen nach Europa und später in die heimatliche Hana in Mähren für eine Woche bei uns in Basel abzusteigen. Wenn er in Basel war, aß er jeden Tag mit uns zu Mittag. Unvergesslich ist mir seine launige Begrüßung, an die sich unmittelbar die Frage anschloss: „Eliška, was gibt es heute Gutes zu Essen?" Er hatte meine Frau und ihre Küche sehr gern. Nach seinem letzten Besuch in Basel reiste er nach Jugoslawien weiter, wo er unerwartet starb. Die traurige Nachricht über seinen Tod erreichte uns erst Wochen später via Radio Free Europe.

Eine andere Erinnerung an Odložilík verbindet sich mit einer Konferenz der Temple University in Philadelphia. Ich hielt das Eröffnungsreferat über das Thema "Christentum, Marxismus und liberale Tradition." Die führenden Vertreter des progressiven Flügels der amerikanischen Szene waren anwesend, u.a. Herbert Marcuse. Sein Buch „One dimensional Man" war das Kultbuch der „revolutionären Jugend". Ich muss sagen, dass man ganz gut mit ihm reden konnte, da er weniger dogmatisch war als einige seiner Schüler, besonders in Deutschland nach 1968. Von dieser Konferenz ist mir eine Begebenheit im Gedächtnis haften geblieben, die nichts mit Marxismus oder Fragen der demokratischen Strategie zu tun hat, sondern direkt mit Theologie. Ein ultramodernistischer, aus der Schweiz stammender Theologe nahm bei der Debatte, um was es eigentlich im Christentum gehe, eine äußerst skeptische Haltung ein: es habe keinen Sinn, diese Frage zu stellen, da das Christentum ein diffuses, formloses Phänomen sei. Jeder verstehe darunter, was er wolle. Da wandte sich der Marxist Marcuse an ihn: „Das ist doch wohl nicht ihr Ernst. Christentum hat unzweifelhaft etwas mit Jesus Christus zu tun." Ein lapidarer Satz. Aber ich war froh, dass jemand von der anderen Seite, ein atheistischer Marxist, den Theologen an das Grundsätzliche erinnerte. Einige amerikanische Modernisten haben dies in ihrer alles relativierenden Skepsis nämlich ignoriert. Eine solche Bemerkung gehörte zu den produktiven Möglichkeiten des Dialogs. Entsprechend haben Theologen unter Berufung auf den jungen Marx bei dogmatischen Marxisten interpelliert. Die Verhandlungen des Symposions wurden in einem Sammelband zusammengefasst, meine Studie „Christentum, Marxismus und liberale Tradition" wurde ins Deutsche und ins Spanische übersetzt.

Das Zeugnis über den christlich-marxistischen Dialog und das Bemühen um eine theologische Perspektive in der Auseinandersetzung mit dem Marxismus bildeten einen, aber nicht den einzigen Themenbereich, über den ich auf meinen Reisen an amerikanischen Universitäten und theologischen Schulen referierte. Andere Themen lauteten: „Unterschiedliche Ausdrucksformen des europäischen Humanismus in der theologischen Perspektive", dies als Ergebnis der Vorbereitung zu einer Tagung der Konferenz Europäischer Kirchen (KEK), an der ich über das Thema „Bilanz des Humanismus" referiert hatte; „Das theologische Problem der Geschichte"; „Idee und ideologisches Denken"; fundamentaltheologische Fragen wie „Die Herrschaft Christi" und „Herausforderung der Säkularisierung"; die tschechische Thematik – von der Darlegung der Aktualität der tschechischen Reformation bis zum Zeugnis der Kirche in der sozialistischen Gesellschaft u.a.m.

Gegen Ende meines Aufenthaltes traf eine unerwartete Einla-

dung ein, die Ergebnisse meiner theologischen Arbeit während der letzten Jahre in der Tschechoslowakei zusammenzufassen, in den aktuellen Kontext zu stellen und dabei meine Vortragstätigkeit in den USA mit zu berücksichtigen. Der Auftrag kam von einem der bedeutendsten amerikanischen Verlage, Harper & Row. In den letzten Amerika-Wochen versuchte ich also unter reichlicher Verwendung meiner bereits überarbeiteten Manuskripte, den Plan für ein solches Buch zu konzipieren und auszuarbeiten. 1970 erschien das besonders schön aufgemachte Buch „Church in a Marxist Society - A Czechoslowak View". Harper & Row hatte Kontakte zu europäischen Verlagshäusern, so dass in London im Verlag SCM Press eine bescheidenere Lizenzausgabe erschien. Eine deutsche Ausgabe habe ich in Basel nicht realisiert, auch wenn ich die Problematik der theologischen und sozialen Orientierung aufgrund meiner Erfahrungen im Osten weiter bearbeitet habe. Ergebnis davon war 1972 das umfangreichere Buch in deutscher Sprache: „Das radikale Erbe".
Die Korrekturarbeiten am New Yorker Buch beanspruchten fast den ganzen letzten Monat unseres Amerika-Aufenthaltes. So blieben nur vierzehn Tage übrig für Familienferien am Meer. Wir hatten bereits herrliche Weihnachtsferien auf Puerto Rico verbracht, wo wir in einem Gebäude des dortigen Seminars wohnen durften. Diesmal fuhren wir nach Myrtle Beach in North Carolina. Und dann hieß es unsere Angelegenheiten in New York erledigen und unser Umzugsgut für die Überfahrt nach Europa bereitstellen. Viel war es zum Glück nicht, da wir – wie es für Gastsemester üblich ist – in einer möblierten Wohnung wohnten. Nur Bücher gab es viele, doch hierbei war uns das Union Seminary behilflich. Voll Dankbarkeit für das intensive, sowohl menschlich als auch fachlich bereichernde Jahr reisten wir am 10. Juli nach Basel, an den Ort meines weiteren Wirkens, wo wir viel länger als vorgesehen bleiben sollten.

Als Professor in Basel

Dringliche Berufung

Am 1. Mai 1967, also vor meinem Amerika-Jahr, erhielt ich einen Brief aus Basel mit der höflichen Anfrage, ob ich mir vorstellen könne, eine Berufung auf den dortigen Lehrstuhl für Systematische Theologie anzunehmen. Es war ein bewegter Tag. Eben war ich zusammen mit Wolf-Dieter Marsch und Jürgen Moltmann im Auto von dem denkwürdigen Dialogtreffen in Marienbad zurückgekehrt, das von der Internationalen Paulusgesellschaft gemeinsam mit unserer Akademie der Wissenschaften veranstaltet worden war.

Unterzeichnet war der Brief vom Dekan der Theologischen Fakultät und Professor für Altes Testament Ernst Jenni, einem hervorragenden Philologen und Freund, den ich bereits während des Studiums und später während meiner Amerikareisen kennen gelernt hatte. Wir waren damals beide bei Professor Ritschl und seiner Frau Rosemarie zu Gast. Ein paar Wochen bevor besagter Brief eintraf, hatte mich Jenni zusammen mit einer Studentengruppe in Prag besucht. Bei dieser Gelegenheit fragte ich ihn im Vertrauen, wie es mit dem verwaisten Lehrstuhl in Basel stehe. Nicht im Traum wäre es mir eingefallen, dass diese Frage auch mich betreffen könnte. Im Gegenteil, ich sprach mich wärmstens für Dietrich Ritschl aus, von dem ich wusste, dass er sich gerne um diese Stelle beworben hätte. Und jetzt ein offizieller Brief des Dekans mit der Anfrage an mich!

Die Anfrage aus Basel jagte mir einen Schrecken ein. So fragte ich die im Hus-Seminar untergebrachten Kollegen Marsch und

Moltmann, was sie mir in dieser Situation raten würden. Moltmann sprach sich kategorisch dafür aus, nicht a priori abzulehnen. Ich solle den Baslern eine Begegnung vorschlagen und mich erst dann entscheiden. Ich antwortete also, ich wolle die Comenius-Fakultät nicht verlassen, einen Wechsel an meine alma mater, also die Basler Universität, aber auch nicht kategorisch ausschließen. Bevor ich mich entscheide, müsse ich die weiteren Möglichkeiten mit meiner Kirche und der Fakultät erörtern. Ohne ihre Zustimmung könne ich nicht weggehen.

Max Geiger an der Comenius-Fakultät in Prag

Einige Monate vergingen und ich war ganz zufrieden, um eine Entscheidung herumgekommen zu sein. Da meldete sich auf einmal der neue Basler Dekan, Prof. Max Geiger, mit der Mitteilung, seine Fakultät habe einstimmig beschlossen, eine Delegation nach Prag zu entsenden, und bat um einen Termin bei unserem Fakultätsrat und beim Synodalrat. Entscheidend bei diesen Gesprächen war, dass der damalige Basler Kirchenratspräsident und spätere Präsident des Schweizerischen Evangelischen Kirchenbunds Pfr. Walter Sigrist mitgereist war. Max Geiger und er baten die Fakultät und die Kirche eindringlich darum, ihrem Wunsch zu entsprechen. Sie brachten ein Argu-

ment ins Spiel, das besonders auf Synodalsenior Václav Kejř, aber auch auf J.L. Hromádka Eindruck machte: Hunderte von Tschechen hätten seit der Reformationszeit in Basel studiert, warum sollte es nicht möglich sein, auch einmal einen tschechischen Professor nach Basel zu berufen? Seit Amandus Polanus von Polandsorf aus dem Umfeld der Adelsfamilie Žerotín im 16. Jahrhundert sei das nie mehr der Fall gewesen.
Die Basler kehrten mit der Zusicherung zurück, dass weder die Fakultät noch der Synodalrat Einwände gegen die Berufung machen würden, insbesondere da auf meinen Wunsch hin eine Rückkehr auf meinen Posten in Prag nach sieben Jahren ausgehandelt wurde. Die Berufung war damit noch nicht ausgesprochen. In Basel hatte man noch nicht vergessen, dass gegen den Willen der Mehrheit der Fakultät nicht Helmut Gollwitzer, sondern Heinrich Ott zum Nachfolger von Karl Barth gewählt worden war. Die vorletzte, politische Instanz hatte Gollwitzer mit dem Argument abgelehnt, er sei politisch unzuverlässig, eine Zeitung bezeichnete ihn gar als „Trojanisches Pferd des Kommunismus“, das Basel nicht durchs Stadttor einlassen dürfe. Es war also durchaus möglich, das gegen mich ähnliche Argumente ins Feld geführt würden.
Diesmal war die Ausgangslage jedoch anders. Die Fakultät wählte mich einstimmig und erhielt die volle Unterstützung des Rektorats und einer damals „Kuratel“ genannten Behörde. Zögerlich verhielten sich jedoch die politischen Instanzen. Einige warnten davor, den Bürger eines kommunistischen Landes auf einen ordentlichen Lehrstuhl zu wählen. Die Medien nahmen eine abwartende Haltung ein. Ich war verständlicherweise weniger bekannt als Gollwitzer, aber entscheidend war, dass sich das Wahlverfahren bis ins Jahr 1968 hinzog, in welchem auch in der Schweiz das wohlwollende Verständnis für die Tschechoslowakei gewaltig anwuchs. Eine Gesellschaft, die solche Anstrengungen zur Demokratisierung unternahm, konnte nicht aus lauter Kommunisten bestehen. Und da auch noch die Basler Kirche für mich Partei ergriff, war die Wahl gesichert. Den positiven Entscheid erfuhr ich 1968 während der ÖRK-Vollversammlung in Uppsala.

Basler Freunde

Oft habe ich mich in Prag gefragt, wer hinter meiner Berufung nach Basel stehe. Meiner Ansicht nach war der Lehrstuhlinhaber für Kirchengeschichte Max Geiger die treibende Kraft bei den Bemühungen, mich nach Basel zu bringen. Er wurde von Karl Barth unterstützt, der mich als seinen Schüler nie ganz aus den Augen verloren hatte und meine sporadischen Studien in deutscher Sprache über den grünen Klee lobte. Doch Barth war bereits Emeritus, konnte sich also nicht mehr für meine Ernennung einsetzen.

Max Geiger hatte ich bereits an einigen ökumenischen Treffen angetroffen. Die erste derartige Begegnung fand in Deutschland unter der Leitung von Heinz Kloppenburg statt, einem Ökumeniker und Freund unserer Kirche. Kloppenburg hatte die Fähigkeit, Leute zusammenzubringen, die ähnliche kirchenpolitische und ökumenische Absichten hatten und deren Mitarbeit ihm für die Zukunft wichtig erschien. Max und ich teilten während der Konferenz auf seine Veranlassung hin das Zimmer. So konnten wir bis in alle Nacht theologische und ökumenische Fragen erörtern. Auf meinen Vortrag über die Bedeutung der Geschichte für ethische Entscheidungen reagierte er mit den Worten: „Mensch, du kannst aber formulieren." Ich musste schmunzeln, weil ich zwar recht gut Deutsch konnte, jedoch keinen Wert auf eine geschliffene Ausdrucksweise legte. Aber von diesem Moment an waren Max Geiger und ich gute Freunde, die sich in ihrer Arbeit gegenseitig unterstützten. Beide standen wir Lukas Vischer, einem weiteren bedeutenden Basler Theologen nahe.

Geiger suchte an der Fakultät Verbündete, obwohl niemand meine tschechischen Bücher lesen konnte und nur wenige fremdsprachige Artikel erschienen waren. Einige ließen sich wohl von der ökumenischen Fama beeindrucken, die ab 1966 von Genf aus über mich verbreitet wurde. Max gelang es außerdem, die Studentenschaft zu mobilisieren, bei welcher er – einschließlich linksradikal eingestellter Gruppen – sehr beliebt war. In meinen Unterlagen existiert ein Brief, in dem die Studentenschaft mich zur Annahme der Wahl auffordert.

Aufgrund der Kompliziertheit und der zeitlichen Dauer des Basler Berufungsverfahrens war klar, dass ich mein Amt erst nach dem Amerika-Jahr übernehmen würde. Dieser Aufschub ermöglichte es den Basler Freunden, gute Bedingungen für uns vorzubereiten. Als wir mit unseren drei bis vier Koffern am Flughafen standen, erwarteten uns Pfr. Martin Schwarz, den wir schon von Prag her gut kannten, und Prof. Ritschl, der in der Nähe von Basel wohnte. Martin Schwarz war der Basler Gefängnispfarrer. Ihm ist es zu verdanken, dass Karl Barth während Jahren gelegentlich im Gefängnis predigte. Einmal konnte ich in den Sechzigerjahren während einer Schweizerreise selber dort predigen. Schwarz war ein weiser und liebevoller Seelsorger „seiner" Gefangenen. Gleichzeitig wurde er zum wertvollen Förderer der Christlichen Friedenskonferenz (CFK), wo er unter Hromádka zu denjenigen gehörte, die alles daran setzten, die theologisch fundierte Zielsetzung der CFK zu erhalten, anstatt diese in das politische Fahrwasser der kommunistischen Herrscher und ihrer Helfershelfer in der Sowjetunion, in der ČSSR und weltweit abzugleiten zu sehen. Als nach der Besetzung der Tschechoslowakei die ursprüngliche Zielsetzung der CFK Schiffbruch erlitten hatte, lehnte es Schwarz kompromisslos ab, die Mitarbeit in der CFK in der Zeit der „Normalisierung" fortzusetzen.

Die Basler Kirche hatte uns ein Haus zur Verfügung gestellt, das Maja und Martin Schwarz zusammen mit Veronika und Markus Koelbing mit eigenen und mit Möbeln aus dem Brockenhaus der Heilsarmee provisorisch einrichteten, sodass wir von Anfang an ein normales Familienleben führen konnten, bis unsere Möbel aus Prag ankamen und wir neue dazu gekauft hatten. Aus Prag haben wir uns, mit Zustimmung der Behörden, nur das notwendigste schicken lassen, z.B. nur etwa die Hälfte der Bibliothek, da wir fest damit rechneten, dass wir nach sieben Jahren zurückkehren würden. Die Bücher habe ich selber ausgewählt, als ich im August 1969 – die Parteigänger von Alexander Dubček waren noch an der Macht – die Modalitäten des Umzugs aushandelte. Als sich später herausstellte, dass wir kaum zurückkehren würden, verschenkte ich den in Prag verbliebenen Teil der Bibliothek an Freunde und vor allem an die Bibliothek des Synodalrats.

Aller Anfang ist schwer

Da das Wintersemester in Basel im Unterschied zu tschechischen Gepflogenheiten erst Mitte Oktober begann, hatte ich ein paar Monate Vorbereitungszeit, die ich dringend gebrauchen konnte. Schon im ersten Semester hatte ich ein volles Pensum, nämlich vier Stunden Vorlesung und vier Stunden Seminar. Ich hatte zwar noch etwas Material aus Prag in tschechischer Sprache und solches aus Amerika auf Englisch. Bald zeigte es sich jedoch, dass man sich bei Geschichtsvorlesungen in gewissem Sinne auf Erarbeitetes stützen, dass man aber in explizit systematischen Vorlesungen nicht einfach auf Altes zurückgreifen konnte. Klassische Dogmatik-Vorlesungen haben zwar eine Grundlage, die für verschiedene Konfessionen und in verschiedenen Situationen ökumenische Gültigkeit haben. Aber in der systematischen Theologie geht es nicht nur um die Rezeption der klassischen Tradition, sondern um ihre Umsetzung, Auslegung und Bewährung in der gegebenen Situation.

„Man kann in Basel dogmatisch nicht das wiederholen, was man in Prag gelernt hat. Die theologische Wanderschaft muss das neue Klima und die veränderten Umstände mit berücksichtigen." Aber die Medaille hat noch eine andere Seite: „Man darf jedoch in Basel nicht vergessen, was man in Prag gelernt hat. Im Gegenteil, die Lektion, die wir dort lernen mussten, kann unseren Blick für die Risiken und Möglichkeiten der neuen Situation schärfen und so die Gefahr bannen, zum unkritischen Gefangenen der westlichen Gesellschaft und Kultur zu werden."

Diese beiden dialektisch aufeinander bezogenen Sätze stehen im Vorwort zum 1988 erschienenen englischen Buch „Christ and Prometheus". Zu Beginn meiner neuen Arbeit musste ich zuerst beide Akzente miteinander in Einklang bringen. Ich las im ersten Semester Christologie und Anthropologie, was ich bereits in Prag gerne getan habe. Jetzt aber ging es darum, die

theologische und soziale Realität der Schweizer Kirchen mit einzubeziehen, was mir anfänglich einige Mühe bereitete. In Amerika war das Hörerecho von Anfang an beträchtlich, in Basel nicht. In den ersten beiden Jahren reichte der kleine Basler Hörsaal, der rund dreißig Hörern Platz bietet. Später zeigten meine schweizerischen und ausländischen Studenten mehr Interesse und ich verstand sie besser. Während meiner restlichen Basler Lehrtätigkeit las ich immer in größeren Hörsälen, für die Abschiedsvorlesung war die Aula fast zu klein. Das wachsende Interesse hatte freilich auch mit der sich wandelnden Atmosphäre an den Theologischen Fakultäten zu tun. Als ich nach Basel kam, war die Studentenschaft von den „Achtundsechzigern" geprägt. Eine gesellschaftlich aber auch theologisch kritische Stimmung herrschte vor. In Prag hatte ich mich im Rahmen des christlich-marxistischen Dialogs intensiv mit dem jungen Marx befasst. Hier in Basel wollten die Theologen, aber auch die Hörer anderer Fakultäten sich mit dem Marxismus auseinandersetzen. Ich stellte mich der Diskussion, aber meine Perspektive war aufgrund meiner Erfahrungen mit der stalinistischen Version des Marxismus-Leninismus eine kritische. Jawohl, man musste die positiven Wurzeln des Marxismus, seine Kritik am ungebremsten Kapitalismus kennen. Aber dieses positive Interesse ist naiv und gefährlich, wenn wir die Erfahrungen mit der totalitären realsozialistischen Gesellschaft ausblenden. Sie sind mehr als zufällig, sie hängen mit der marxistischen Ideologie zusammen, man muss es unbedingt differenziert sehen. Nicht alle haben meinen Ansatz verstanden. Dass ich trotz meiner erlebten Erfahrung des Realsozialismus nicht bereit war, alle Elemente der Marxschen Philosophie über einen Leisten zu scheren, verlieh meinen Vorlesungen schließlich gewisse Resonanz.
Etwas deprimierend war aber, dass diese Vorlesungen und Seminare, die ich hie und da gemeinsam mit dem Politologen Arnold Künzli bzw. dem Zürcher Konrad Farner abhielt, bedeutend mehr Studenten anzogen als meine Dogmatik-Vorlesungen, die mir näher am Herzen lagen.
Das galt für meine Vorlesungen zur Philosophiegeschichte generell, nicht nur für die Marxismus-Vorlesungen. Zum enge-

ren Arbeitsbereich des Systematischen Theologen gehört neben den Grundlagen der Ethik und Dogmatik auch die Geschichte der Philosophie. Dazu hatte ich in Prag eine Menge Material erarbeitet. So stellte ich gleich in den ersten Jahren einen Vorlesungszyklus, beginnend mit der antiken Philosophie, über die Philosophie der Neuzeit und die Aufklärung bis hin zum 19. Jahrhundert und zur Gegenwart zusammen. Damit hatte ich die Studenten für mich gewonnen. Erfreulicherweise stammte gut die Hälfte der fast hundertköpfigen Zuhörerschar aus anderen Fakultäten, natürlich aus der philosophischen, aber auch aus der juristischen, aus der naturwissenschaftlichen und schließlich aus der medizinischen Fakultät, für deren Studenten ich einmal zusammen mit Medizinerkollegen Vorlesungen über Ethik in der Medizin hielt. Das war immer anregend; denn von Anfang an lag mir gerade in Basel die Idee und praktikable Möglichkeit der universitas am Herzen. Aber davon später.

In den Vorlesungen zur Geschichte der Philosophie, aber auch in anderen Zusammenhängen, habe ich wiederholt auf tschechische Denker hingewiesen. Ich meine jetzt nicht die tschechische Reformation, der ich einige Male eine Semestervorlesung gewidmet habe, um die von der gängigen kirchenhistorischen Forschung hier eng gesetzten Grenzen etwas weiter zu stecken. Ich denke an tschechische Philosophen wie Bolzano, Masaryk, Rádl und Patočka, über die ich alle gelesen habe. Masaryk, dessen Erbe wir pflegten, stand auch außerhalb der Universität in unserem Blickfeld. Wir veranstalteten Emigrantensymposien, hauptsächlich im Rahmen der Tschechoslowakischen Gesellschaft für Wissenschaft und Kunst, welche in der Schweiz Dr. Karel Hrubý präsidierte, der zugleich Vertreter der tschechoslowakischen sozialdemokratischen Partei im Exil war. Mit ihm zusammen habe ich an der Universität einen von den Studenten und einer breiteren Öffentlichkeit gewürdigten Vorlesungszyklus über Masaryk gehalten, an dem auch Arnold Künzli und der Historiker František Graus lasen. Mit letzterem und seiner Frau Věra waren Eliška und ich über Jahre freundschaftlich verbunden, ebenso mit Dr. Ernst Ehrlich, dem verdienten Förderer der jüdisch-christlichen Verständigung,

und seiner tschechischen Frau Nora. Über Masaryk führte ich, ebenfalls mit Arnold Künzli, ein gut besuchtes politologisch-theologisches Seminar durch.
Im theologischen Kontext hatte ich wiederholt die Möglichkeit, auf das Schaffen von Emanuel Rádl aufmerksam zu machen, der für mich seit der Schulzeit ein richtungweisender Denker war. Besonders sein „Trost aus der Philosophie" mit der Auslegung des „wehrlosen Gottes" beeindruckte die Studenten stark. Der wehrlose Gott ist nie untätig, sondern vielmehr in Christi Sinn kraft seiner Ohnmacht, d.h. seiner selbstaufopfernden Liebe mächtig. Auf der selben Linie las ich dann mit großem Gewinn die im Samisdat erschienenen Überlegungen von Václav Havel über die „Macht der Machtlosen" und insbesondere seine Briefe an Olga, die zu einer Zeit, da kein Mensch seine spätere Rolle erahnen konnte, eindeutig als Stimme aus der authentischen Tiefe unserer Geistesgeschichte an mein Ohr drangen.
Auf Havel habe ich wiederholt aufmerksam gemacht, aber auch auf meinen Lehrer Jan Patočka. Nur wenige seiner Texte lagen damals auf Deutsch vor. Deshalb übersetzte ich für die Vorlesung ein Exposé seiner philosophischen und zivilen Konzeption und trug es in der Einleitung zur Geschichte der antiken Philosophie vor. Patočkas Interpretation der drei Typen des klassischen antiken Denkens – Sokrates, Platon, Aristoteles – welche er in seinen ersten Vorlesungen im Jahre 1945 darlegte, haben mich für das ganze Leben nachhaltig geprägt. Erazim Kohák war ein weiterer tschechischer Denker, auf den ich die Studenten im Rahmen meines englischsprachigen Seminars aufmerksam machte. Kohák war zusammen mit seinem standhaften Vater und seiner Mutter einer meiner nächsten Freunde unter den Emigranten, dessen Buch „Embers and Stars" über seine ökologische Philosophie wir ein Semester lang mit Spannung lasen.

Kollegen an der Fakultät

Wie gesagt habe ich in Basel in den Fächern Ethik und Dogmatik mit kleinen Schritten angefangen, bis die Studenten ihr

Augenmerk allmählich wieder klassischen theologischen Fragen zuwandten. Daran war mir viel gelegen. Als gute Vorbereitung auf den Schwerpunkt meiner theologischen Arbeit diente in Basel ein mehrjähriges Projekt zum Thema „Dogmatik im Dialog". Dabei handelte es sich um ein gemeinsam mit den Kollegen Heinrich Ott und Fritz Buri durchgeführtes Experiment. Der Gedanke des Dialogs lag damals in der Luft, in meinem Falle in Gestalt des christlich-marxistischen Dialogs. Für die beiden Kollegen war eher das anthropologische Prinzip in Anknüpfung an Martin Buber oder das wachsende Interesse an religionswissenschaftlichen Begegnungen maßgeblich.

Heinrich Ott war ursprünglich zwar ein Schüler von Karl Barth, ließ sich später jedoch eher von Rudolf Bultmann und auch von Paul Schütz inspirieren. Er war ein philosophisch hoch gebildeter und menschlich großzügiger Kollege. Theologisch empfand ich ihn etwas „in der Schwebe" und immer auf Konsens bedacht, politisch hingegen verstanden wir uns gut. Ott hatte politische Ambitionen und war als Sozialdemokrat Mitglied des Nationalrats, des schweizerischen Bundesparlaments in Bern. Fritz Buri war ein ausgeprägter Denker, aber in einer mir eher fremden Richtung; denn seine ganze Theologie drehte sich um die authentische Existenz des Einzelnen, während die soziale Dimension für Buri zweitrangig war. Die grundlegenden Themen der christlichen „Heilsgeschichte" – ein bevorzugter Begriff meines Kollegen Oscar Cullmann – waren für Buri nur Symbole, mit denen ein freier Protestant sein existenzielles Profil interpretieren konnte. In den letzten Jahren galt sein Interesse verstärkt dem Buddhismus, dem er einige Bücher und Dissertationen über das Thema „Buddha–Christus" widmete. Er war ein kämpferischer Theologe, der darunter litt, dass er in der Basler Kirche und an der Universität stets im Schatten des von ihm bekämpften Karl Barth blieb. Fritz Buri und ich haben manchen Strauß ausgefochten, aber ohne einen Tropfen Gift, immer in freundschaftlicher Atmosphäre.

Meine beiden Kollegen und ich ließen uns also auf das Experiment gemeinsamer Vorlesungen ein. In unvergesslichen Sitzungen gegen Ende des Semesters planten wir das nächste. Wir trafen uns „Am steinernen Tisch“ jenseits der Schweizer Grenze in Deutschland, wo einst der in Basel und Umgebung beliebte alemannische Dichter und Schriftsteller Johann Peter Hebel einkehrte. Dort fiel uns das Planen ziemlich leicht. Wir wählten gemeinsam theologische Themen aus, in der Regel handelte es sich um klassische „loci“ der Dogmatik, die wir dann gemeinsam ausarbeiteten. In der ersten Stunde musste einer von uns dogmengeschichtliches Material über die erste von uns gestellte Frage vorlegen und seine Position skizzieren. Darauf folgte das Votum der beiden anderen Kollegen. Buri reagierte meistens polemisch, während Ott eine vermittelnde Position einnahm. In der anschließenden zweiten Stunde entbrannte der Streit, in den sich auch die Studenten verwikkeln ließen. Ursprünglich sollte sich die experimentelle Vorlesung, die von Ekklesiologie und Eschatologie handelte, auf ein Semester beschränken, doch das Echo war erfreulich groß, sodass wir zwei weitere Semester anschlossen, um herauszufinden, was im Feuer der Kritik Bestand hatte und was nicht. In den Jahren 1973 bis 1976 konnten wir daraufhin drei Bände „Dogmatik im Dialog“ publizieren. Für mich bedeutete dieses Projekt, mich in den ganzen Komplex klassischer und aktueller dogmatischer Fragen einarbeiten zu müssen. Das Ergebnis war jedoch nicht sonderlich zufriedenstellend: Drei unterschiedliche Positionen waren einander kaum näher gekommen. Wichtig war jedoch die Erfahrung, dass man auch in scharfen Debatten eine grundsätzlich freundschaftliche Solidarität wahren kann. Einer der Schritte hin zu meinem Lebensthema „Wahrheitssuche und Toleranz“.

Theologisch um einiges näher als die erwähnten beiden Kollegen stand mir der Kirchenhistoriker und Fachmann für mittelalterliches Denken Martin Anton Schmidt. Er ist der Sohn des Neutestamentlers Karl Ludwig Schmidt, der mich bei meiner ersten Auslandsreise im Jahre 1946 beeindruckt hatte. Martin kam nur wenig früher als ich nach Basel, wo wir uns mit ihm und seiner Frau Ruth anfreundeten. Vor Basel war er wie ich einige Male in den USA gewesen, wir hatten also einen gemeinsamen Hintergrund. Auch mit ihm führte ich gemeinsame Seminare durch, z.B. über eschatologische Konzeptionen im Laufe der Geschichte und einmal eine gemeinsame Vorlesung über die Waldenser und die tschechische Reformation. Ich bewunderte Martins Sorgfalt und den Fundus seines Wissens; in der theologischen Perspektive waren wir uns sehr nahe. Zusammen mit dem Neutestamentler Bo Reicke bildeten wir eine Troika, die sich um die ansehnliche Gruppe amerikanischer Doktoranden kümmerte. Diese konnten so in ihrer Muttersprache an der Dissertation arbeiten und sich von unserer Troika prüfen lassen.

Mein engster Partner an der Fakultät bis zu seinem frühen Tod im Jahre 1978 war Max Geiger, der das Fakultätsleben und mein eigenes Leben sehr bereichert hat. Er war ein vielseitig begabter und nach allen Seiten hin wissbegieriger Mensch, dessen Mitte die Theologie und vor allem die Christologie bildete. Diese aus dem Evangelium stammende Grundlage schimmerte bei Max in allen Lebenslagen durch. Seine Arbeiten über die Basler Orthodoxie gehören zu den Standardwerken des Faches Kirchengeschichte. Aber auch andere theologische Disziplinen wie Systematik und Ethik fanden sein Interesse. Er suchte intensiven Kontakt mit anderen Fakultäten: Bevor ich nach Basel kam, führte er z.B. ein Seminar mit dem Biologen Adolf Portmann über Teilhard de Chardin durch. Ein Jahr lang vertrat er Helmut Gollwitzer an der Freien Universität Berlin. Er interessierte sich für juristische Probleme und hielt gemeinsame Veranstaltungen mit dem Juristen Prof. Stratenwerth ab, z.B. über die Todesstrafe. Die atomare Bedrohung oder die Ausländerproblematik in der Schweiz waren Fragen, in denen er sich besonders engagierte. Sein Verständnis für studentische Hitzköpfe brachte ihn einmal vor Gericht, weil er von der Polizei gesuchten jungen Menschen Unterschlupf gewährt hatte.

Neben diesem großen Engagement lag Max Geiger fundierte theologische Arbeit am Herzen. Deshalb haben wir vier Semester lang intensiv Barths Kirchliche Dogmatik gelesen, analysiert und interpretiert, konkret die „Lehre von der Versöhnung“. Dazu luden wir nur diejenigen Studenten ein, die sich zur Mitarbeit verpflichteten, genauer gesagt dazu, Woche für Woche 80–100 Seiten durchzuarbeiten und Fragen vorzubereiten. Diese Bände waren auch für uns eine Knacknuss, die es zweifellos wert war, in Angriff genommen zu werden.

Max Geiger war ein unermüdlicher Initiator persönlicher Begegnungen mit Kollegen aus anderen Fakultäten und mit in- und ausländischen kirchlichen Freunden. Ich denke an regelmäßige Begegnungen der Ehepaare Geiger und Lochman mit Frau Hannelore Hansch und mit dem Ehepaar Simon. Frau Hansch war eine hoch gebildete, passionierte Laientheologin aus dem Kreise um Ernst Wolf, Hans Joachim Iwand und Martin Niemöller; Helmut Simon ein vorzüglicher Jurist mit zum Teil in Basel genossener theologischer Ausbildung, der in das für das politische Leben in der Bundesrepublik wichtige Bundesverfassungsgericht berufen wurde. Die Wochenenden auf dem Rittnerhof bei Karlsruhe oder bei uns in Basel bleiben unvergesslich, immer spannungsreich und doch beglückend solidarisch in theologicis et politicis. Es war vor allem Max, der uns mit seiner berüchtigt langen „Agenda" auf Trab hielt.

Grundlagen der Dogmatik und Ethik

Nach Abschluss „Dogmatik im Dialog" hielt ich eigene monothematische Vorlesungen, wie sie zum normalen Programm der Theologenausbildung gehören. Im Laufe der Jahre deckte ich sämtliche Grunddisziplinen der Systematischen Theologie ab, von der Theologie, der Lehre von Gott im engeren Sinne, über die Schöpfung, die Christologie, die Heilslehre und die Pneumatologie bis hin zur Eschatologie. Im Laufe der Jahre spürte ich immer dringender den Wunsch, neben diesen traditionellen dogmatischen Vorlesungen auch Zyklen anzubieten, in denen es um die „Grundlagen des Glaubens" ging und die neben Studenten anderer Fakultäten auch der interessierten Öffentlichkeit zugänglich sein sollten. Immer mehr Leute aus der Stadt besuchten nämlich meine Vorlesungen, denen gegenüber ich mich um Verständlichkeit bemühte, jedoch nicht auf Kosten fachlicher Prägnanz, weil ich mich so gegenüber den Studenten der Theologie ins Unrecht gesetzt hätte. Diese kamen jedoch oft ohne hinreichendes Wissen über unseren Glauben an die Universität.

Bei meinen eigenen Kindern konnte ich miterleben, dass die Konfirmation in der Schweiz in Bezug auf Bibelkenntnis und Glaubenslehre im Niedergang begriffen war. War es daher etwa nicht zwingend, neben den Spezialvorlesungen auch die „Grundlagen der Dogmatik und Ethik" zu vermitteln? Das hieß, sich mit den Studenten und interessierten Nichttheologen auf die Auslegung der klassischen Texte des Christentums zu konzentrieren: Dekalog, Apostolisches Glaubensbekenntnis und Unservater. Diese drei Texte bilden die Grundlage nicht nur für das, was einzelnen Konfessionen wichtig ist, sondern sie sind die grundlegenden Texte der ökumenischen Christenheit. Angesichts der wachsenden Unkenntnis biblischer Bücher, ganz zu schweigen von den klassischen dogmatischen Texten, war es angebracht, sich um die Grundlagen zu kümmern, sich theologisch zu konzentrieren. Dabei betonte ich immer, dass es nicht um einen dogmatischen Minimalismus gehe, der die Kirche von innen her schwächen würde. Es war deprimierend, bei theologischen Prüfungen auf Mängel im Elementarwissen von Kandidaten zu stoßen, die z.B. nicht in der Lage waren, das Nycäno-Konstantinopolitanische Glaubensbekenntnis aufzusagen. Die Konzentration auf das Grundlegende ist ein Erfordernis der Ökumene. Gerne habe ich in diesem Zusammenhang unseren Matěj von Janov (gest. 1393) zitiert: „Damit die Einheit erneuert werden kann und Friede in der Christenheit einkehre, ist es meines Erachtens notwendig, wucherndes Unkraut auszurotten (Mt. 15,13), das Wort auf der Erde und dicht gedrängt auszuführen (Röm 9,28) und die Kirche Jesu Christi zu ihren elementaren Anfängen zu führen." Das sagte ein Theologe, der zu den gebildetsten seiner Zeit gehörte, also alles andere als ein Minimalist war. Auf dem Fundament kann und soll man aufbauen, aber in erster Linie geht es um das Fundament.

So entstanden Stammvorlesungen zur Ethik, Dogmatik und christlichen Spiritualität, die sich in drei Büchern niedergeschlagen haben: „Dekalog – Wegweisung zur Freiheit" (1979),

„Das Credo – Grundlagen der ökumenischen Dogmatik" (1982) und „Das Unservater – Christliches Leben im Lichte des Herrengebets" (1988). Alle drei Bücher, besonders das erste, wurden in viele europäische und asiatische Sprachen übersetzt und weltweit verbreitet.

Seminare und Doktoranden

Einen beachtlichen Teil meiner Arbeit nahmen die Seminare ein. Kein Semester verging ohne Seminarübung, die ich manchmal in Zusammenarbeit mit einem Kollegen abhielt, meistens jedoch mit einem der Assistenten, die im Laufe meiner Lehrtätigkeit bei mir arbeiteten. Die Methode war der Materie und dem Thema angepasst, also unterschiedlich. Entweder hatten die Studenten Referate über im voraus bestimmte Themen zu halten oder wir lasen gemeinsam anspruchsvolle Texte, die ein Einzelner oder eine Arbeitsgruppe besonders intensiv und problembewusst vorbereitete, damit er oder sie dem Seminarplenum wohlüberlegte Fragen stellen konnten. Die Teilnahme war unterschiedlich, jedoch meist gut. Bei größeren Seminaren gab ich am Anfang der Sitzung eine kurze Einleitung und ein Student hielt ein kurzes Referat. Dann gingen wir in drei oder vier Arbeitsgruppen auseinander, die Fragen und Anmerkungen für das Schlussplenum vorzubereiten hatten. Solche Seminare erforderten freilich mehr Zeit als die üblichen neunzig Minuten.

Die Thematik war sehr bunt und ich möchte diese Vielfalt stichwortartig wiedergeben. Den größten Arbeitsblock meiner Lehrtätigkeit bildete ein mehrsemestriges Seminar über Calvins „Institutio". Die Studenten waren zu einem gehörigen Maß an Selbstverleugnung gefordert, um mit diesen umfangreichen Texten fertig zu werden. Während eines Semesters arbeiteten wir uns Schritt für Schritt durch einen Band des vierteiligen Werks. Für mich bedeutete dieses Seminar einen großen Gewinn, denn aus freien Stücken hätte ich mir die Institutio wohl kaum so konzentriert angeeignet. Einige Seminare befassten sich mit zeitgenössischer Theologie, indem die Studenten über bedeutsame Ausdrucksformen der Systematischen Theologie am Beispiel von Jüngel, Macquarrie, Gollwitzer, Pannenberg, Cone, Moltmann, Rahner oder Schütz referierten. Einigen Theologen der Gegenwart waren anhand eines ihrer herausragenden Werke, aber auf dem Hintergrund ihres geistigen Schaffens ganze Seminarübungen gewidmet, so im Falle von Eberhard Jüngel und seinem gerade erschienenen Buch „Gott als Geheimnis der Welt", von Helmut Gollwitzer und seinem „Krummes Holz – aufrechter Gang" oder von Jürgen Moltmann und seinem „Gott in der Schöpfung". In allen drei Fällen luden wir die Autoren ins Seminar ein und an diesen Sitzungen kulminierten die affirmativen und die kritischen Ergebnisse unserer Arbeit auf höchst produktive Weise. Selbstverständlich berücksichtigten wir auch die Generation der Väter. Mehr als einmal befassten wir uns mit Karl Barth; einmal ging es um seine Beziehung zu J.L. Hromádka. Ein Semester war dem Werk von Hans Joachim Iwand gewidmet. Von den interdisziplinären Seminaren ist neben den bereits erwähnten eines mit dem Sohn von Karl Barth, Markus Barth, über „die Gottheit Christi" im Lichte des Neuen Testaments und der alten Kirche erwähnenswert. Innerhalb der Fakultät war das Interdisziplinäre gut entwikkelt, aber es spielte auch über die Fakultätsgrenzen hinweg, indem ich mit Philosophen die Philosophie von Karl Jaspers erarbeitete, oder mit den Nationalökonomen die Beziehung zwischen Theologie und Wirtschaft. Auf diesem Wege haben wir die „Wirtschaftsethik" von Arthur Rich durchgearbeitet. Die Seminare waren eine große Bereicherung für mich, besonders wenn sich eine kritische Studentenschar eingefunden hatte. Hier erhielt ich viele Anregungen, was mir bei meiner Arbeit in der Ökumene oder am Lehrstuhl immer zugute kam. Besondere Freude bereiteten mir jene rund dreißig Theologen, die im Laufe der Jahre bei mir doktorierten. Unter ihnen gab es nicht nur Schweizer und Deutsche, die sonst den Großteil meiner Hörerschaft an der Universität ausmachten. Die Zahl der Schweizer Doktoranden war überraschend klein, die meisten Theologen drängte es in die Gemeinden, zu praktischer Arbeit. Manchmal kam einer nach Jahren an die Universität zurück, doch die Mehrheit dachte nicht an das Doktorat. Die meisten

Doktoranden stammten also aus fremden Ländern, zuerst meist aus den USA und aus Lateinamerika, später dann aus Japan und vor allem aus Korea. Offensichtlich fühlten sie sich von meinem ökumenischen Wirken angezogen, später auch von meinen Büchern, die praktisch alle ins Japanische und Koreanische übersetzt wurden. Auch meldeten sich bei mir Studenten aus Entwicklungsländern, die auf ein Stipendium angewiesen waren. Mit allen Doktoranden, nicht nur mit den eigenen, sondern oft auch mit denjenigen meiner Kollegen, z.B. mit dem äußerst initiativen Ehepaar Moessner, führte ich Seminare in englischer Sprache durch. Solche Sitzungen waren sehr angenehm, freier als gewöhnliche Seminare, oft voller theologischer Leidenschaft und politischer Spannung, gleichzeitig aber in einer grundsätzlich solidarischen Gemeinschaft der Studenten untereinander sowie mit dem Professor. Besonders die koreanischen Studenten sind mir ans Herz gewachsen: anfänglich waren nicht alle auf Doktorandenniveau, mit der Zeit erwiesen sie sich jedoch als sorgfältig und fleißig, mit echtem theologischem Engagement. Sie pflegen die noch sehr lebendige Tradition asiatischer Loyalität dem Lehrer gegenüber, die sich sowohl auf die Sache wie auf die Person bezieht.

Nicht nur sie, sondern auch kritischere und eigenwilligere Doktoranden aus den USA hingen sehr an der Arbeitsgemeinschaft der Doktoranden. Dort ließ sich verifizieren, wie weit ihre Doktorarbeit gediehen war, außerdem lasen wir von ihnen vorgeschlagene aktuelle Texte.

Viele von ihnen haben lebendige Erinnerungen an das traditionelle Gartenfest im Frey-Grynaeum zum Semesterabschluss. Manche von ihnen nahmen weite Anmarschwege auf sich, um die intensive Freude gemeinschaftlicher theologischer Arbeit aber auch die traditionelle Gastfreundschaft meiner Frau Eliška auszukosten.

Die Themenstellung der Dissertationen war sehr unterschiedliche und richtete sich nach den Aufgaben, die auf die Kandidaten in ihren Heimatländern zukommen würden. Die meisten befassten sich mit zeitgenössischen Theologen im ökumenischen Horizont, manche sogar mit meinem Lehrer J.L. Hromádka, für den sich vor allem asiatische Kandidaten in-

Promotion des koreanischen Doktoranden Kwung Moh Chung (Bildmitte) zusammen mit seiner Gattin, links neben ihr Esther Kim. Zweiter von links der damalige Kirchenratspräsident Theophil Schubert und Dr. Jäger. Ganz rechts Frank Macchia, ein weiterer Doktorand, Assistent Hansjörg Kägi und Prof. Dr. Werner Bieder mit Gattin

teressierten. Kosuke Nishitani arbeitete über Hromádka und Niebuhr. Fünf Dissertationen entstanden zu verschiedenen Aspekten der Barthschen Theologie: Der Koreaner Sueng-Hoon Chung z.B. arbeitete über Barths Beziehung zu den linken Hegelianern, mein letzter Assistent, der Schweizer Stephan Becker über die pneumatologische Struktur von Barths Dogmatik. Der deutsche Theologe R.D. Krüger widmete sich dem Denken H.J. Iwands, vor allem dem Verhältnis von Rechtfertigung und Ethik. Der koreanische Pfarrer Kwung Moh Chung „entdeckte“ den religiös-sozialen Leonhard Ragaz für die koreanische Situation. Auch Denker aus der angelsächsischen Tradition fanden Aufmerksamkeit: Die trinitarische Theologie des T.F. Torrance bei Prof. Kurt Richardson oder die literarische Theologie des C.S. Lewis beim Amerikaner D.T. Hyatt. Im ökumenischen Horizont durften ein orthodoxer Denker wie Sergij Bulgakov oder neue Strömungen in der rumänischen orthodoxen Theologie nicht übersehen werden. Fachleute aus der orthodoxen Welt leisteten hierbei Hilfe. Die aktuelle lateinamerikanische Theologie war in der Person von

Leonard Boff Gegenstand der Dissertation des Brasilianers Louis Sander, während Jonas Dah aus Kamerun das Wirken der Basler Mission kritisch unter die Lupe nahm.
Da die meisten meiner Studenten meine ökumenischen Bemühungen um eine ganzheitliche Theologie als Gegengewicht zu den polarisierenden Tendenzen der „Horizontalisten" und „Vertikalisten" in der Ökumene teilten, hatten sie unter der Devise „spirituality and social liberation" eine Vorliebe für Denker wie Vater und Sohn Blumhardt. Der Amerikaner Frank D. Macchia, heute einer der führenden ökumenischen Mitarbeiter der charismatisch ausgerichteten „Assemblies of God", dissertierte über die Blumhardts, ebenso der Koreaner Hee-Kuk Lim unter dem Titel „Jesus ist Sieger". Schließlich sei die erste Dissertation erwähnt, die der Amerikaner Merwyn Johnson unter meiner Anleitung abfasste. Sie war der Auseinandersetzung mit dem Freiheitsbegriff im Denken von John Locke und Karl Marx gewidmet und erzielte sowohl an der Theologischen wie auch an der Philosophischen Fakultät ein summa cum laude. Von den ethischen „Nebenthemen", welche für mich ebenso gewichtig sind, erwähne ich die aktualitätsbezogene Dissertation des Schweizers Bernhard Joss über die theologische und soziologische Problematik des Alters in der heutigen Gesellschaft und die dogmatisch fundierte Arbeit des deutschen Pfarrers Manfred Rohloff über die „Theologie der Arbeit". Karl Rennstich hat sich bei mir über das Thema „Korruption als theologisches Problem" habilitiert. Alle diese und die unerwähnt gebliebenen Doktoranden sind heute Pfarrer oder Professoren in verschiedenen Weltgegenden. Mit einigen von ihnen pflege ich bis heute intensiven Kontakt, besonders mit den Koreanern, unter ihnen auch Prof. Won Bae Kim. Zu anderen habe ich den Kontakt verloren. Ich denke jedoch dankbar an alle Gelegenheiten gemeinsamer systematischer Arbeit zurück.
Weniger ergiebig war in Basel die Zusammenarbeit mit meinen Assistenten. Das sage ich selbstkritisch. Meist wusste ich nicht mit ihnen umzugehen. Eliška sagte einmal: „Am meisten Arbeit hast du damit, Arbeit für deine Assistenten zu finden." Das hing damit zusammen, dass ich von Prag her die

Arbeit mit Assistenten nicht gewohnt war. Mit Ausnahme von J.L. Hromádka, dessen Assistent Milan Opočenský war, hatte niemand einen persönlichen Assistenten. Erstaunlicherweise herrschten in Basel ursprünglich ähnliche Bedingungen. Die Fakultät hatte einen Assistenten für die Bibliothek. Erst im Laufe der Jahre wurden Assistenten für die einzelnen Disziplinen angestellt. Bald war die Reihe auch an mir. Es waren gute Studenten, aber ich war gewohnt, zu Hause zu arbeiten und die Vorlesungen alleine vorzubreiten. So besorgten sie mir die nötige Literatur und halfen mir bei der Seminarvorbereitung. Manchmal kam es auch zu einer tieferen Zusammenarbeit, besonders wenn sich jemand fand, der meine theologische und gesellschaftliche Ausrichtung teilte. Stellvertretend für die anderen möchte ich Andreas Hess erwähnen, der zu meiner Freude Mitarbeiter des Hilfswerks der Evangelischen Kirchen der Schweiz (HEKS) geworden ist, das hauptsächlich zur Unterstützung von Minderheitskirchen in der „Zweiten“ und der „Dritten“ Welt gegründet wurde. Andreas Hess ist heute zuständig für Mittel- und Osteuropa und pflegt herzliche Beziehungen zu den Kirchen in den tschechischen Ländern. Hierbei hat das theologische und menschliche Miteinander mit dem ehemaligen Professor sicherlich eine Rolle gespielt.

Licht und Schatten enzyklopädischer Arbeit

Die Arbeit als Mitherausgeber der fünfbändigen „Internationalen Theologischen Enzyklopädie“ hat mich in Basel ein Jahrzehnt lang beansprucht. Die Anfrage dazu kam von Dr. Arndt Ruprecht aus Göttingen und seinem Fachmann für Enzyklopädien, Dr. Erwin Fahlbusch, den ich schon von einigen Begegnungen in Prag und in Deutschland her kannte. Es ging um die zweite Auflage des beliebten „Evangelischen Kirchenlexikons“, jedoch mit völlig neuer Konzeption, d.h. mit ökumenisch aber auch kultursoziologisch radikal erweitertem Horizont. Die Hauptartikel wurden überwiegend von evangelischen, aber auch von katholischen oder orthodoxen Autoren geschrieben. Außerdem war das Projekt von Anfang an international konzipiert. Neben dem deutschen Original wurde auch eine leicht abgewandelte amerikanische Version unter der Federführung des Verlags Eerdmans/Brill erstellt. Der Herausgeberkommission gehörten Jaroslav Pelikán aus Yale, der afrikanische Ökumeniker John Mbiti, Lukas Vischer, Erwin Fahlbusch und ich an – eine Zusammensetzung, die mich nach anfänglichen Zweifeln zu einer positiven Beantwortung der Anfrage bewog. Eine Reihe von Sitzungen unseres Gremiums und der entsprechenden Fachredaktoren fanden bei uns im Frey-Grynaeum statt.

Ich ahnte nicht, was ich mir mit meiner Zusage eingebrockt hatte. Meine Aufgabe war es, mit der Unterstützung der Professoren Dietrich Ritschl und Heimo Hofmeister aus Heidelberg alle Beiträge aus dem Bereich der systematischen Theologie und der Philosophie zu beurteilen. Das war nicht immer eine leichte und angenehme Aufgabe. Zusammen mit dem ganzen Herausgebergremium hatte ich mir als erstes Ziel gesetzt, dafür zu sorgen, dass sowohl in konfessioneller wie auch in kultureller Hinsicht die ökumenische Breite erhalten blieb. Bald merkte ich, dass dies den Autoren, die ansonsten hervorragende Wissenschaftler waren, nicht immer gelang. Besonders im deutschen Umfeld, aus dem die meisten Beiträge stammten, war immer noch ein traditioneller „Germanozentrismus“ spürbar, der uns schon während des Studiums in guten Lehrbüchern wie der Kirchengeschichte von Karl Heussi negativ aufgefallen war. Um den ökumenischen Blickwinkel weiter zu fassen, mussten einzelne Artikel überarbeitet werden. Nicht nur die angelsächsische Welt, sondern auch andere Sprachgebiete Europas und der Dritten Welt waren m. E. mit zu berücksichtigen. Verständlicherweise hatte ich dabei die tschechische Reformation im Auge, die in der ausländischen Produktion immer noch zu kurz kommt. Nicht immer hatten meine Bemühungen Erfolg. Ich habe diesen Teil meiner wissenschaftlichen Arbeit manchmal mit gemischten Gefühlen erlebt. Wenn ich mir aber das schön gestaltete, fertige fünfbändige Werk in seiner deutschen Version ansehe und aufmerksam wohlmeinende Kritiken unserer bahnbrechenden internationalen Konzeption lese, dann überwiegt das Gefühl der

Dankbarkeit, sich bei diesem Projekt engagiert zu haben. Umso mehr freut es mich, dass die nicht minder sorgfältig erstellte amerikanische Ausgabe unterwegs ist, welche alle Voraussetzungen hat, in der weltweiten Ökumene verbreitet zu werden.

Predigten und Gastvorlesungen

Basel und die Evangelisch-Reformierte Kirche des Kantons Basel-Stadt waren in all den Jahren unzweifelhaft die Basis meiner Tätigkeit. Ich habe nicht vergessen, dass es auch der ausdrückliche Wunsch der Kirchenvertreter gewesen war, den Ruf nach Basel anzunehmen. Drei Perioden lang war ich Mitglied der Synode – vor allem die erste Wahl war für mich bedeutsam, denn damals war ich noch nicht Schweizer Bürger. Im Rahmen der Synode konnte ich also zusätzlich zur theologischen Arbeit auch gesellschaftliche Verantwortung ausüben. Mit den Kirchenratspräsidenten habe ich in meiner ganzen Basler Zeit kooperativ zusammengearbeitet. Walter Sigrist wurde schon erwähnt. Dann aber auch besonders mit Peter Rotach, Theo Schubert und Georg Vischer.

Nicht nur kirchliche Repräsentanten und Institutionen, auch konkrete Gemeinden waren mir wichtig. Bald hatte ich in Basel „meine Kanzeln“. Neben dem Münster, wo ich noch heute gelegentlich predige und wo ich mit Dr. Franz Christ und Dr. Hinrich Stoevesandt an den „Basler Predigten“ mitwirke, war das Diakonissenhaus in Riehen meine zweite „ständige Predigtstation“. In diesem zugleich frommen und weltoffenen Haus nahm ich regelmäßig an Theologischen Seminarwochen teil, welche auf Anregung meines geistesverwandten Kollegen Eduard Buess und unter Leitung des Würzburger Professors Gotthold Müller dort während Jahrzehnten stattfanden und international besucht wurden. Sie erwiesen sich in doppelter Hinsicht als sinnvoll: Studierende konnten hier eine glaubwürdig fromme Gemeinschaft erfahren und die Diakonissen jüngeren und nicht immer traditionell denkenden Theologen begegnen.

Ein Stück „geistiger Heimat“ bedeutete für uns in Basel die Herrnhuter Sozietät: Ihre Pfarrer, darunter Bischof Hellmut

Reichel, und die Gemeindeglieder waren sich des gemeinsamen Erbes der Böhmischen Reformation wohl bewusst. Gerne nehmen meine Frau und ich gelegentlich an Gottesdiensten und anderen Anlässen der „Evangelischen Brüdersozietät" teil.
Zur Pilgermission St. Chrischona und ihrem auch in Tschechien bekannten Theologischen Seminar hatte ich gute Kontakte. Solche Beziehungen zu evangelischen Kirchen und Gemeinschaften waren bereits in Prag an der Tagesordnung. Neu für mich waren jedoch die ökumenischen Kontakte mit der katholischen Kirche. Eindrücklich war meine erste Begegnung mit dem damaligen Bischof von Basel Anton Hänggi. Über seinem bischöflichen Wappen stand das Wort „ut unum sint". Und es stand nicht bloß dort. Bischof Hänggi beeindruckte durch seine ökumenische Offenheit, persönliche Bescheidenheit und theologisch-liturgische Tiefe. Der theologische Ehrendoktor, den ihm unsere Fakultät verliehen hatte, war wohl begründet. Gute Zusammenarbeit gab es auch mit seinen Nachfolgern und mit katholischen Kreisen in Basel, etwa mit Pfarrer R. Füglister an der Marienkirche. Mit ihm war ich lange Jahre im Vorstand der katholischen Aeneas-Silvius-Stiftung tätig. So war es nicht ganz überraschend, doch von mir besonders geschätzt, dass mich der damalige katholische Kirchenratspräsident Aebi nach meiner Rektoratswahl brüderlich begrüßte: „Sie sind auch unser Rektor!"
Einen bedeutenden ökumenischen Anlass aus dem Jahre 2000 möchte ich besonders erwähnen. Die Kirchenleitungen der Landeskirchen im Kanton Basel-Land hatten beschlossen, sich an der Schwelle zum neuen Jahrtausend für kommende Aufgaben gemeinsam auf theologische Perspektiven zu besinnen. Dazu wurden Hans Küng und ich als Referenten eingeladen. Diese gemeinsame Synode fand in einer offenen und solidarischen Atmosphäre statt – die Synodalen und die Kirchenleitungen wurden durch den guten Geist spürbar ermutigt. Damit unsere ökumenischen Träume nicht in den Himmel wuchsen, erschien drei Tage danach die Erklärung „Dominus Iesus" der vatikanischen Glaubenskongregation, die wie eine kalte Dusche wirkte. Dennoch: Die ökumenische Offenheit

vor allem an der Basis der Schweizer Kirchen ist vorbildlich und auch für andere Länder wegweisend.
Ich war jedoch nicht an meine Basler Basis gekettet, sondern erhielt auch Einladungen von anderen Universitäten und aus anderen Städten.
Schon im ersten Basler Semester erreichte mich die dringende Anfrage, an der Freien Fakultät in Paris Vorlesungen zu halten, weil der dortige Systematiker Jean Bosc gestorben war und die Fakultät keinen Ersatz hatte. George Casalis, der Schwiegersohn von Eduard Thurneysen, war der Überbringer dieses Rufs. Casalis war ein theologisch und vor allem politisch radikaler Kämpfer. Jetzt wollte er, dass ich etwas aus der Tradition der „ersten Reformation" und aus dem Werk J.L. Hromádkas las. Ich konnte der Einladung nicht gleich im ersten Semester nachkommen, sagte aber für das zweite zu. So begannen im Frühjahr 1970 meine Pariser Freitage, an denen ich morgens von Basel-Mühlhausen nach Paris und abends wieder zurück flog. Dort bekam ich etwas von der „revolutionären" Atmosphäre in der Stadt und an der Fakultät mit. Einmal streikte die Müllabfuhr und auf den Straßen häuften sich Berge von Abfall. Ein andermal war die Metro außer Betrieb. Engagierte Studenten brachten die Fakultät zum Gären. Ein wenig hatte ich Angst vor dieser Gastprofessur, allein schon aus sprachlichen Gründen. Seit meiner Zeit am Gymnasium schätzte ich die französische Sprache. Aber es kamen Jahre, in denen ich außer Haus hauptsächlich deutsch oder englisch sprach. Diese beiden Sprachen drängten das Französische etwas zurück. So kosteten mich diese Reisen nach Frankreich viel Energie und Vorbereitungszeit. Aber es war nicht umsonst. Vielleicht war gerade mein offensichtliches Ringen mit der Sprache für das Gespräch mit den Studenten hilfreich: Es war klar, dass dieser Professor nicht aus einer gewissen Distanz vom Katheder her redete, sondern rein sprachlich nach dem treffenden Ausdruck suchte, wie es die Studenten ihrerseits auf der Glaubensebene und auf der Ebene der politischen Orientierung taten.
Später gingen mich Schweizer Universitäten, in erster Linie die Universität Zürich, um eine Gastprofessur an. Hier lehrte

Arthur Rich, den ich einmal während seines Freisemesters vertrat und mit dem ich gemeinsame Vorlesungen und Seminare hielt. Er stand mir von den Kollegen, die in der Schweiz ein ähnliches Fach lehrten, am nächsten. Ursprünglich Metallarbeiter, ließ er sich später akademisch schulen und wurde zum nachdenklichen und initiativen Professor. Seine auch ins Tschechische übersetzte Wirtschaftsethik beweist Richs theologisches und ökonomisches Format. Unvergesslich ist für mich ein Seminar über Christentum und Marxismus. Rich zog auch den führenden Schweizer Marxisten Konrad Farner zur Mitarbeit heran. Dieser studierte Kunsthistoriker mit besonderem Interesse für die Theologie Karl Barths war Sekretär der Kommunistischen Partei der Schweiz gewesen. Einst weilte er in seiner Funktion als Parteisekretär in Prag, wo er es sich nicht nehmen ließ, auch die Theologen an der Gerbergasse zu besuchen, wo ich mit ihm zusammentraf. In der Schweiz hatte Farner viele Feinde. Nach der ungarischen Tragödie wurde er schwer unter Druck gesetzt und an Leib und Leben bedroht. Dabei hatte sich Farner schon vom stalinistischen Kommunismus abgewendet, das Jahr 1968 bedeutete dann für ihn den endgültigen Bruch. Dieses Zürcher Seminar fand großen Anklang, der Andrang der Studenten ließ sich kaum bewältigen. Nach einer gewissen Zeit fand es doppelt statt: Am Nachmittag fuhren wir nach getaner Arbeit mit dem Zug von Zürich nach Basel, wo abends dasselbe Seminar noch einmal stattfand.

Sowohl mit Farner als auch mit Rich verstand ich mich bald gut. Konrad Farner hat mir sogar ein Buch gewidmet: „Gemeinsam auf Erden, im Himmel getrennt“ lautete die gedruckte Widmung. Dem konnte ich nicht ganz zustimmen, da ich mich mit Farner nicht nur auf Erden, sondern auch in Erwartung der himmlischen oder besser gesagt: göttlichen Zukunft solidarisch fühlte. Darin liegt wenigstens für mich der Sinn von Christi Wirken, für das Farner trotz allem theoretischen Atheismus große Wertschätzung empfand.

Die zweite Schwesteruniversität, an der ich wiederholt semesterweise tätig war, war diejenige von Bern. Auch dort fühlte ich mich den beiden Systematikern, welche in meiner

Basler Zeit dort lehrten, nahe. Prof. Gottfried Locher schätzte ich als Kenner der Reformationstheologie, insbesondere derjenigen von Zwingli und Calvin, und Christian Link war mir durch seine zeitgenössische theologische Orientierung sympathisch. Schade, dass er einige Jahre später nach Deutschland zurückkehrte. Jedenfalls habe ich beide in ihren Freisemestern gerne vertreten.

An der katholischen Fakultät in Luzern habe ich im Rahmen eines Ausbildungsprogramms für Mittelschullehrer der Basler und der Luzerner Fakultät mehrmals Semesterkurse gegeben, die von Anfang an ökumenisch geplant waren und gemeinsame Vorlesungen einschlossen. So habe ich meine katholischen Kollegen aus den Bereichen Ethik, Dogmatik und Philosophie aus der Nähe erlebt und mit den Professoren Schmidig, Christen, Furger und vor allem Wiederkehr nur gute Erfahrungen gemacht. Dieser Kapuzinerpater hat mich wiederholt eingeladen, ihn semesterweise zu vertreten. So habe ich z.B. mein ganzes „Credo – Grundlagen der ökumenischen Dogmatik" in Luzern gelesen, zumal ja die Grundlagen des Glaubens trotz bedeutender Unterschiede in einer Reihe anderer Fragen allen Christen gemeinsam sind. So habe ich mich in Luzern immer unter Geistesverwandten gefühlt.

Als letzte auswärtige, ganzsemestrige Verpflichtung möchte ich diejenige in Wien erwähnen, wo ich nach der Pensionierung meines Kollegen Kurt Lüthi ein Semester lang reformierte Theologie zu lesen hatte. Lüthi schätzte ich als Theologen mit überdurchschnittlichen Einblicken in die Welt der Kunst. Ich war ihm dankbar für seine Gastfreundschaft, als wir 1968 nach der Okkupation über Wien nach Basel und weiter nach New York reisten. Kurioserweise vertrat ich jetzt einen Kollegen, der jünger war als ich, da Lüthi nach Wiener Reglement bereits pensioniert worden war. Gerne reiste ich Woche für Woche nach Wien, eingedenk der Tatsache, dass an dieser Fakultät Generationen tschechischer Pfarrer einst studiert und einer der bedeutendsten tschechischen Theologen des letzten Jahrhunderts, Josef Bohatec, gelehrt hatte. Seit Ende des Ersten Weltkriegs war nach dem Wegfall der Tschechen die Zahl der Reformierten in Österreich ziemlich klein geworden; dennoch hatte ich Gelegenheit, die ganze Fakultät anzusprechen. Als ich in Wien las, war die mährische Grenze zu meiner Heimat nicht nur bloß zum Greifen nah, sondern auch durchlässig geworden, eine hervorragende Gelegenheit, in Brünn alte Freunde zu besuchen, an einem Gemeindetag teilzunehmen und einen Vortrag zu halten. Von nun an fuhr ich jedes Jahr nach Brünn.

Weg von Basel?

Diese Abstecher an andere Universitäten und die bei allen laufenden Basler Verpflichtungen damit verbundene Mehrarbeit waren manchmal schwer zu bewältigen, schließlich jedoch immer eine Quelle der Genugtuung und Dankbarkeit für weitere Möglichkeiten theologischen Schaffens. Keineswegs waren sie jedoch ein Ausdruck dafür, dass mich der Dienst in Basel zu wenig erfüllte, oder dass es mich nach einer anderen Universität hingezogen hätte. Gelegenheiten dazu hat es mehrere gegeben; gleich in den ersten Jahren kamen Anfragen von mehreren deutschen Universitäten. Ich ließ mich nie weglocken, auch dann nicht, als ich Helmut Gollwitzers Nachfolger an der Freien Universität Berlin werden sollte.
Um mich günstig zu stimmen, lud Gollwitzer Eliška und mich in ein Dorf im Schwarzwald ein, wo er sich oft mit seinem Freund Gustav Heinemann, dem damaligen Präsidenten der Bundesrepublik Deutschland, aufhielt. Dort verbrachten wir mit Gollwitzer und Heinemann einen schönen und anregenden Nachmittag. Zu gegebener Zeit bat mich Helmut in einen Nebenraum und trug mir sein Anliegen vor. Er hätte am liebsten seinen Schüler Friedrich Marquardt als Nachfolger gesehen, doch regte sich dagegen Widerstand im Kreise der Professoren. Da die Sache aussichtslos schien, wollte Gollwitzer mich als Alternative für diese Professur ohne Fakultät vorschlagen, denn sein Lehrstuhl an der Freien Universität, die damals von Stürmen revolutionärer Studenten erschüttert wurde, war vor allem für Hörer aller Fachbereiche gedacht. Ich fühlte mich – im Unterschied zu Gollwitzer – dieser Aufgabe nicht gewachsen, sodass ich, für das erwiesene Vertrau-

Seminar mit Helmut Gollwitzer in Basel

en dankend, an Ort und Stelle ablehnte. Ich glaube, Gollwitzer hat es mir nicht übel genommen. Jedenfalls hat Marquardt den Lehrstuhl letztendlich doch noch erhalten.
Nur einmal, die tschechoslowakischen Behörden hatten gerade meinen Pass eingezogen und an eine Rückkehr nach Prag war nicht mehr zu denken, liebäugelte ich damit, den Ruf an eine andere Universität anzunehmen. Bei der Durchsicht alter Ordner bin ich neulich auf einen Rundbrief an meine Schwestern und einen weiteren Familienkreis gestoßen, den zu zitieren ich angebracht halte, um darzulegen, wie es uns damals ging und was uns bewegte. Der Brief trägt das Datum des 12.4.1974 und lautete (in Auszügen) folgendermaßen:
„Die Entscheidung ist uns wirklich schwer gefallen. Wir haben für uns selber keinen Wechsel geplant, die einzige für uns denkbare örtliche Veränderung wäre diejenige in Richtung Heimat gewesen ... Wenn letztes Jahr hie und da Anfragen kamen, eine Professur in Kanada, in den USA oder in Deutschland zu übernehmen, haben wir jeweils ohne zu zögern dankend abgelehnt. Einmal sagte ich Eliška in diesem Zusammenhang: 'Wenn überhaupt in Richtung Westen, dann eben nach Princeton.' Damals konnte ich mir überhaupt nicht vor-

stellen, dass sich jemals etwas in diesem Sinne tun würde. Doch dann war der Ruf auf einmal da. Zuerst gelangte mein Freund Prof. Charles West inoffiziell an mich. Dann aber reiste Präsident McCord nach Europa und bat Eliška und mich zu einem Gespräch auf den Frankfurter Flughafen. Dort eröffneten uns die McCords, dass mich die Princeton-Fakultät einstimmig dazu berufe, ihren wichtigsten Lehrstuhl für Systematische Theologie zu übernehmen. Jetzt war es an uns, einen schwierigen Entscheid zu fällen. Ein besseres Angebot würde ich kaum je bekommen: Die amerikanischen Fakultäten stecken zur Zeit in einer Krise, nicht zuletzt unser geliebtes Union Theological Seminary, und vielleicht ist Princeton die einzige theologische Schule, die das alte Niveau halten kann. Ich habe dort Freunde, insbesondere den Präsidenten, mit dem ich schon seit zehn Jahren in Kontakt bin. Ein weiterer Freund, Eugen Blake, der ehemalige Generalsekretär des Weltkirchenrats, hat mich eindringlich gebeten, den Ruf anzunehmen, da Princeton den Großteil der künftigen Prediger der Presbyterianischen Kirche ausbilde und ein großes Kontingent von Studenten aus der ganzen Welt aufweise. Außerdem hat Princeton eine traditionelle Verbindung zu den tschechischen Kirchen, vor allem wegen J.L. Hromádka. Kurz: wenn nur akademische Kriterien eine Rolle spielten, spräche alles für Princeton."
Aber die Sache hatte noch eine andere Seite. Die Arbeit in Basel begann nach mühseligem Anfang allmählich Früchte zu tragen. Auch war mir einiges am europäischen Kontext gelegen. Außer in den Schweizer Kirchen und in der Schweizerischen Öffentlichkeit ergaben sich in Deutschland, wo ich einige Male an Synoden bzw. an Kirchentagen Vorträge hielt, aber auch in England, Schottland, Holland und anderen Ländern sinnvolle Möglichkeiten. Außerdem war die Grenze zur Heimat nicht fern, die wir zwar auf Jahre hinaus nicht überschreiten durften, die zu unserer großen Freude jedoch hin und wieder von der anderen Seite her durchlässig war. Auch familiäre Gründe fielen ins Gewicht; die Kinder hätten sich zum dritten Mal auf eine völlig neue Umgebung und ein radikal anderes Schulsystem einstellen müssen.

Das Ergebnis dieser Überlegungen lautete in den Sätzen des zitierten Briefes wie folgt: „Den Ausschlag gab schließlich eine Welle der Sympathie und liebevollen Drucks hier in Basel. Wir waren richtiggehend überwältigt. Ganze Pfarrergruppen und weitere Personen aus ihrem Umfeld meldeten sich zu Wort. Schließlich bat mich ein Mitglied der kantonalen Regierung zu sich und drückte mir offiziell Anerkennung für meine Arbeit aus, verbunden mit der Aufforderung, in Basel zu bleiben." Den emotionalen Schlusspunkt in diesem Tauziehen setzten die Studenten. Zum Semesterende veranstalteten sie für meine Frau und mich einen Fackelumzug. Der Zug kam an unserem Haus vorbei, wo wir auf den Balkon gerufen und genötigt wurden, uns dem Zug mit einer Fackel in der Hand anzuschließen. Die Aktion war spontan, lief aber typisch schweizerisch ab, indem am Schluss des Zuges zwei Feuerwehrleute eine kleinere Spritze zogen, damit die Fakkeln keinen Schaden anrichten konnten. Und noch ein abschließendes Zitat aus jenem Brief: „Nie im Traum wäre mir eingefallen, dass ich einst zwischen Basel und Princeton würde entscheiden müssen. Beide Städte waren für mich seit der Studienzeit ein Mekka der akademischen Arbeit, niemals hatte ich daran zu denken gewagt, dass ich einst an einer dieser beiden Universitäten lehren könnte, und jetzt gleich an beiden! Glaubt mir, es ist mir nicht zu Kopfe gestiegen, eher komme ich mir wie ein Hochstapler vor."

Unter Landsleuten

Ich habe den ersten Teil meiner Basler Jahre aus der Perspektive der Arbeit an der Universität geschildert. Schließlich trägt das Kapitel ja auch die Überschrift „Als Professor in Basel". Doch unser Leben in Basel hatte noch andere als professorale Seiten. Basel ist eine bedeutende Kulturstadt, Musikleben und Theaterschaffen haben europäisches Niveau. Eliška und ich wollten in unserer beschränkten Freizeit daran teilhaben, insbesondere, wenn es um tschechische Kultur ging. Oft gastierten Orchester aus Böhmen und Mähren einschließlich der Tschechischen Philharmonie sowie zahlreiche tschechische

Solisten in Basel. Und noch öfters stand tschechische Musik auf den Konzertprogrammen, in den letzten Jahren wurde das Werk von Bohuslav Martinů systematisch vorgestellt. Dieser Komponist hatte einige Jahre seines Lebens im Exil als Gast des Dirigenten und Mäzens Paul Sacher auf dessen Gut in Frenkendorf bei Basel verbracht.
Auch punkto Sport blieb ich aktiv, ich spielte nicht nur Fußball und Tennis, sondern im Winter auch Squash, in dessen Geheimnisse mich amerikanische Doktoranden eingeführt hatten. Zusammen mit der Familie fuhren wir im Sommer wie im Winter in die Berge, um Langlauf und alpinen Skilauf zu betreiben. Zuerst verbrachten wir unsere Familienferien in allen Landesgegenden, um die Schweiz besser kennen zu lernen. Von 1985 an fuhren wir dann regelmäßig in die Lenk im Berner Oberland, wo wir ein kleines Chalet erworben hatten.
Auch das Vereinsleben spielte eine Rolle. Wir nahmen am Leben der tschechischen Gemeinschaft teil. In Basel gab es den „Domov" (=Heimat)-Verein, der noch zu Kaisers Zeiten von tschechischen Handwerkern gegründet worden war. Besondere Bedeutung für mich hatte die weltweite „Tschechoslowakische Gesellschaft für Wissenschaft und Kunst", welcher in der Schweiz Dr. Karel Hrubý vorstand. Eliška war begeistertes Sokol-Mitglied und besuchte Turnfeste in Zürich, Paris, Wien. Im Kreise des Basler Sokol-Turnvereins fühlte sie sich während 17 Jahren wie zu Hause.
Neben Basel war Zürich und die dortige Hus-Gemeinde ein Brennpunkt unserer sozialen Kontakte. Gegründet hatte sie Přemysl Pitter, eine der Schlüsselgestalten des tschechischen Exils und des tschechischen öffentlichen Lebens auf geistiger Grundlage überhaupt. Für mich war er schon in der Heimat ein Zeuge unbedingter Menschlichkeit. Während der ersten Republik hatte er sich in Prag-Žižkov der proletarischen Jugend angenommen, indem er das „Milič-Haus", ein geistiges und soziales Zentrum, gründete. Dort ging auch Olga Šplíchalová, die erste Ehefrau von Václav Havel, während Jahren ein und aus. Als das nazistische Verderben drohte, kümmerte er sich um bedrohte und verfolgte Kinder vor allem aus jüdischen Familien. Zu Recht ist er in der „Allee der Gerechten"

in Jerusalem dafür geehrt worden. Als der Krieg zu Ende war, war er einer der Ersten, die sich über das Schicksal deutscher Kinder in tschechischen Sammellagern entsetzten. Gegen den Widerstand kommunistischer und nationalistischer Kreise versuchte er alles in seiner Kraft stehende für diese Kinder zu tun und schaffte es, Mauern des Hasses überwindend, Waisenkinder aus deutschen Konzentrationslagern und verfolgte deutsche Kinder in gemeinsamen Räumen unterzubringen. Sein evangelisch orientierter Humanismus kannte keine Ausnahmen, sondern war ohne Rücksicht auf Rasse oder Volkszugehörigkeit offen für das Leiden der Kinder. Er galt allen, die – in Anspielung auf den Titel eines seiner Bücher – „unters Rad der Geschichte" gekommen waren.

Unvergesslich ist für mich Pitters Auftritt an einer Retraite des Akademischen CVJM im Jahre 1946 in Obříství geblieben. Wahrhaft prophetisch rief er uns zum Protest gegen tschechische Grausamkeiten auf, wie er es früher bei nazistischen und später bei kommunistischen Grausamkeiten getan hatte. Nach dem Februarumsturz von 1948 wurde sein Werk in der Tschechoslowakei zerstört, es gelang ihm aber, seine Arbeit unter tschechischen Flüchtlingen in Deutschland fortzusetzen. Später folgte er seiner Mitarbeiterin Olga Fierz, einer Schweizerin und „Wahltschechin", in ihre alte Heimat. Hier konnten die beiden wiederum eine breit gefächerte Tätigkeit entfalten, diesmal zu Gunsten der tschechischen Emigranten in der Schweiz.

Herzstück dieses Werks war die Hus-Gemeinde, in welcher jeden Sonntagabend tschechisch oder slowakisch gepredigt wurde, vorerst meist durch Bruder Pitter persönlich. Später gelang es ihm, weitere Prediger um sich zu scharen, z.B. den slowakischen Pfarrer Majovský, später kam dann eine Reihe tschechischer evangelischer Pfarrer in die Schweiz. Die Hus-Gemeinde ist eine ökumenisch geprägte Gemeinde mit evangelischem Übergewicht. Nach dem Ableben von Přemysl Pitter waren neben Olga Fierz die hussitische Pfarrerin Daniela Rajmonová und ihr Ehemann Dr. Antonín Rajmon die Stützen der Gemeinde, während Titus Zelený sich ums Organisatorische kümmerte. Regelmäßige Prediger waren Štěpán

Pavlinec aus Bern, Josef Beneš aus Genf, Jiří Přeček, Jana Mikolášková, Bruder Jiří Král und während einiger Jahre Sváťa Karásek. Die „guten Geister" unter den Laien der Gemeinde vermag ich gar nicht alle aufzuzählen.
Die Hus-Gemeinde führt nicht nur Gottesdienste durch, sondern organisiert jedes Jahr um den 6. Juli eine Reise zum Gedenkstein für Jan Hus und Hieronymus von Prag in Konstanz. An dieser Fahrt nehmen Tschechen aus nah und fern teil, denn die Stimme von Jan Hus hat uns über die Konfessionsgrenzen hinweg verbunden. In der Hus-Gemeinde fanden auch außerordentliche Zusammenkünfte und kleinere Konferenzen zu aktuellen Fragen der kirchlichen und der zivilen Orientierung statt, oder man beschäftigte sich mit dem Erbe von Persönlichkeiten, die Pitter besonders nahe waren, wie Emanuel Rádl, Jaroslav Šimsa, J.L. Hromádka, J.B. Souček, Jan Patočka... Der Schauspieler und Schriftsteller Petr Lotar, ein weiterer Zeuge einer lebendigen Vergangenheit, war oft in der Hus-Gemeinde anzutreffen. Lotar war die Personifizierung des kulturellen Reichtums Prags und der typischen Pluralität seines Umfelds, das die Nazis zerschlagen und die Kommunisten unterdrückt haben: jüdischer Herkunft, deutsch erzogen, jedoch mit Tschechisch groß geworden, Schauspieler am Theater in Prag-Vinohrady, Autor bemerkenswerter autobiographischer Bücher, welche im Exil auf Deutsch und auf Tschechisch erschienen sind. Besoners erwähnenswert ist sein Buch „Eine Krähe war mit mir". Im geistigen und im kulturellen Sinne war er mit Přemysl und Olga und mit vielen von uns verwandt.
Die letzten Jahre war Přemysl von seiner schweren Krankheit und dem nahenden Tod gezeichnet. Ich habe ihn im Krankenhaus besucht. Wir sprachen über die Dinge in der Heimat, über die Zukunft der Hus-Gemeinde, aber auch über die letzten Dinge im Leben. Auf seinen Wunsch hin habe ich nach seinem Ableben den Trauergottesdienst gehalten. Die übervolle St.-Peterskirche in Zürich zeigte nicht nur, dass die Schwestern und Brüder aus der Gemeinde oder aus anderen Bereichen der Emigration an Pitter hingen, sondern dass er auch in der schweizerischen Öffentlichkeit ein angesehener Mann war. So hat ihn der Kanton Zürich mit dem Literaturpreis und die

Zürcher Universität mit dem Ehrendoktorat ausgezeichnet. Der Trauergottesdienst war zweisprachig. Aber die hoffnungsvolle Perspektive des Predigtextes aus Offenbarung 21,1–4 verband uns alle, d.h. die Vision, von der sich Přemysl ein Leben lang tragen ließ, die Vision eines Neuen Jerusalem, wo „der Tod nicht mehr sein wird".

Für Eliška und mich gab es auch andere, bescheidenere und privatere Orte, an denen wir uns heimisch fühlten. Besonderen „Stallgeruch" vermittelten uns unerwartete Begegnungen mit Freunden, mit denen wir in der Jugend und in der Studienzeit ein gemeinsames Stück Lebensweg geteilt hatten, sei es in Nové Město oder in der evangelischen Jugendgruppe von Prag-Vinohrady, vor allem mit dem Arzt Pavel Jerie, den wir zu unserer Freude in Basel wieder treffen durften. Auch in unserer neuen Heimat gelang es uns also, einen engeren Freundeskreis zu bilden, in welchem wir nicht nur nostalgisch schwärmen, sondern auch die Hoffnung nähren konnten, dass die Trennung von unserer Heimat nicht ewig währen würde.

Tschechische uns geistig nahe stehende Freunde hatten wir freilich nicht nur in, sondern auch außerhalb der Schweiz. Die „Amerikaner" unter ihnen habe ich bereits erwähnt. Auch in Europa lebten mit uns befreundete Tschechen, von denen ich stellvertretend zwei Familien erwähnen möchte. In Großbritannien boten uns Tony und Hannah Lane-Holeček einen Freundschaftsstützpunkt. Tony, heute ein angesehener Arzt, war der erste ausländische christliche Student, den ich 1945 auf einem Studentenkongress in Prag kennen gelernt hatte. Seit jener Zeit war ich in ständigem Kontakt mit ihm, d.h. jedes Mal wenn ich nach England reiste. Die Freundschaft vertiefte sich, als er Hannah Holečková, ein Mitglied des Akdamemischen CVJM, heiratete. Von nun an fühlte ich mich bei den Lanes wie zu Hause, später dehnte sich die Freundschaft auch auf unsere Kinder aus. Die zivile Besonnenheit und christliche Religiosität der Lanes habe ich stets geschätzt. In München lebte eine andere Hannah, mit deren Bruder Jan ich im Hus-Seminar zusammen gewohnt hatte. Hannah Šimková war eine hervorragende Cembalistin, geistig überaus feinfühlig, gleichzeitig jedoch ein tapferer Mensch, der sich mit vielen gesundheitlichen Problemen herumschlagen musste. Ihr christlicher Lebensstil hat sich auch auf ihren Mann, den Architekten Čestmír Šlapeta und ihre Tochter Monika übertragen. Ihre und unsere Familie haben sich mehrmals in Deutschland und in der Schweiz getroffen.

Unsere Schweizerinnen

Auch unter den Schweizern haben wir nahe Freunde gefunden. Stellvertretend für die anderen möchte ich zwei mit Namen nennen, nämlich Marlis Schlosser und Regula Gessler. Marlis haben wir aufgrund ihrer langjährigen Freundschaft zu Pfarrer Jan Lukáš und seiner Frau Věra kennen gelernt. Marlis übertrug ihre Sympathien zum Ehepaar Lukáš auch auf die Gemeinde Prag-Jarov, wo sie oft zu Besuch war und den anspruchsvollen und immer wieder gefährdeten Bau eines Gemeindehauses mit einem größeren Geldbetrag aus Basel unterstützte.
Dasselbe tat auch Regula. Nachdem sie, die Gymnasiallehrerin und spätere Konrektorin, mein Buch über den Marxismus gelesen hatte, bat sie mich in einem Brief um ein Gespräch. Dieses Gespräch fand bei uns zu Hause statt, und im Laufe der Zeit wurde sie sozusagen ein Mitglied unserer Familie. Sie lernte perfekt Tschechisch und war in den Jahren der Totalität eine zuverlässige Verbindungsfrau zur Kirche und zu unserer Familie in Böhmen. Schließlich nahm sie unbezahlten Urlaub, um ein Zusatzstudium in Prag aufzunehmen. Als Forschungsgegenstand hatte sie sich Comenius ausgewählt, über den ich bereits an der Basler Universität gelesen hatte. Regula hörte die meisten meiner theologischen und philosophischen Vorlesungen, was ihr als „Weiterbildung" angerechnet wurde.
Während ihres Prager Studienjahres konnte sie bei meiner Schwester und ihrem Mann, dem Pfarrer der Kliment-Gemeinde wohnen, wo sie auch Anschluss an die Gemeinde fand. Wie es damals in Prag üblich war, wurde ihr für das Studienjahr ein Fachberater zur Seite gestellt. Dieser fragte sie bei der ersten Begegnung nach ihren Interessen und sprach ei-

nen bemerkenswerten Satz aus, der nachher bei uns zur stehenden Redewendung wurde: „Das Wichtigste ist, dass Sie sich einen Plan machen.“ Daraufhin hat er sie ein Jahr lang in Ruhe gelassen, was Regula nur recht sein konnte, denn ihr Hauptinteresse galt dem tschechischen Leben unter der Totalität und insbesondere dem kirchlichen Leben. Beides hat sie gründlich kennen gelernt. Sie steht mit unserem Land und unserer Familie bis heute in engem Kontakt. Seit Eliška erkrankte, ist sie uns immer opferbereit zur Seite gestanden.

Wahlverwandtschaften

Neben dem Umgang mit Freunden und Bekannten war uns auch der politische Alltag in der Schweiz wichtig. Oft habe ich überlegt, was für mich – und zum Teil auch für meine tschechischen Freunde – in unserer Beziehung zur neuen Heimat besonders sei. Immer wieder fiel mir dabei das Wort „Wahlverwandtschaft“ ein. Unter diesem Stichwort habe ich im Auftrag der meisten tschechischen und slowakischen Vereine anlässlich der Feier „Dreißig Jahre Tschechen und Slowaken in der Schweiz“ 1998 vor Repräsentanten des politischen und öffentlichen Lebens in Bern referiert. Dabei dachte ich zunächst an die Wahlverwandtschaften, wie sie sich im Verlauf der Geschichte in der Beziehung der tschechischen Länder zur Schweiz entwickelt haben. Es hat mich schon immer bewegt, in alten Matrikeln der Universität Basel im 16. Jahrhundert über 160 Namen von Studierenden aus Böhmen und Mähren, meist aus den Reihen der Brüderunität, entziffern zu können. Die Universitäten Basel, Genf und auch Straßburg waren für sie offensichtlich die erste Wahl.
Und eine andere Wahlverwandtschaft neueren Datums: Es war kein Zufall, dass der Begründer der Tschechoslowakischen Republik, Professor T.G.Masaryk, seinen Unabhängigkeitskampf am 6. Juli 1915 in Genf, in der Salle de la Réformation, eröffnet hat. Sowohl das Datum – der 500. Todestag von Jan Hus – als auch der Ort Genf waren wegweisend. Das reformatorische Ringen von Hus war für Masaryk schon immer das Schlüsselereignis der tschechischen Geschichte. Und Genf,

die Stadt Calvins und Rousseaus, war ihm gerade im Vermächtnis dieser beiden sonst nicht gerade geistesverwandten Denker bedeutend: In beiden fand er trotz allen Differenzen Impulse in Richtung auf ein demokratisches Gestalten menschlichen Zusammenlebens.

Es war diese Wahlverwandtschaft, die nach der Niederschlagung des Prager Frühlings manche Exulanten ermutigte, Zuflucht und neue Heimat in der Schweiz zu suchen. Nach den bitteren Erfahrungen zweifachen Totalitarismus – des nazistischen und des kommunistischen – konnten wir gerade hier an das demokratische Erbe der ersten tschechoslowakischen Republik anknüpfen. Die meisten von uns wurden nicht enttäuscht, auch wenn sich recht bald zeigte, dass der helvetische Alltag nicht immer dem ursprünglichen Ideal der Eidgenossenschaft entsprach. Wie viele Abstimmungen zu Europa oder zur Mutterschaftsversicherung gingen seit meiner Einbürgerung verloren! Manchmal scheint es, als wolle der eine der beiden Grundgedanken der eidgenössischen Demokratie, nämlich die Neutralität, den anderen, die Solidarität, in den Hintergrund drängen.

Kurz nach 1968 erschien ein Sammelband mit tschechischen und slowakischen Beiträgen zu den Erlebnissen in und mit der Schweiz. Er trug den sprechenden Titel „Das kalte Paradies“. Man überhöre nicht das Hauptwort: Die neuen Verhältnisse erschienen uns im Vergleich zu unseren bisherigen politischen und persönlichen Möglichkeiten geradezu „paradiesisch“. Aber es gab auch Erfahrungen einer gewissen Kälte, nicht bloß in den meistens zwar fast perfekten, doch recht unpersönlich funktionierenden administrativen Abläufen, sondern auch in mitmenschlichen Beziehungen.

Doch das wesentliche Erbe der Eidgenossenschaft erwies sich trotz allem als lebendig. Das habe ich persönlich erfahren und auch öffentlich bezeugt, als etwa in der Schweizer Öffentlichkeit 1991 Stimmen hörbar wurden, dass die Chancen der Schweiz restlos aufgebraucht seien – „700 Jahre sind genug“. Dem widersprach ich aus Überzeugung. Der ursprüngliche Gedanke des – in nomine Domini – begründeten Staatswesens braucht zwar immer Erneuerung, soziale Erweiterung und

Vertiefung, mutiges Aufarbeiten auch der Schattenseiten seiner Geschichte und Gegenwart. Verbraucht ist er nicht.
Der Münsterpfarrer und Lektor für Homiletik an der Universität, Werner Reiser, stellte mir einmal die Frage, die ich ab und zu beantworten muss: „Sind Sie eigentlich in Ihrem Herzen Tscheche oder Schweizer?“ Ich halte diese Alternative für falsch. Selbstverständlich, unmissverständlich liegt meine „Wurzel“, die Quelle meiner physischen, kulturellen, geistigen Identität „im böhmischen Boden“. Doch die Schweiz hat mich zwiefellos authentisch mitgeprägt. Als bei meiner Ehrenpromotion im Prager Karolinum die beiden Staatshymnen intoniert wurden, die tschechische und die schweizerische, schlug mein Herz bei beiden Hymnen schneller. Nicht aus Sentimentalität, vielmehr als Zeichen und Bestätigung der „Wahlverwandtschaft“ im gemeinsamen europäischen Rahmen und Ziel.

Rektor der Basler Universität

Unerwartete Herausforderung

Noch war ich keine sieben Jahre in Basel, da sagte mir Max Geiger voraus, ich würde Rektor der Universität werden. Diesen „bedrohlichen" Ausspruch nahm ich nicht sonderlich ernst. Nicht im Traum wäre mir eingefallen, dass ich einmal dieses hohe Amt an der Universität übernehmen würde. Unsere theologische Fakultät war die kleinste, weshalb wir bei der Rektoratswahl seltener berücksichtigt wurden als größere Fakultäten. Der letzte theologische Rektor war Oscar Cullmann im Jahre 1968 gewesen. Und wenn erneut ein Theologe zum Rektor gewählt werden sollte, dann rechnete ich nicht damit, dass gerade ich für die Wahl in Betracht käme. Noch war ich nicht Schweizer Bürger und die tschechoslowakischen Behörden hatten mir hinterlistigerweise den Pass abgenommen, sodass ich ein sog. Ausländer ohne Papiere war. Zwar war ich in der Schweiz durch meine Professur geschützt, doch das Schweizer Bürgerrecht lag in weiter Ferne. Als Reisedokument diente mir der Ausländerausweis ohne staatliches Hoheitszeichen, der ausdrücklich besagte, dass der Inhaber dieses Ausweises kein Schweizer Bürgerrecht besitze, jedoch jederzeit in die Schweiz zurückkehren dürfe. Dieses Dokument bescherte mir besonders an außereuropäischen Grenzen mancherlei Schwierigkeiten, die jedoch nie unüberwindbar waren.

Ein Rektor mit Ausländerausweis schien mir ein Ding der Unmöglichkeit, so dass ich die Maxsche Prophezeiung möglichst schnell wieder vergaß. Doch nach ein paar Monaten schien es

wirklich ernst zu werden. Vor allem Eliška war durch die auf sie zukommenden repräsentativen Verpflichtungen beunruhigt. Damals bestand das Basler Rektorat aus einem Triumvirat des rector designatus, des rector magnificus und des prorector. Dieses Modell brachte drei Vertreter verschiedener Fakultäten an die Spitze der Universität, was den amtierenden Rektor in gewisser Weise entlastete und vor allem die Kommunikation zwischen den verschiedenen Fakultäten erleichterte. Der zurücktretende Prorektor pflegte gegen Ende seiner sechsjährigen Amtszeit den Kandidaten aufzusuchen, den die Vertreter der Fakultäten dem Senat der Universität zur Wahl vorschlagen wollten.
Ich erhielt also den Besuch des Romanisten und Prorektors Theodor Gossen, der gleich zur Sache kam, während ich immer noch nichts ahnte: das Rektorat und die Wahlkommission wünschten meine Kandidatur für das Amt des Rektors. Ich bat um Bedenkzeit, um mich auch mit meinen Kollegen beraten zu können. Ich fand es zwar gut, dass wieder ein Theologe Rektor werden sollte, hätte mir aber jemand anderes gewünscht. Doch Gossen unterbrach mich: Er habe sich mit einigen Kollegen von der Theologischen Fakultät, insbesondere mit Prof. Cullmann beraten. Dieser habe kategorisch erklärt: „Il n'y a qu'un". Ich war mir nicht so sicher, denn manche meiner Kollegen, die schon viel länger als ich in Basel wohnten und an der Universität lehrten, hätten dieses Amt gerne übernommen. Aber Cullmann konnte man schwer widerstehen, zumal alle drei Mitglieder des Rektorats seiner Meinung waren. So willigte ich nach einigen Tagen, als auch Eliška weniger Vorbehalte hatte, in die Kandidatur ein. Der Vorschlag ging an den Senat, in welchem nicht nur Dozenten aller Fakultäten, sondern auch Studenten vertreten waren. Dort wurde ich ohne Gegenstimme bei einer Enthaltung gewählt. Dies überraschte umso mehr, als in jenen Jahren immer noch Spannungen zwischen Professoren und studentischen Vertretern bestanden, sodass im Senat nur selten Einstimmigkeit herrschte. Dies wusste ich zu schätzen und ich bemühte mich, das Vertrauen der Studenten nicht zu enttäuschen.

Die Idee der Universität

Bei aller Unsicherheit hatte dieses höchste akademische Amt auch etwas Anziehendes, indem es mir die Möglichkeit bot, als Theologe die Idee der Universität zu leben. Diese Möglichkeit war an der Comenius-Fakultät in Prag nicht gegeben. Sie war aber auch dort anziehend und wir begrüßten es, unter unseren Hörern ab und zu jemanden aus einer anderen Fakultät auszumachen, was in den Sechzigerjahren für beide Seiten kaum noch ein Risiko darstellte. Und es gab Professoren wie Amedeo Molnár, die in breiteren akademischen Kreisen Respekt genossen und befristet in den Instituten der Akademie arbeiten konnten. Aber in der Regel befand sich ein Zaun zwischen uns und den anderen Fakultäten, an dem wir zwar ab und zu rüttelten, was diesem aber leider nichts anhaben konnte. Die klassische Idee der Universität muss dem Theologen vertraut sein. Sie meint eine Gemeinschaft von Suchenden, von Lehrern und Schülern, aber auch eine Gemeinschaft von Fakultäten, die zwar ihre spezifische wissenschaftliche Sendung, gleichzeitig jedoch eine gemeinsame, universale, universitäre Aufgabe haben, nämlich die Wahrheit zu suchen und diese bei aller Pluralität des Ansatzes als gemeinsames Ziel zu verfolgen. Daran hatte wohl Hans Joachim Iwand gedacht, als er mir erklärte: „Es ist herrlich, Universitätsprofessor zu sein." Damals in Bonn wusste ich nicht recht, was er eigentlich damit sagen wollte. Sicher nicht, dass man außerhalb der Universität keine Theologie betreiben könne. Immerhin hatte er die Erfahrung der Bekennenden Kirche hinter sich, als es soliden Theologen in einer Zeit der nazistischen Ideologisierung des gesamten öffentlichen Lehrbetriebs ratsam schien, sich auf kirchliche Hochschulen zurückzuziehen. Die Heimat der Theologie ist zweifellos in erster Linie die Kirche. Warum sprach also Iwand von der Herrlichkeit der Universität? Erst aufgrund meiner Basler Erfahrungen konnte ich ihn verstehen. Welche Möglichkeit, aber auch welch Privileg war es, eine theologische Existenz zu leben, biblisch verankert, ohne die uns anvertraute Sache zu verwässern oder sie zu adaptieren – eben nicht im abgeschlossen Ghetto, sondern auf dem Areopag der

Wissenschaften im Kontakt mit den Kolleginnen und Kollegen anderer Disziplinen und anderer Ausrichtungen.
In Basel war die klassische Idee der Universität noch lebendig und trotz der überhand nehmenden Spezialisierung auch praktikabel. Jeden Tag erblickte ich das in die Außenwand des Uni-Hauptgebäudes gemeißelte Zitat aus der Gründungsbulle von Papst Pius II. Den Tschechen ist dieser Papst als Aeneas Silvius Piccolomini und Autor der „Böhmischen Chronik“ bekannt. Er hat den tschechischen Hussiten zwar Bibelfestigkeit attestiert, sonst aber kein gutes Haar an ihnen gelassen. Oft habe ich in Basel den Satz Piccolominis zitiert, die hussitischen Frauen hätten bessere Bibelkenntnisse als mancher römische Priester. Der besagte Satz aus der lateinisch abgefassten Gründungsbulle lautet folgendermaßen: „Der sterbliche Mensch ist aufgrund einer Gabe Gottes dazu befähigt, durch beharrliches Studium die Perle des Wissens zu erlangen, die ihn zur Erkenntnis des Geheimnisses der Welt führt, und dazu, diejenigen, die von niedrigster Herkunft sind, in höhere Stellungen zu befördern.“ Dieser Satz bedeutet mir bis heute viel, da er auf eine Wissenschaft, auf die Perle der Erkenntnis verweist, die für den Menschen keine Selbstverständlichkeit ist, sondern eine Gottesgabe. Gleichzeitig hat er eine soziale Note, indem er eine Hoffnung für Menschen ohne gesellschaftliche Privilegien formuliert. Hier ist gleich bei der Gründung der Basler Universität im Jahre 1460, also 112 Jahre nach der Gründung der Prager Karlsuniversität, der Gedanke der universitas festgehalten worden, der bis heute für unsere Hochschule die raison d'être ausmacht.
Das symbolträchtige Rektoratssiegel der Basler Universität ist mir ebenfalls ans Herz gewachsen. Es ist etwas jüngeren Datums und trägt bereits Spuren reformatorischen Denkens. Auf ihm ist eine Hand abgebildet, offensichtlich ist es eine die Gabe Gottes austeilende Hand, welche von oben her einen Schild hält, auf welchem die vier Tugenden Frömmigkeit, Gerechtigkeit, Nüchternheit und Weisheit nebeneinander stehen. Diesen sind die vier klassischen Fakultäten der Theologie, der Jurisprudenz, der Medizin und der Philosophie zugeordnet, aber nicht so, dass zu jeder Fakultät eine andere Tugend ge-

hören würde. Sie alle sind von jener Hand von oben gehalten, welche alle verpflichtet. Auch ein Theologe soll nüchtern sein und ein Jurist fromm... Gleich in meiner ersten Ansprache als Rektor und dann immer wieder habe ich den Bürgern der Universität dieses aktuelle Erbe der Anfänge ans Herz gelegt. Über die klassische Idee der Universität habe ich dann auch bei anderen Gelegenheiten referiert, z.B. gegen Ende meines Rektorats vor der Europäischen Rektorenkonferenz 1984 in Athen oder am Internationalen Symposion zum 650. Jahrestag der Gründung der Karlsuniversität 1998 in Prag.

Kontrast der realen Verhältnisse

Die Idee an sich ist faszinierend, doch die Realität gestaltet sich beim heutigen Lehrbetrieb schon schwieriger. Davon hat Karl Jaspers bereits am 500. Jahrestag der Gründung der Basler Universität gesprochen. Er brach der klassischen Idee eine Lanze, ohne die Gefahren und die Misere der Zeit zu verbergen: „Die Wissenschaften sind zerfallen in Bereiche, die voneinander kaum Kenntnis nehmen. Die Universität ist ein Aggregat von Fachschulen spezialistischer Ausbildungen. Sie ist ein Warenhaus, in dem jeweils die für bestimmte Zwecke begehrten Kenntnisse zu erhalten sind. Hinter der organisatorischen Ordnung versteckt sich die Anarchie des Geistes. Die Glaubensgrundlagen sind verschwunden oder werden nicht eingestanden.“ Als ich mich später in Basel intensiver mit Comenius befasste, fand ich in Auseinandersetzung mit divergierenden Tendenzen der Neuzeit in seinem „Prodromus Pansophiae“ ähnliche, ironische Sätze: „Nur für sich singen die Metaphysiker ihre Lieder, sich selber klatschen die Physiker Beifall, für sich tanzen Astronomen ihre Reigen, für sich formulieren die Ethikfachleute ihre Gesetze, für sich denken sich die Politiker ihre Anordnungen aus, für sich triumphieren die Mathematiker, ihr eigenes Regiment führen die Theologen.“ In diesem „für sich“ wird die Idee und Realität der Universität obsolet und beginnt für mich der wenn auch sehr rudimentäre Ansatzpunkt zu ihrer Verteidigung.
Zu Beginn meines zweiten Rektoratsjahres beriefen meine bei-

den Kollegen und ich einen „Konvent“ aller Dozenten, an dem es nicht nur um akademische Fragen ging, sondern um die von politischen Kreisen initiierten Sparmaßnahmen, mit denen die Universität wie in anderen Ländern auch zu tun hatte. Diesem Druck musste man sich stellen. Ich wollte jedoch noch weiter blicken, z.B. ob die Idee der Universität für uns noch richtunggebend war und was zu tun war, falls dem so war. Nach diesem von der Mehrheit der Dozenten besuchten Konvent unternahmen wir erste Schritte, um die Kommunikationsmöglichkeiten zwischen Studenten und Professoren zu verbessern. Einer meiner ersten Artikel einer ganzen Serie für die Universitätszeitschrift trug den Titel: „Kalt wie Eis?“ So lautete jedenfalls ein an die Außenwand der Universität gespraytes graffito. Die Mauern der Universität zu besprayen ist Vandalismus, doch der Spruch konnte als Aufschrei verstanden werden, den ich nicht ignorieren wollte. Und so öffnete ich die Tür zum vornehmen Rektoratszimmer, um mich mit verschiedensten studentischen Gruppen zu treffen, ich besuchte sie aber auch in den Wohnheimen, oder, wenn die Studenten dies wünschten, traf ich mich mit kleineren Gruppen in einer Kneipe. Das waren erste Schritte, aber die Atmosphäre wandelte sich allmählich, nach und nach schlossen sich weitere Professoren und auch Mitarbeiter der Administration an. Ganz umsonst waren meine Bemühungen offenbar nicht, denn am Ende meiner zweiten Amtsperiode fand die studentische Zeitschrift „Semainier“, die sich sonst durch heftige Proteste gegen die Autoritäten auszeichnete, Worte zurückhaltender Anerkennung für die Arbeit des Rektors. Für mich zählte das mehr als manche akademische Anerkennung. Hier ein Zitat aus jener Studentenzeitschrift: „Die Redaktion dankt dem Rektor Lochman für außerordentliche Gesprächsbereitschaft, so wie er sie im Verlauf seines Rektorats gepflegt hat. Professor Lochman konnte die legitime Kälte universitärer Forderungen durch menschliche Wärme ausgleichen.“

Rückblickend scheine ich mit den Studenten weniger Konflikte gehabt zu haben als mit einigen Professoren. Es gab Fakultäten, die besonders konfliktanfällig waren, z.B. die Psychologen, von denen man es aufgrund ihrer beruflichen Tätigkeit am wenigsten erwartet hätte. Hahnenkämpfe zwischen Fachkollegen fanden statt, die kaum zu schlichten waren. Manchmal brachte uns auch der Staat in eine unangenehme Situation, indem er entgegen dem Vorschlag der Universitätsorgane jemanden zum Professor ernannte, den weder die Fakultät noch die Studenten noch das Professorenkollegium haben wollte. Ein Sturm der Entrüstung war die Folge. Die Entscheidung der Regierung war unumstößlich, doch für die Zukunft erreichten wir immerhin ein gentlemen's agreement, demzufolge die Erziehungsdirektion (= Kultusministerium) keinen Kandidaten mehr zum Professor ernennen würde, der nicht auf der von der Fakultät eingereichten Dreierliste gestanden hatte. Solche Konflikte konnten damit unterbunden werden und die Universität genießt heute bei der Ernennung von Professoren weitgehende Autonomie.

Manche Krisen machten die Solidarität aller erforderlich. Eine dieser Krisen ist mir unvergesslich. An der medizinischen Fakultät tauchten plötzlich antisemitische Flugblätter auf. Es war Samstag und an der Universität nur reduzierter Betrieb, aber man musste sofort eingreifen. Innerhalb einer Stunde trommelte ich sämtliche Dekane zusammen, die alle erschienen. Wir berieten, was zu tun sei. Ich verhandelte auch mit einer Delegation jüdischer Professoren und Studenten und versicherte ihnen, dass der Ungeist des Antisemitismus an der Universität keinen Platz und hoffentlich auch keine Chance habe. Am Abend desselben Tages war ich an eine Feier der medizinischen Fakultät eingeladen. Neue Flugblätter kündigten an, dass der Festsaal in die Luft gesprengt werde. Die Einschaltung der Polizei war unumgänglich. Es war ein komisches Gefühl, zusammen mit meiner Frau einen Ball mit auffällig unauffälliger Polizeipräsenz zu besuchen. Nicht hinzugehen wäre einer Kapitulation gleichgekommen. Der Abend verlief ruhig.

Mir war daran gelegen, auch mit protestierenden Studenten ins Gespräch zu kommen. Am folgenden Montag fand eine Protestversammlung statt, an welcher ich über meine immer noch lebendigen Erfahrungen des Verderbnisses des Antisemitismus berichtete, als während der deutschen Okkupation ein jüdischer Mitschüler nach dem anderen unsere Schule verlassen musste. Ich erwähnte auch, dass der Antisemitismus ein feiger Angriff auf die Solidarität der Universität sei, den diese solidarisch abwehren müsse. Die Versammlung mündete in einen Augenblick tiefer Solidarität, die uns einander näher brachte.

Diese betrübliche Angelegenheit klärte sich schließlich auf. Als Autor der Flugblätter wurde ein jüdischer Student ermittelt, der als Mitglied der Delegation jüdischer Angehöriger der Universität mit mir verhandelt hatte. Ein hervorragender Student, aber offensichtlich psychisch gestört. Ich fand es äußerst betrüblich, doch die Erinnerung daran, dass man sich in kritischen Augenblicken auf die weitreichende Solidarität aller verlassen kann, übertönte dieses ungute Gefühl. Damit hatte sich die Idee der Universität in der Realität bewährt.

Diese Idee fordert nicht nur Konsequenzen, solange es nur um die Kommunikation der Angehörigen der Universität geht. Sie muss auch Konsequenzen für die Organisation der universitären wissenschaftlichen Arbeit und Erziehung haben. Die fortschreitende Spezialisierung der Wissenschaften ist unaufhaltsam, weil Erkenntnisprozesse und wissenschaftlicher Fortschritt z. T. auf diese Weise weitergehen. Was jedoch abzulehnen ist, ist der Selbstzweck einzelner Fakultäten und Fachbereiche, den schon Comenius gebrandmarkt hat. Positiv formuliert heißt das, dass die Bereitschaft zur Kommunikation über die Disziplingrenzen hinweg wünschenswert ist. Hier fand meine Tätigkeit als Rektor einen Schwerpunkt, welcher bereits von meinen Vorgängern durch interdisziplinäre Versuche gefördert worden war und jetzt gestützt und intensiviert werden musste.

Es gab interdisziplinäre Vorlesungsreihen über elementare Themen der conditio humana und der menschlichen Verantwortung. Die Basler Psychiater Gaetano Benedetti und Raymond Battegay, später auch Udo Rauchfleisch initiierten und organisierten sie und luden mich regelmäßig als Referenten ein. Diese Begegnungen mit Psychiatern waren für mich wichtig, weil sie mir halfen, einige aus dem Osten mitgebrachte Vorurteile gegen ihre Wissenschaft abzubauen, die vom Missbrauch der Psychiatrie in sowjetischen Dissidentenprozessen oder von Kontakten mit dogmatisch verhärteten Vertretern marxistischer oder auch freudianischer Prägung dieser Zunft herrührten. In Basel traf ich Ärzte von tief humanem Pathos und überzeugte Verteidiger einer interdisziplinär orientierten „Idee der Universität".

Einen neuen, breiter angelegten Versuch zur Realisierung des interdisziplinären universitären Programms hat einer meiner Nachfolger im Rektorat, der im „Biozentrum" tätige Professor Werner Arber erfolgreich unternommen. Unter seiner Leitung riefen wir die Fakultäten dazu auf, in ihrem Stundenplan zwei Stunden am Dienstagnachmittag frei zu halten, damit die Studenten vom recht bunten Angebot interdisziplinärer Veranstaltungen Gebrauch machen konnten. Die Aktion lief sehr gut an, das Interesse war groß, die Kollegen verschiedener Fakultäten kamen zusammen und diskutierten aktuelle ethische Fragen. Mit der Zeit ließ das Interesse jedoch nach. Später wurde ein interdisziplinär ausgerichtetes Programm mit eigener Struktur unter dem Titel „Mensch, Gesellschaft, Umwelt" ins Leben gerufen, das sich vor allem mit Umweltfragen beschäftigte, die in Basel mit seiner immensen Konzentration an chemischer und pharmazeutischer Industrie besonders aktuell sind.

Vor den Augen der Öffentlichkeit

Der andere Hauptpunkt meiner Rektoratstätigkeit war neben der Sorge um das Leben innerhalb der Universität die Öffentlichkeitsarbeit. Die Basler Universität war während Jahrhunderten eine führende Institution des bürgerlichen Lebens in der Stadt, in gewissem Sinne die Wächterin ihrer Identität, was offensichtlich mit ihrer Entstehung zu tun hatte. Gegründet wurde sie am Ende des Mittelalters durch eine päpstliche Bulle, die aber nicht einfach dem Willen von Papst Pius II. entsprang, sondern von den Bürgern der Stadt mit Nachdruck gefordert wurde. In Basel hatte kurz zuvor das Konzil der westlichen Christenheit getagt, das für die tschechische Geschichte von besonderer Bedeutung ist. Dieses Konzil ver-

handelte nämlich während dreier Monate mit einer großen hussitischen Delegation über die Anerkennung der sog. „Vier Prager Artikel“: Freie Verkündigung des Wortes Gottes; Austeilung des Abendmahls in beiderlei Gestalt, also mit dem Kelch; Rückkehr vor allem der Priester zu einem apostolischen Lebensstil; Bestrafung aller öffentlichen Sünden ohne Rücksicht auf die Vorrechte privilegierter Schichten. Bewundernswerterweise haben sich die Hussiten unterschiedlicher Ausrichtung für die Verteidigung dieser Artikel zu einem gemeinsamen Auftreten unter der Führung von Prokop Holý einigen können. Die Auftritte von Jan Rokycana, Ondřej von Znojmo, Petr Engliš und Bischof Mikuláš waren würdevoll. Das Konzil stimmte jedoch nur teilweise zu und der als „Basler Kompaktaten“ erzielte Kompromiss wurde später in das Böhmische Landesgesetz integriert.
Sekretär des Konzils war der junge Aeneas Silvius Piccolomini, dem es in Basel gefiel. Die Basler können auf seinen anerkennenden Satz stolz sein: „Basel ist das Zentrum der Christenheit, wenigstens ist es diesem Zentrum sehr nahe.“
Nach der Wahl Piccolominis zum Papst machten sich die Oberen den Ruf ihrer Stadt zu Nutze und forderten das päpstliche Privileg ein, in ihren Mauern eine Universität zu gründen und jährlich eine Handelsmesse abzuhalten. Beides existiert bis heute; die Universität und, neben der Verbrauchermesse im Frühjahr, die Herbstmesse mit Jahrmarktcharakter, die z. T. direkt vor dem Universitätsgebäude stattfindet. Die Universität geht also auf eine Bürgerinitiative zurück und diese Verbindung von Hochschule und ihrem bürgerlichen Hintergrund ist bis heute lebendig. Deshalb muss gerade der Rektor darum besorgt sein, dass die Bande zwischen der Universität und der Stadt nicht gelockert werden. Seitens der Stadt gilt der Rektor als einer ihrer bedeutendsten Vertreter, dem bei Staatsbesuchen ein Spitzenplatz zusteht. So konnte ich dem französischen Staatspräsidenten Mitterand und Richard von Weizsäkker begegnen.
So hatte ich im Laufe der Jahre mit verschiedensten, von mir früher unbeachteten Institutionen der Stadt zu tun. Bis heute spielen die Zünfte in Basel eine bedeutende Rolle, nicht so-

sehr als Wahrerinnen bestimmter beruflicher Interessen, sondern als „Bruderschaften“ von Leuten, die sich ihrer Verpflichtung gegenüber den Traditionen ihrer Stadt bewusst sind. Zu diesem Zweck halten sie einmal im Jahr ein Ehrenmal ab, zu dem oftmals der Rektor als Ehrengast und Redner eingeladen wird. In solchen Reden war ich nicht nur um Festlichkeit bemüht, sondern wies auf die Möglichkeiten bürgerlicher Vereinigungen hin. Allerdings besteht die Gefahr, dass diese sich auf lokale Interessen fixieren und wenig Interesse an allgemeinen Problemen haben, die die Welt bewegen. Dass ich aus der Fremde kam, war zu meiner Überraschung kein Hindernis, im Gegenteil, es garantierte eine gewisse Aufmerksamkeit und Bereitschaft zum Zuhören. Einmal spielte bei einem solchen Festakt eine Fanfare die Melodie des hussitischen Chorals „Die ihr seid die Streiter Gottes“.
Die Basler Öffentlichkeit besteht jedoch nicht nur aus den elitären Zünften. Es gibt auch Gewerkschaften, denen ich aufgrund meiner Sozialethik nahe stand und deren Tagungen ich gelegentlich besuchte. Auch mit den Umweltschützern fühlte ich mich solidarisch, besonders nach der Katastrophe vom 1. November 1986, als in Schweizerhalle bei Basel Unmengen hochgiftigen Löschwassers in den Rhein flossen. Die ganze Öffentlichkeit protestierte damals und war fortan für die Risiken der chemischen Industrie stärker sensibilisiert. Auch die Synode der Basler Kirche nahm zu diesen Fragen aufgrund meiner Initiative Stellung.
Zur universalen Dimension der Universität gehört sekundär auch die Bereitschaft ihrer Glieder, nicht nur die studentischen Jugend, sondern auch die Bürgerinnen und Bürger der Stadt an ihrer Forschung teilhaben zu lassen. Gerade eine Universität wie diejenige in Basel, welche von Anfang an aufs engste mit der Stadt verbunden war, ist in dieser Hinsicht gefordert. Deshalb begründeten meine Vorgänger im Amt, insbesondere der Physiker Christoph Tamm, die Seniorenuniversität, an welcher ich jahrzehntelang las. Vertreter aller Fakultäten wurden eingeladen, einige ihrer besonders aktuellen Forschungsschwerpunkte einer breiten Öffentlichkeit von älteren Mitbürgern auf verständliche Weise zu vermitteln. Das zunächst nur

bescheiden geplante Experiment erwies sich als über alle Erwartungen attraktiv. Die große Aula war von Anfang an und bis heute jeweils voll besetzt, sodass die Vorlesungen doppelt geführt werden mussten. Es handelte sich um eine doppelstündige Veranstaltung, in deren zweiten Hälfte der Vortragende die durch die Vorlesung aufgeworfenen Fragen beantwortete. Ich schätzte diese Möglichkeit, ein sehr gemischtes, aber gerade auch an theologischen Problemen erstaunlich interessiertes Publikum anzusprechen und durch dessen Fragen manch wichtige Anstöße zu erhalten. So gehörte die Institution der Seniorenuniversität, die der ganzen Universität in der Stadt viel Goodwill einbrachte, zu den besonders geschätzten Erfahrungen meines akademischen Lebens.

Rektoratsreden

Der in Bezug auf die Stadt und die anderen Hochschulen in nah und fern wichtigste Tag der Universität ist der dies academicus, der Geburtstag der Universität, der seit langem immer am letzten Freitag im November gefeiert wird. An diesem Tag fallen die Vorlesungen aus. Professoren in Talaren und Vertreter von Studentenverbindungen begeben sich in einem Umzug zur großen St. Martinskirche, um dort der Stadt und einer breiteren Schweizer Öffentlichkeit ihr Schaffen vorzustellen. Für den feierlichen musikalischen Rahmen sorgte während 60 Jahren der kürzlich verstorbene Dirigent und Mäzen Paul Sacher, einer der reichsten Männer Europas. Dieser kam beispielhaft dem Wunsch des Rektors entgegen, welcher sich zweimal etwas Tschechisches wünschte. So erklangen die herrlichen Fanfaren von Vejvanovský und Kompositionen von Jan Dismas Zelenka.
An der feierlichen Veranstaltung werden Ehrendoktorate verliehen und hervorragende Wissenschaftler und Studenten ausgezeichnet. Während meines Rektorats hatte ich einen gewissen Einfluss auf die Auswahl der Kandidaten, wovon ich zweimal Gebrauch machte. An einem meiner dies academici wurde der deutsche Jurist und Kenner der Theologie, Helmut Simon, mit dem doctor honoris causa der Theologie ausgezeich-

Rede des Rektors am Dies academicus 1982 im Basler Münster

net. Simon, damals Mitglied des Bundesverfassungsgerichtes in Karlsruhe, hatte als Angehöriger der „Rheinischen Bruderschaft" Bahn brechende Kontakte mit den tschechischen Kirchen geknüpft. 1982 erhielt unsere tapfere, christlich motivierte Menschenrechtlerin Božena Komárková in absentia den Ehrendoktor. Die Geehrte konnte aus politischen wie auch persönlichen Gründen nicht nach Basel kommen, obgleich sie die Ehrung offensichtlich freute. Die Ehrendoktorurkunde überreichte ihr am Vorabend ihres 80. Geburtstages mein Adjunkt und Kanzler der Universität Dr. Adrien Veillon.

Zurück zum dies academicus: Im Zentrum des Geschehens steht die Rede des Rektors. Diese Aufgabe ist nicht leicht. Vor einer tausendköpfigen Zuhörerschaft und den zahlreich vertretenen Medien muss er ein grundlegendes Thema aus seinem Fachgebiet abhandeln, jedoch auch die Hörer aus anderen Fakultäten ansprechen. Als im November 1981 die erste Rede am dies academicus bevorstand, musste ich um die Themenformulierung ringen. Nach vielen Jahren war wieder einmal ein Theologe an der Reihe, der aus dem geistigen Erbe der tschechischen Reformation stammte, das im Ausland wenig bekannt war. Wo konnte ich ein Thema finden, das sowohl eine grundlegende theologische Frage behandelte als auch für eine breitere kulturelle oder akademische Öffentlichkeit relevant war? Schließlich entschied ich mich für „Wahrheitseifer und Toleranz". Mehrere Gründe haben mich zu dieser Wahl bewogen.

Die Frage der Wahrheit und der Toleranz sind für das Leben der Universität grundlegend, wie ich es im Abschnitt über die „Idee der Universität" bereits ausgeführt habe. Die klassische Universität sucht im Zusammenleben von Magistern und Scholaren die Einheit in der Vielfalt der Wege. Gerade in diesem Kontext sind Wahrheit und Toleranz Leben spendende Elemente.

Ebenso sind sie es für eine gesunde Atmosphäre in Kirche und Gesellschaft, was ebenfalls für meine Wahl sprach. Meine tschechische und ökumenische Erfahrung haben mich gelehrt, dass es ein Feuer für die Wahrheit gibt, das die Toleranz verletzt und vernichtet. Wie oft haben wir in der Geschichte und in der Gegenwart erlebt, dass selbsternannte fanatische Eiferer für die Wahrheit die Grundlagen des menschlichen Zusammenlebens unterminieren und zerstören! Wir kennen die unheilige „heilige Begeisterung", die ihre Wahrheit koste es was es wolle durchsetzt, den ausschließlichen und ausschließenden „Eifer ohne Erkenntnis" (Röm 10,2), dem nicht nur atheistische Ideologen, sondern manchmal auch Theologen erlegen sind, obwohl die Bibel stets von Eifer und Erkenntnis spricht. Andererseits gibt es auch eine Duldsamkeit, die durch Resignation in Fragen der Wahrheit erkauft ist, eine menschliche Verhaltensweise, die sich diejenigen angeeignet haben, die nichts wirklich glauben und denen es daher leicht fällt, tolerant zu sein. Auch dafür gibt es in der Geschichte viele Beispiele aus Kreisen der Skeptiker und Nihilisten. In unserer Zeit sind es die Launen einer extremen, grundsätzlich zweifelnden Postmoderne.

Auf diesem historischen und zeitgenössischen Terrain versuchte ich die richtungweisende Bedeutung der neutestamentlichen Perspektive der Wahrheit und Toleranz aufzuzeigen. Sie ist letztendlich mit der Person Jesu Christi verbunden. Das ganze neue Testament weist auf ihn als Quelle der Wahrheit hin: „Es ist in keinem anderen das Heil" (Apg 4,12). Aber gerade diese Konzentration auf Christus kann nicht anders verstanden werden denn als Nachfolge auf dem Weg seiner Liebe sowie in Offenheit und Verständnis für die Menschen anderer Ausrichtung und anderer Weltanschauung. Die Apostolische Missionsstrategie führte inmitten der permissiven Atmosphäre der hellenistischen Zeit zu einem entschiedenen Bekenntnis zu Christus, doch auf dem Areopag der Welt in seinem Namen zugleich zur Bereitschaft, das Denken der Menschen zu respektieren, den Ausgleich mit ihnen zu suchen, sie ernst zu nehmen, mit ihnen solidarisch zu sein. In Abwandlung des bekannten Satzes von Kant: „Wahrheitseifer ohne Toleranz ist blind; Toleranz ohne Eifer ist leer." Unsere akademische Kultur kann nur gewinnen, wenn sie vor falschen Alternativen warnt!

Die Rede verhallte nicht ungehört. Die Zeitungen berichteten darüber und vor allem das Radio brachte einen einfühlsamen Kommentar des bekannten Schweizer Journalisten Oskar Reck. Doch die akademische Rede in der Martinskirche ist nicht alles, was man punkto Reden von einem Rektor erwartet. Eine zweite, völlig anders ausgerichtete, ist am Festessen mit den Vertretern von Regierung, Parlament, Kultur, Industrie und Kirche angesagt. Diese Rede soll spontan und humorvoll sein. Anfänglich nahm mich die Vorbereitung dieser Rede in Beschlag, doch später machten mir solche Aufgaben Spaß, vom Predigen her hatte ich ja schon eine gewisse Übung. Ich musste mich nicht sklavisch an meine vorbereiteten Notizen halten, wie es einige meiner Kollegen praktizierten, und das kam an.

Vir magnificus vor dem Basler Münster

Meine zweite Rektoratsrede befasste sich mit dem Thema „Im

Namen Gottes des Allmächtigen". Mit diesen Worten beginnt seit alters her die Schweizerische Verfassung, ursprünglich in der einfachen Form des in nomine domini des Ewigen Bundes der Eidgenossenschaft vom 1. August 1291. Als ich an meiner Rede arbeitete, war gerade eine gesamtstaatliche Debatte über eine Verfassungsreform im Gange. Einzelne Stimmen sprachen sich dafür aus, die Anrufung Gottes aus der Präambel der Verfassung einer säkularisierten Schweizerischen Gesellschaft zu streichen. Unterschiedlichste Gruppen von Bürgern, auch die Angehörigen der Hochschulen, diskutierten über die Verfassung. In Basel führten wir ein interdisziplinäres Seminar durch, indem wir Gruppen einluden, die sich mit einzelnen Paragraphen des Verfassungsentwurfs intensiv auseinander gesetzt hatten. Juristischen Kollegen, Politologen und mir fiel die Aufgabe zu, sich mit der einleitenden Formulierung der Verfassungsziele und dem Einleitungssatz der Präambel zu befassen. Es gab lebhafte Diskussionen. Bei einer konsultativen Abstimmung sprach sich eine deutliche Mehrheit für die Beibehaltung der Einleitungsformel aus.

Meine Rektoratsrede setzte sich mit diesem Problem detailliert auseinander. Ich empfand keine Notwendigkeit zur Beibehaltung der althergebrachten Formel. Die Verfassung eines demokratischen Staates kann darauf verzichten. Doch ich versuchte aufzuzeigen, dass einiges für die Beibehaltung dieser Formel spricht, nicht nur um der historischen Kontinuität willen, sondern aus grundsätzlichen Überlegungen. Darauf folgte eine Reflexion über die Bedeutung des Gottesnamens in der politischen Realität. Er stellt keine magische Formel dar, keine bevormundende Verkirchlichung entfremdeter Bürger, sondern den Versuch, die politische Realität in einen breiteren, die ganze Menschheit umfassenden universellen Horizont zu stellen. Politischen Ansprüchen sind von hier aus Grenzen gesetzt, sie sind nicht die letzten Autoritäten. Wir sind einer Ordnung Rechenschaft schuldig, die über den politischen Bereich hinausgeht. Ein solcher Hinweis gleich zu Beginn der Verfassung birgt ein demokratisierendes Potential in sich. Dabei ist der jüdisch-christliche Hintergrund der göttlichen Wirklichkeit kein amorphes Ornament, sondern Gott steht für

die Sache der Befreiung seines Volkes durch den Auszug aus Ägypten im Alten Testament und ist in der Gestalt Christi ein Aufruf zur Solidarität mit denen, die auf irgendeine Weise marginalisiert werden. Er lenkt die Aufmerksamkeit einer Gesellschaft, die auf einem solchen Fundament errichtet ist, auf soziale Defizite und Herausforderungen. Darauf legt die Präambel in ihren weiteren Formulierungen wert, die der Schriftsteller Adolf Muschg im Vorbereitungsprozess mit bemerkenswerten Akzentuierungen erarbeitet hat: Die Schweizer Bürger geben sich ihre Verfassung „im Willen, den Bund der Eidgenossen zu erneuern; gewiss, dass frei nur bleibt, wer seine Freiheit gebraucht, und dass die Stärke des Volkes sich misst am Wohl der Schwachen; eingedenk der Grenzen aller staatlicher Macht und der Pflicht, mitzuwirken am Frieden der Welt…" Die Präambel und die Mementa wurden in leicht abgeänderter Form in die definitive Form der Verfassung vom 18. Dezember 1998 aufgenommen, wobei ein von unserem Seminar und unseren Studenten angemahnter Zusatz darauf hinweist, dass die Lebensbedingungen künftiger Generationen, also die ökologische Verantwortung des Staates mit einbezogen werden müssen.
Die Wirkung der Rede wurde noch dadurch verstärkt, dass ich sie aufgrund von Renovierungsarbeiten in der Martinskirche im Münster vor mehr als tausend Zuhörern halten konnte. Das gedruckte Redemanuskript war schnell vergriffen, die Basler Nationalrätin Gertrud Spiess kaufte über 100 Exemplare für ihre Ratskollegen.
Mit Bundes- und Nationalräten hatte ich während meines Rektorats immer wieder zu tun – nicht nur offiziell in Bern oder Basel, sondern einmal auch in einem eher intimen Rahmen. Wenn das Parlament tagt, finden im Bundeshaus einmal pro Woche Morgenandachten statt. Einmal lud mich der zuständige Pfarrer zu einer solchen Andacht ein, die für mich ein unvergessliches Erlebnis wurde. Da die Sitzungen jeweils um acht Uhr morgens beginnen, mussten diejenigen, die an der Andacht interessiert waren, bereits um 7.15 Uhr zugegen sein. Ich erwartete eine kleine Schar, doch es kamen 40 Personen, unter ihnen vier Bundesräte (Minister) der siebenköpfigen Re-

gierung. Mit den besonders interessierten Bundesräten Furgler und Ritschard nahm ich nachher noch schnell ein Frühstück ein und nutzte die Gelegenheit, mich mit Erfolg für die Einreise einer in Prag verfolgten Familie nach Basel einzusetzen. Auch auf kantonaler Ebene wurde ich zu Kurzgottesdiensten vor den Eröffnungssitzungen der Parlamente eingeladen, sowohl vom Grossen Rat in Basel wie auch vom Landrat in Liestal. In Basel habe ich die Widmung des Jesaja-Kommentars des Reformators Johannes Oekolampad an den Rat der Stadt zur Grundlage gewählt: „So soll die Stadt Basel (Basilea) ihren Namen haben von keinem anderen König (Basileus), denn keinem anderen ist sie untertan, sondern von Jesus Christus soll sie wahrhaftig heißen, die Stadt des großen Königs, dem alle Ehre sei“. Das ist kein schwärmerisch-christokratisches Programm – Oekolampad weiß, wovon er spricht: von Basel, der Stadt mit menschlich-allzumenschlichen politischen Verhältnissen, nicht von einem himmlischen Jerusalem. Aber er nimmt die Stadt beim Wort: Basilea – eine königliche Stadt, allerdings in einem bestimmten Sinnne: nur dem „großen König“ keinem irdischen König, keinem irdischen Reich untertan.

Oekolampad schreibt diese Worte 1525, nach dem 1501 erfolgten Beitritt Basels zur Eidgenossenschaft. Basel ist eine Stadt mit freiheitlichem Erbe, doch dieses Erbe verpflichtet, die Freiheit ist nicht bloß selbstbezogen und um eigene Vorteile kreisend, sondern, wie es der Hinweis auf den großen König Jesus Christus impliziert, in seinem Geiste solidarisch, mitmenschlich und mitgeschöpflich. Das hat ein Basler Theologe, und nicht nur er, auch heute in Erinnerung zu rufen.

Eröffnung von Kongressen

Die programmatischen Reden am dies academicus waren bei weitem nicht die einzigen Reden, die ich als Rektor halten musste. Es gab unzählige andere akademische und gesellschaftliche Anlässe dazu. Ich gebe lediglich einige Beispiele aus dem akademischen Umfeld. In Basel finden zahlreiche Fachkongresse statt. Ich möchte den internationalen Kongress erwähnen, den wir zusammen mit der Heidelberger Universität zur Feier der 100. Wiederkehr des Geburtstages von Karl Jaspers veranstalteten. Zuvor hatten wir auch einen Kongress zum 100. Geburtstag von Karl Barth abgehalten, an dem ich über seine solidarische Beziehung zu Osteuropa referierte. Das Jaspers-Symposion eröffnete ich mit einem Vortrag über Jaspers' Beziehung zur Theologie. Andere Referenten waren der polnische Philosoph Leszek Kołakowski, die Genfer Philosophin Jeanne Hersch und Raymond Aron. Nach drei Tagen dislozierte der Kongress nach Heidelberg, um sich dort vornehmlich medizinischen Fragestellungen zu widmen. Es war für mich ein Gewinn, mit Hans Georg Gadamer zu reisen, der an der philosophischen Situation in der Tschechoslowakei sehr interessiert war.

Die meisten Kongresse organisierte die Universität jedoch nicht selbst, sondern stellte nur die Infrastruktur zur Verfügung. Auch hier erwartete man, dass der Rektor ein Grußwort an die Versammlung richtete, aber nicht nur ein paar Höflichkeitsfloskeln, sondern einen Beitrag aus seiner fachlichen Perspektive. Gleich der erste Kongress ist erwähnenswert, den Gynäkologen aus dem deutschsprachigen Raum organisiert hatten. Thema war die Geburtshilfe unter besonderer Berücksichtigung der Hebammen. Meine Ansprache unter dem Titel: „In welche Hände fällt der Mensch" unterstrich die Rolle jener „ersten Hände", in die ein Mensch in der konkreten Geburtssituation gerät, aber auch im übertragenen Sinne, in welchem Sokrates unter Berufung auf den Hebammenberuf seiner Mutter sich in der Rolle eines „philosophischen Geburtshelfers" sieht.

Alle diese von mir zu eröffnenden Kongresse möchte ich nicht aus dem Gedächtnis zu Tage fördern. Ich erwähne lediglich ein Symposion über den Athener Parthenon, der dank dem Basler Archäologen Prof. Berger in der heute von meinem Sohn Tomáš geleiteten Skulpturenhalle in einer Teilrekonstruktion zu bewundern ist. Weiter ein englisches Symposion über Architektur oder den europäischen Geographenkongress... Auf einen internationalen Kongress von Radiologen möchte ich näher eingehen, weil er mit tschechoslowakischen Universitäten zu tun hatte. Nach meiner Eröffnungsrede nahm mich ein Mitglied der vielköpfigen Delegation aus der Tschechoslowakei beiseite: „Herr Rektor, Sie sind offensichtlich Tscheche und geben sich auf dieser internationalen Bühne als solcher zu erkennen? Sie haben keine Ahnung, in welcher Misere wir leben.“ Wir waren uns dieser Misere sehr wohl bewusst. Gerade deswegen waren wir entschlossen, die in der Geschichte bewährten und in Zukunft hoffentlich erneut sich bietenden Möglichkeiten eines europäisch orientierten Tschechen- und Slowakentums aufzuzeigen. Das war der bescheidene Beitrag des Exils, der beiden Seiten zugute kam und dem wir Jahre später anlässlich des 650. Jahrestags der Gründung der Karlsuniversität in Prag ein Symposion widmen konnten: Der Westen musste sich vergegenwärtigen, dass Europa nicht an der Elbe endet und das beispielsweise die tschechische und die slowakische Kultur in ihrem geschichtlichen Reichtum nicht nur durch das Prisma der damaligen unbefriedigenden Situation beurteilt werden durften. Und vielleicht bestand der Dienst der Emigranten aus dem Osten ja darin, die besten, jetzt unterdrückten, aber dennoch lebendigen osteuropäischen Traditionen weiterzuführen.

Rektorenkonferenzen

Um diesen Dienst bemühte ich mich auch auf internationaler Ebene. Das Basler Rektorat brachte die Verpflichtung der Teilnahme an gesamtschweizerischen, regionalen und europäischen akademischen Gremien mit sich. Die Rektorenkonferenz der Schweizer Universitäten tagte zwei bis dreimal im Jahr. Die Universitäten sind mit Ausnahme der Technischen Hochschulen kantonal. Es gibt aber eine Reihe von Fragen, die sich in Basel, in St. Gallen oder in Lausanne analog stellen… Dies führte zu einem Meinungsaustausch, manchmal zu intensivem Bemühungen um ein gemeinsames Vorgehen. Die Beratungen konnten sich über zwei Tage hinziehen, sodass am Abend genügend Zeit zu lebhaften sozialen Kontakten blieb, für mich jeweils eine Gelegenheit, meine Französisch-

kenntnisse aufzufrischen. Man setzt voraus, dass ein Rektor mindestens zwei der vier Landessprachen beherrscht. Aber wenn sich vier Deutschschweizer und ein französischsprachiger Rektor zu einer Diskussionsrunde einfanden, wurde fast immer französisch gesprochen.
Regionale und erst recht gesamteuropäische Konferenzen fanden im Ausland statt. Die Universitäten der Regio Basiliensis haben sich aus naheliegenden Gründen zur Zusammenarbeit verpflichtet. Neben unserer Universität waren dies die Universitäten von Freiburg und Straßburg, die Technische Hochschule in Karlsruhe und später diejenige von Mulhouse. Mit der Zeit stellten wir gemeinsame Studiengänge zusammen und vereinbarten einen informellen Studentenaustausch, demzufolge der Besuch einer Lehrveranstaltung an einer anderen Regio-Universität in der eigenen Universität angerechnet wurde.
Die ständige Europäische Rektorenkonferenz schuf einen noch weiteren Horizont. Nicht immer waren die Rektoren aller Universitäten vertreten. Aber als Rektor der ältesten Schweizer Universität habe ich meine nationalen Kollegen bei kleineren Konferenzen mit vertreten, nach gängigem Usus in Begleitung meiner Frau. Zwei solcher Konferenzen waren besonders gelungen, eine fand im norwegischen Bergen, die andere in Porto statt. Die wichtigste Konferenz war die Plenarkonferenz von Athen im Jahre 1984, an der die Rektoren der meisten europäischen Staaten teilnahmen. Solche Konferenzen versuchen die Probleme zu rekapitulieren, die ihre Lehranstalten in der letzten Zeit zu bewältigen hatten, die Zukunftstrends herauszuspüren und die Zusammenarbeit zwischen den almae matres zu stärken.
In Athen wurde ich der ersten Arbeitsgruppe zugeteilt, die sich mit der Gültigkeit bzw. notwendigen Modifikationen der klassischen Idee der Universität befasste. Geleitet wurde die Gruppe vom Münchener Rektor und späteren Präsidenten der Katholischen Universität in Eichstätt, Nikolaus Lobkowicz, einem bewussten Vertreter eines bekannten böhmischen Adelsgeschlechts. Das Referat zum Thema hatte ich zu halten. Manche sprachen scherzhaft von der tschechischen Mafia, weil Lobkowicz und ich für die Sektion besondere Verantwortung

trugen. Dies war umso wichtiger, weil Rektoren aus Jugoslawien, Polen und Ungarn anwesend waren, jedoch niemand aus der Tschechoslowakei – eine Folge der verhärteten offiziellen isolationistischen Politik. Unsere universitäre Kultur konnte also davon profitieren, dass wenigstens zwei Auslandstschechen auf den geschichtlichen Reichtum des universitären Lebens in ihrer Heimat aufmerksam machten, den die gegenwärtigen totalitären Bedingungen weitgehend einschränkten.

Am Rande der Konferenz konnten wir das griechische kulturelle Erbe ansatzweise kennen lernen. Athen, das ich von früheren kurzen Aufenthalten bereits kannte, machte auf uns einen tiefen Eindruck; nicht nur die Akropolis und viele andere antike Denkmäler, die wir jetzt unter der Führung berufener Kenner der Materie entdeckten. Mir lag auch das gegenwärtige Leben der Orthodoxen Kirche am Herzen. Leider habe ich damals Nikos Nissiotis zum letzten Mal gesehen. Nach Abschluss der Konferenz unternahmen wir eine einwöchige Rundreise, die uns u. a. nach Sparta, Theben, Epidauros führte. In den Bussen, die uns von Ort zu Ort brachten, fand eine Fortsetzung der Konferenz in vielen wertvollen Begegnungen statt.

Ein gewisses Hindernis für meine Dienstreisen in ganz Europa war das wunderliche Reisedokument, das mir die Schweizer Behörden nach dem Entzug meines tschechoslowakischen Reisepasses durch die Botschaft in Bern behelfsmäßig ausgestellt hatten. Als rector designatus hatte ich noch keinen anderen Ausweis. Als ich im Jahre 1981 die zur Erlangung der Staatsbürgerschaft erforderlichen zwölf Jahre Aufenthaltszeit in der Schweiz nachweisen konnte, empfahl mir mein Vorgänger im Rektorat, der Jurist Frank Vischer, ich solle im Interesse erleichterter Auslandskontakte die schweizerische Staatsbürgerschaft beantragen. Ich begab mich also zu dem zuständigen Beamten, der mich bereits als Mitglied des Rektorats kannte. Er empfing mich freundlich und bestätigte mir, dass ich alle Voraussetzungen für den Schweizerpass erfülle, es gehe jetzt nur noch um den administrativen Akt. Auf meine Frage hin, wie lange das dauern könne, antwortete der Beamte: „Etwa zwei Jahre. Wissen Sie, Herr Rektor“, erklärte er weiter, „wenn sie Landarzt wären und ihre Wohngemeinde ein gesteigertes Interesse daran hätte, dass Sie eine Praxis eröffnen, dann könnte man es schneller erledigen." Dies berichtete ich Frank Vischer wortwörtlich. Seine energische Reaktion lautete: „Was, der Rektor der Basler Universität muss sich an einem Landarzt messen lassen?" Es war das erste und das letzte Mal, das jemand für mich intervenieren musste. Da die gesetzlichen Voraussetzungen erfüllt waren und es nur noch um einen administrativen Akt ging, ließ sich die Sache beschleunigen. Nach kurzer Zeit wurden Eliška, der minderjährige Marek und ich ohne Prüfung ins Schweizer Bürgerrecht aufgenommen. Der bereits volljährige Tomáš legte die obligatorische Prüfung ab, Věra hatte durch die Verehelichung mit dem Schweizer Urs automatisch das Bürgerrecht bekommen. Von nun an konnten wir problemlos reisen, bis es wie gesagt im Sommer 1989 an der ungarischen Grenze ein letztes Mal Probleme gab.

Mitarbeiter

Ohne die Mitarbeiterinnen und Mitarbeiter wäre die Arbeit im Rektorat nicht zu bewältigen gewesen. Ich denke an meine Kollegen im Rektorat, die Mitglieder der damaligen Troika. Mein Vorgänger war Frank Vischer, den ich schon früher als Freund von Max Geiger kennen gelernt hatte, später dann als Vorsitzenden des Kuratoriums des Frey-Grynaeums. Mein Nachfolger wurde der Psychiater Paul Kielholz, der gute Kontakte zu tschechischen Psychiatern unterhielt, insbesondere zum Pilsener Professor Vencovský. Aus der Gemeinschaft ehemaliger Rektoren, die so etwas wie die Funktion eines Rates der Weisen ausübte und einmal im Jahr mit den jeweiligen Mitgliedern des Rektorats einen festlichen Abend veranstaltete, denke ich besonders gerne an den Romanisten Carl Theodor Gossen und an den Juristen Kurt Eichenberger, mit welchem ich im Verwaltungsrat verschiedener Stiftungen Einsitz nahm, so z.B. in der Berta Hess-Cohn-Stiftung. Diese bedeutende Stiftung wurde in meiner Rektoratszeit durch meinen Freund und Notar Dr. Hans Batschelet begründet und später durch seinen Nachfolger, den Notar Martin Hug geleitet.

Es gab auch Kollegen aus anderen Fakultäten, die mich ganz persönlich mit zentralen theologischen Fragen und Einwänden angesprochen haben. Stellvertretend erwähne ich den Chemiker Prof. Franz Grün, dessen bohrendem und beharrlichem Interesse ich manche Anregung verdanke.
Zum Mitarbeiterstab gehörte auch die Universitätsadministration. Hier war mir der Adjunkt des Rektors, Dr. Adrien Veillon, eine unschätzbare Stütze. Ebenso wie Oscar Cullmann war er Mitglied der französischen Gemeinde der Reformierten Kirche und zeigte auch für kirchliche Belange Interesse. Die Sekretärin des Rektorats, Myrta Rinderspacher, stand mir jeden Tag zur Seite und war mir in vielen kritischen Momenten eine Hilfe. Inoffiziell hatte ich bereits in Prag in Zuzana Lucinová eine umsichtige Sekretärin gehabt, die zusammen mit dem Bibliothekar Václav Sobotka Stütze der Fakultät war. Hier in Basel war Frau Myrta Rinderspacher an ihrem Arbeitsplatz, im Vorzimmer des Rektors, unentbehrlich. Eine echte Dame, taktvoll, bestimmt, Zusammenhänge erfassend und mit Rat und Tat helfend.
Während meines Rektorats war die Mitarbeiterschaft der Universität von ihrer Zahl her noch überblickbar. Ich kannte alle mit ihren starken und schwachen Seiten. Auch die Konflikte, die sie untereinander austrugen. Mir war sehr daran gelegen, dass nicht nur zwischen den Studenten und Professoren, sondern auch unter den Angestellten eine kooperative und kommunikative Atmosphäre herrschte. Jede Woche nahm ich mir ein bis zwei Stunden Zeit, um sie an ihren Arbeitsplätzen aufzusuchen. Nicht immer gelang es mir, die Konflikte zu lösen. Aber vielleicht konnte ich hier und da verhindern, dass sie unnötig eskalierten.

Akademische Ehrungen

Wenn jemand sich auf verschiedenen Ebenen des akademischen und ökumenischen Lebens bewegt, wenn einige seiner Bücher auch international Beachtung finden, dann kann ihm in Form von verschiedenen Auszeichnungen Anerkennung zuteil werden. Mit solchen Ehrungen wurde ich nachgerade

überhäuft. Drei davon möchte ich erwähnen. Das erste Ehrendoktorat erhielt ich 1973 von der schottischen Universität Aberdeen. J.K.S. Reid war es wohl gewesen, der die Sache ins Rollen brachte. Wir kannten uns von der Arbeit im Reformierten Weltbund und im ÖRK. Offensichtlich hatte Aberdeen eine Schwäche für Tschechen, denn im Verzeichnis der Ehrendoktoren figurierten Edvard Beneš, J.L. Hromádka und Josef B. Souček. Mein Laudator begann seine laudatio denn auch mit den Worten: „Dies ist eine Geschichte zweier Städte", nämlich Prag und Basel, weil beide Städte durch die Reformation verbunden sind. Dann sprach er hauptsächlich über meinen tschechischen Hintergrund und über die jüngsten politischen Ereignisse, wobei er Lidice und Jan Palach als die seiner Meinung nach damals bekanntesten tschechischen Namen erwähnte. Erst dann kam er auf meine akademische und ökumenische Arbeit zu sprechen, mir den Ehrentitel eines pontifex magnus, eines großen Brückenbauers verleihend.
Die nächste Ehrung nahm am 7. März 1989 die Universität St. Andrews vor, wo ich allerdings schon seit Jahren heimisch war. Das unvergessliche St. Mary's College feierte den 450. Jahrestag seines Bestehens mit einem großartigen Fest und

Ehrendoktorat am 7. 3. 1989 in St. Andrews

verlieh drei weitere Ehrendoktorate (Doctor of Divinity – D.D.) an Robert Runcie, Erzbischof von Canterbury, an Lord Mackay von Clashfern und den Moderator der Church of Scotland Prof. James Whyte, den ich aus der Ökumene gut kannte und der kurz zuvor als Prediger im Trauergottesdienst für die Opfer der Flugzeugkatastrophe von Lockerbie international bekannt geworden war. Ich staunte, mich als einzigen Nichtbriten in einer solch illustren Gesellschaft wieder zu finden. Erzbischof Runcie war das Oberhaupt der anglikanischen Weltgemeinschaft und Lord Mackay bekleidete das Amt eines Lordkanzlers, das in der britischen Rangordnung ganz oben, gleich nach demjenigen der Königin steht. Ein denkwürdiger Anlass, bei dem ich in der St. Salvatorkirche predigen durfte, wo ich einst als Student Tag für Tag zur Andacht gegangen war. Jetzt waren der Erzbischof und andere geistliche und weltliche Würdenträger meine Zuhörer. Eine Professorin für Rhetorik meinte nach der Predigt schmunzelnd: „Ihnen kann ich nicht viel beibringen; selten habe ich den Erzbischof einer Predigt so aufmerksam folgen gesehen."
Der Promotionsakt fand am Nachmittag statt. Die Rede des Promotors betraf diesmal hauptsächlich meine Bücher und die darin enthaltenen Anklänge an St. Andrews. Die Promotion endete damit, dass ich niederknien musste und der Kanzler der Universität mir ein akademisches Beret auf den Kopf legte, das ursprünglich dem schottischen Reformator John Knox gehört haben soll.
Die dritte Auszeichnung war mit Basel verbunden. Hier wurde alle zwei Jahre ein internationaler Preis für Verdienste in den humanistischen Wissenschaften verliehen, die der Hamburger Mäzen Dr. A. Toepfer zu Ehren von Jacob Burckhardt begründet hatte. Als Rektor habe ich diesen Preis zweimal verliehen. 1987 hat das internationale Kuratorium diesen Preis mir zugesprochen.
Jacob Burckhardt habe ich stets geschätzt. Von den Theologiekursen beim Synodalrat während der Kriegszeit ist mir in Erinnerung geblieben, dass Hromádka in seinem von uns damals intensiv gelesenen Buch „Christentum im Denken und Leben" auf Burckhardt hinweist. Seitdem schätze ich diesen

Autor; einige seiner kulturhistorischen und kulturphilosophischen Bücher habe ich bereits in Prag gelesen. In Basel war er eine der zentralen Figuren der lokalen humanistischen Tradition, jede akademische Rede „musste" wenigstens ein Zitat von ihm enthalten. Burckhardt war zwar in einem Pfarrhaus groß geworden und hatte u. a. im Frey-Grynaeum studiert, wandte sich aber später von der Theologie ab und der Kunstgeschichte zu, wo er ein wahrhaft monumentales Werk schuf. Kein Wunder also, dass im Verzeichnis der bisherigen Burckhardt-Preisträger kein Theologe figurierte.
Parallel zum Preis für humanistische Wissenschaften gab es auch einen Preis für künstlerisches Schaffen. Dieser ging an Jean Tinguely, der sich u. a. durch attraktive bewegliche Kunstobjekte europaweit einen Namen gemacht hatte und dem heute in Basel ein Museum gewidmet ist. Die Preisverleihung fand für uns beide gleichzeitig statt und wurde von Werner Arber, einem Nobelpreisträger, vorgenommen. Die Aula der Universität war bis auf den letzten Platz besetzt. Zum Preis gehörte auch das Recht, alle drei Jahre im Herrenhaus von Dr. Toepfer

Jacob Burckhardt-Preise für humanistische Wissenschaften und künstlerisches Schaffen im Jahre 1987. Rechts neben Prof. Werner Arber Jean Tinguely

an der Ostsee absteigen zu dürfen. Zweimal haben Eliška und ich davon Gebrauch gemacht, nicht nur ein Landschafts- und Badeerlebnis, sondern auch eine Gelegenheit zur Gemeinschaft mit anderen Preisträgern aus den verschiedensten Fachrichtungen.

Das Frey-Grynaeum

Zum Kapitel über mein Rektorat gehört auch das Frey-Grynaeum, jene berühmte Adresse am Heuberg 33 in Basel, wo wir 16 Jahre lang wohnen durften. Beim Frey-Grynaeum handelt es sich um ein Institut, welches die beiden Theologieprofessoren Johannes Ludwig Frey und Johannes Grynaeus im Jahre 1747 gegründet haben. Die beiden vereinigten ihren Bücherbestand, sodass eine für damalige Verhältnisse nicht nur theologisch, sondern auch belletristisch und philologisch reichhaltige Bibliothek entstand. Sie kauften ein schönes, in seinen Fundamenten mittelalterliches Haus, in welchem der „Lektor", d.h. der Leiter dieses Institutes wohnen durfte. Dadurch sollte das etwas bescheidene Angebot der Theologischen Fakultät bereichert werden. Diese verfügte damals über lediglich drei Lehrstühle, einen vierten stellte praktisch die neue Stiftung. Der Lektor musste Theologieprofessor sein, ein Kenner seines Fachs, gottesfürchtig und dazu in der Lage, die Studenten zu sammeln und zu führen und „die Eintracht und den Frieden der Christen" zu fördern. Dieses Programm, insbesondere sein Schlusssatz concordiam et pacem christianorum prodere, faszinierten mich. Deshalb sagte ich zu, als mich der Vorsitzende des dreiköpfigen Kuratoriums Frank Vischer aufforderte, von Prof. Ernst Staehelin, der dreimal Rektor gewesen war, das Amt des Lektors zu übernehmen. Verpflichtungen gab es für mich als achten Lektor seit der Gründung des Institutes wenige, Möglichkeiten jedoch viele. Vor allem die reichhaltige Bibliothek, die unser Sohn Tomáš nach der Renovation und vor unserem Umzug neu einrichtete, die herrlichen Räume und die ganze Atmosphäre des altehrwürdigen Hauses waren ein Privileg, das wir die ganze Zeit über, die wir am Heuberg wohnten, genossen. Hier konnten Seminare

abgehalten und Feste gefeiert werden, sei es mit Studenten oder, in Übereinstimmung mit der Stiftungsurkunde, mit theologischen und ökumenischen Gruppen. Einer der ersten Gäste war Dr. Anton Hänggi, der katholische Bischof von Basel mit Sitz in Solothurn. Persönlich ließ ich mich durch den Aufenthalt in diesem Haus immer wieder inspirieren und zur akademischen aber auch ökumenischen Arbeit anspornen.
Es war die Aufgabe des Lektors, über seine Tätigkeit in regelmäßigen Abständen den Stiftungsräten – in meiner Zeit waren dies Prof. Frank Vischer, Dr. David Linder und Prof. Andreas Staehelin – und der an der Stiftung interessierten Öffentlichkeit Bericht zu geben. Den ansehnlichen Heften wurde dabei nach einer von Ernst Staehelin begründeten Tradition ein Text aus dem Fachgebiet des Lektors beigelegt. Das gab mir die willkommene Gelegenheit, einige Aufsätze und Vorträge aus meiner Rektoratszeit zu publizieren. Ein Heft brachte auch meine Abschiedsvorlesung, welche der ökumenischen und ökologischen Aktualität von J.A. Comenius gewidmet war und den Abdruck einer handschriftlichen, im Besitz des Instituts befindlichen Stammbuch-Eintragung Komenskýs einschloss.
Das Frey-Grynaeum ist ein unverwechselbares Basler Haus.

Věra Anna Schlittler-Lochman mit Eliška Lochman und ihren drei Töchtern im Frey-Grynaeum

Kein Wunder, dass manchen Baslern, welchen die kulturell-geistige Ausstrahlung der Stadt am Herzen lag, immer wieder dieses Haus einfiel, wenn sie vor der Aufgabe standen, interessierten Stadtbesuchern ein „typisches baslerisches Gelehrtenheim" vorzuführen. Die Verbundenheit mit ihrer polis haben wohl alle bisherigen Lektoren auf die eine oder andere Weise bewiesen. Dies gilt neben den beiden Stiftern besonders für Karl Rudolf Hagenbach, den langjährigen, von der breiten Öffentlichkeit geschätzten Lehrer der Universität, aber auch für meinen unmittelbaren Vorgänger Ernst Staehelin. Unvergessen bleibt, wie dieses Gelehrtenheim während des Lektorats Staehelin vor allem auf Initiative seiner Gattin Meieli, geb. Kutter, in den gefährlichen Zeiten vor und während des Zweiten Weltkriegs jüdischen und anderen Flüchtlinge seine Türen öffnete. Auch später zog es jüdische Besucher zu unserem Haus, vor allem wegen der vielen wertvollen Judaica in der Bibliothek und wegen zweier mittelalterlicher Rabbinergrabsteine im Vorgarten des Hauses.
So haben auch wir versucht, die Tradition des „offenen Hauses" fortzuführen, nicht nur für akademische und kirchliche, sondern auch für breitere Kreise. Unzählige Gruppen und Einzelne haben mit und ohne Voranmeldung bei uns angeklopft und um Einlass gebeten. Die meisten angemeldeten Besucher vermittelte der passionierte Kenner der Basler Kulturgeschichte Dr. Fürstenberger. Vor allem Eliška hat immer wieder interessierten Passanten gerne die ganze Anlage und einige Schätze der Bibliothek gezeigt und erklärt. Etwas ungewohnt und komplizierter war es im Frey-Grynaeum an den drei „schönsten Basler Tagen", der Basler Fasnacht. Das Haus steht im Zentrum des Geschehens und während drei Tagen in einer Klangwolke von Pfeifen und Trommeln. In den ersten Jahren zogen wir es vor, während der Fasnacht zum Skilaufen in die Berge zu fahren. Aber dann haben wir den Zauber der Basler Fasnacht doch einmal miterlebt: Keine Spur von dem, was uns an den sonst üblichen „Faschings" und „Karnevals" befremdete, sondern ein Fest, welches mit einmaliger und typisch baslerischer Kreativität witzige, kritische und selbstkritische Bilanz der Stadtereignisse zieht und in diesem Sinne

die Identität der Stadt mitprägt. Nach dieser Erfahrung sind wir dann in den kommenden Jahren in der Stadt geblieben und haben das Tor, wenn nicht zum Haus, so doch wenigstens zum Garten, weit geöffnet. Eine der Cliquen, der auch unsere Tochter samt Schwiegersohn angehörte, hatte hier während Jahren ihr Refugium.

Besonders gefreut haben wir uns über die Freunde aus der Heimat, die noch zu kommunistischen Zeiten im Frey-Grynaeum auftauchten, so z.B. der Synodal-Senior Josef Hromádka, der uns incognito besuchte. Nach der samtenen Revolution kamen ganze Gemeinde- und andere Gruppen, die in unserem Haus nicht mehr so leicht unterzubringen waren. Einmal reiste eine Gemeindegruppe aus Libice mit dem Autobus an, ein andermal eine Gemeindegruppe aus Brünn, das eine Gemeindepartnerschaft mit der Eglise française in Basel unterhält. Wir waren gerührt, als uns der Chor aus Brünn ein Ständchen darbot. Die Zahl der uns besuchenden Einzelpersonen war immens.

Für mich war das Haus stets eine Freude, für Eliška Freude und Arbeit. Gleich nach dem Einzug befreite sie eigenhändig die unter Denkmalschutz stehenden Fußböden vom eingefressenen Staub vergangener Jahrhunderte. Wenn wir nach größeren Besuchergruppen auswärtige Hilfe in Anspruch nahmen, war meist Frau Schmutz aus dem Elsass zur Stelle, doch meine Frau hatte immer noch viel Arbeit, z.B. mit den beiden Gärten, die sich vor und hinter dem Haus befinden. Besonders während meines Rektorats musste sie die Rolle der Gastgeberin erfüllen, die sie aus eigener Initiative erfinderisch weiterentwickelte, indem sie z.B. die Witwen ehemaliger Rektoren einlud.

Wenn ich schon von den Eliška betreffenden gesellschaftlichen Verpflichtungen schreibe, möchte ich noch etwas für uns Unerwartetes erwähnen. Nach alter Universitätstradition sollten der Rektor und seine Frau das „Professorium“ mit einem Tanz eröffnen. Wir konnten aber nicht tanzen und mussten uns jetzt den kritischen Blicken der Professoren und ihrer Begleiterinnen stellen. Zusammen mit dem befreundeten Ehepaar Schmidt nahmen wir also privat drei Tanzstunden. Viel haben wir nicht gelernt, doch haben wir die uns auferlegte Prüfung halbwegs bewältigt. Einfacher und effizienter war es für mich, bei solchen Gelegenheiten eine humorvolle Rede zu halten.

Das Leben des Rektors und seiner Familie war also recht bunt, wuchs uns jedoch nie über den Kopf. Die Möglichkeiten, Einfluss zu nehmen, waren für mich als Theologen faszinierend. Als ich an der Fakultät vom Rektorat Abschied nahm, erklärte ich meinen Kollegen wahrheitsgemäß, dass ich schon lange nicht mehr in einem solchen Ausmaß Pfarrer gewesen sei, wie in meiner Funktion als Rektor. Einerseits war ich den Angehörigen der Universität Seelsorger, andererseits auch Prediger bei unzähligen öffentlichen Ansprachen oder bei Beerdigungen. Einmal musste ich in einer Ferienwoche vier Abdankungen halten. Aber die Dankbarkeit für diese Möglichkeit des Dienstes überwog die Arbeitsbelastung bei weitem.

Nach der Abschiedsvorlesung in der Aula mit Regierungsrat Kurt Jenny, Rektor Radim Palouš, Ständerat Gian-Reto Plattner, Prof. W. Arber mit Frau und Prof. Oscar Cullmann

Reise um die Welt

Freisemester

Die Dozenten der Basler Universität hatten während meines dortigen Wirkens noch kein Recht auf ein Freisemester. Die Regel, dass akademische Lehrer nach sechs Semestern ein Freisemester, ein sog. sabbatical beziehen können, wie es in den USA aber auch in vielen westlichen Ländern der Fall war, galt für Basel nicht. Nur in begründeten Ausnahmefällen bewilligten die zuständigen Behörden ein solches Freisemester. Fünf Jahre Arbeit im höchsten Amt der Universität war ein begründeter Ausnahmefall. Dankbar machte ich im Frühjahr 1985 von dieser Möglichkeit Gebrauch. Sinn des Freisemesters ist es, sich erneut auf das eigene Fach zu konzentrieren, neue Buch- oder Forschungsprojekte in Angriff zu nehmen oder akademischen Verpflichtungen an anderen Hochschulen nachzukommen. Alle drei Beweggründe waren für mich wichtig. An dieser Stelle möchte ich über den dritten Punkt berichten. Im Verlauf meines Rektorats erhielt ich eine Reihe von Einladungen zu Vorträgen im Ausland. In beinahe allen Fällen bat ich um Aufschub. Zwar war die uralte Regelung, dass der Basler Rektor während seines Rektorats die Stadt nicht verlassen darf, außer Kraft. Einst war sie durch seine Gerichtsbarkeit über die Bürger der akademischen Gemeinde begründet. Doch seine Anwesenheit in der Stadt war auch später angebracht, ich hatte mir punkto Auslandsreisen also eine gewisse Zurückhaltung aufzuerlegen. Das Freisemester war die Gelegenheit, Versäumtes nachzuholen und den Pendenzenberg abzubauen. Darum bemühte ich mich in drei Etappen.

Akademische Vortragszyklen

Besonders in angelsächsischen Universitäten werden traditionellerweise Lectures abgehalten, das sind Zyklen akademischer Vorträge, zu denen gewöhnlich Fachleute von anderen Hochschulen oder aus dem Ausland eingeladen werden. Jede Universität, die wenigstens etwas auf sich hält, organisiert solche Zyklen. Ermöglicht werden sie in der Regel durch Spenden begüterter Absolventen oder anderer Freunde. Deshalb tragen sie oft den Namen ihrer Donatoren oder von Personen, welche die Universität oder die Donatoren in besonderer Weise ehren wollen. In der theologischen und der naturwissenschaftlichen Fakultät sind z.B. die schottischen „Gifford-Lectures" bekannt, die ich bereits im Kapitel über meinen Aufenthalt in St. Andrews erwähnt habe.

In den letzten Jahrzehnten bin ich sehr oft zu solchen Zyklen eingeladen worden, besonders in die USA. So z.B. 1971 an die „Noble Lectures" der Harvard University, 1994 an die Cunningham Lectures der Universität in Edinburgh, 1997 an die Osterhaven Lectures am Western Seminary in Holland, Michigan. In meinem Freisemester harrten meiner drei besonders prestigeträchtige Einladungen: Die „Cadbury Lectures" an der Universität Birminham, GB, die „Anderson Lectures" an der McGill University in Montréal und die „Warfield Lectures" in Princeton. Alle drei Vorlesungsreihen sind in Ursprung und Zielsetzung unterschiedlich.

In Birmingham beabsichtigte die begüterte Familie Cadbury, die sich durch ihre Schokoladenfabrik einen Namen gemacht hatte, ein Institut ins Leben zu rufen, das sich mit Fragen von Christentum und Kultur befassen sollte. Die dortige Universität hat keine theologische Fakultät, sondern lediglich eine theologische Abteilung an der Fakultät der Künste. Der Vortragende kann deshalb nicht auf die Unterstützung institutioneller Einrichtungen zählen, sondern muss mit einer Zuhörerschaft aus verschiedenen Fachbereichen rechnen.

Erfreulich war für mich auch der Anteil der Hörer aus der Stadt. Das zeigte sich besonders an den Seminarübungen, die sich an die acht Vorlesungen anschlossen. Dort ergaben sich

unter der Leitung von Prof. Hollenweger lebendige Diskussionen.
Die Anderson Lectures richteten sich eher an ein kirchliches Umfeld. Die evangelischen Theologen sind an der McGill University in dreifacher Hinsicht eine Minderheit: als kleine Gruppe protestantischer Theologen innerhalb einer großen Universität, in einer mehrheitlich katholischen Stadt, englischsprachig in einer überwiegend frankophonen Provinz. Unter diesen Umständen musste man mit einer kleinen Zuhörerschar rechnen, auch wenn die evangelischen Pfarrer aus der Stadt und der Umgebung eingeladen waren. Die Organisatoren kamen ihnen dadurch entgegen, dass sie die drei vorgesehenen Vorlesungen alle am gleichen Tag anberaumten, was zusammen mit den Nachgesprächen der Vorlesungen sowohl für den Vortragenden als auch für die Zuhörer strapaziös war.
In Princeton erwartete mich eine andere Konstellation: eine berühmte Universitätsstadt mit stark reformiertem Hintergrund und einer theologischen Hochschule, die bis heute als Zentrum der calvinistisch ausgerichteten presbyterianischen und gleichzeitig ökumenisch offenen Theologie Weltruhm genießt. Die Warfield Lectures sollen das reformierte Erbe des Seminars stärken. Der Name der Vorlesungsreihe erinnert an einen Dogmatiker, der in den Jahren 1887–1921 als Koryphäe der damals vorherrschenden orthodoxen reformierten Theologie in Princeton tätig war.
Über die Themenauswahl für diese Vielfalt von Anlässen habe ich mir ausgiebig den Kopf zerbrochen. Einerseits war klar, dass ich nicht dreimal dieselbe Platte auflegen konnte, was gegenüber den Gastgebern unfair gewesen wäre und in keiner Weise der unterschiedlichen Situation und Ausrichtung jeder der drei Städte und der dortigen Aufgabenstellung entsprochen hätte. Andererseits wollte ich mich bei der Vorbereitung nicht sosehr verzetteln, drei völlig disparate Themengebiete auszuwählen. So entstand die Idee zu drei verschiedenen, den örtlichen Gegebenheiten angepassten Aspekten ein und derselben übergeordneten Thematik. Als Thema kristallisierte sich allmählich die Frage der theologischen Identität in Umbruch und Ablösung von Raum und Zeit heraus.

Das Thema steht heute im Mittelpunkt des Interesses, nämlich anthropologisch als Frage nach unserem authentischen Menschsein; theologisch im Sinne des Suchens nach dem grundlegenden Christentum, das alle gesellschaftlichen, kulturellen und konfessionellen Wechsel überdauert; ökumenisch schließlich als Frage danach, was uns über alle vorgegebenen Unterschiede hinweg letztendlich als Kirche zusammenhält. Dabei ging es nicht um eine abstrakte, allgemein gehaltene Abhandlung dieser Problematik, sondern um Reflexionen, die aus konkreten, biographisch bedingten Erfahrungen entstanden sind. Diese haben es mit sich gebracht, dass ich die Hälfte meiner Lehrtätigkeit im Osten Europas verbringen musste und durfte, die zweite Hälfte dann im Westen. Was geschieht mit jemandem, der wie ich aus der eher frostigen Atmosphäre einer offiziell marxistisch-atheistischen Gesellschaft in das eher laue Klima der westlichen pluralistischen Kultur kommt? In welchem Verhältnis stehen die Aufgaben und Appelle von gestern zu denjenigen von heute und morgen? Wie ist meine theologische und ökumenische Identität zu verstehen und zu interpretieren?
Der englische Theologe J.M. Haworth hat unter der Anleitung W. J. Hollenwegers über meinen theologischen Weg eine Doktorarbeit geschrieben unter dem Titel: The Contextuality of Theology: Jan Milič Lochman, Theologian Between Czechoslowakia and Switzerland (1982). Er richtete sein Augenmerk vor allem auf die Brüche in meiner Theologie und fand sie auch, manchmal etwas gewollt. Ich selber habe das Problem dialektischer gesehen und es vor allem in meinem Buch „Christ and Prometheus? A quest for Theological Identity“ auf der Grundlage des in meinem Freisemester gehaltenen Vortragszyklus abgehandelt. Erschienen ist das Buch im Verlag des Ökumenischen Rates der Kirchen in Genf 1988.
Die Eindrücke und Begegnungen waren an allen drei Orten ebenso erfreulich wie auch ernüchternd. Das Thema war offensichtlich gut gewählt. Das lebhafte Interesse und der Gedankenaustausch mit den Zuhörern war spannend und anregend. Ich konnte von den Studenten, den Kollegen und den Leuten aus der Stadt eine Menge lernen. Unter meinen Vor-

gängern in den Vorlesungsreihen gab es manchen „Star“: In Birmingham Arnold Toynbee, K.S. Latourette, Joachim Jeremias, Richard R. Niebuhr; in Montréal Reinhold Niebuhr, Josef J. Hromádka, James I. McCord, Eduard Schweizer; in Princeton Karl Barth, Paul Ricœur, Jürgen Moltmann, Lukas Vischer... Sie alle dokumentieren, wie prestigeträchtig diese Vorlesungsreihen einst waren.
Heute ergibt sich ein anderes Bild. Für viele der heutigen Studenten ist die Bedeutung und die Attraktivität der Lectures geringer geworden. Schon von Anfang an hatten sie die Aura von etwas Außergewöhnlichem, den Rahmen des Üblichen Sprengenden. Heute scheint jedoch ein Überangebot an solchen Extraunternehmungen zu herrschen, das von den allgegenwärtigen Massenmedien noch potenziert wird, wobei das „extra“ vor allem mit dem Kurzlebigen assoziiert wird. Andererseits ist unter den heutigen Studenten die Tendenz im Vormarsch, sich auf das vom Normalprogramm Vorgeschriebene zu konzentrieren, also auf das, was man im Hinblick auf die Prüfungen und den künftigen Beruf braucht. Gastvorlesungen außerhalb des Programms haben es nicht leicht. Keine Universität möchte die gut dotierten Vorlesungszyklen fallen lassen, nicht nur aus Prestigegründen, sondern auch aus sachlichen Überlegungen, weil sie weiterhin eine sinnvolle Möglichkeit der Weiterbildung darstellen. Sie sollten jedoch besser in den normalen Lehrbetrieb integriert werden.

Australien

Der fünfte Kontinent stand von Anfang an zuoberst auf der Liste meiner Pläne und Verpflichtungen. Ich hatte schon seit einigen Jahren eine standing invitation dortiger Universitäten, der ich in einem normalen akademischen Jahr nicht nachkommen konnte. Die Koordination unserer Semesterferien mit dem australischen akademischen Jahr lässt sich kaum bewerkstelligen und ein nur kurzer Aufenthalt lohnt die weite Reise nicht. Also konnten meine Frau und ich erst im April und Mai 1985 einen schönen australischen Herbst erleben.
Wir besuchten die Universitäten und Theologischen Hochschu-

len von Adelaide, Canberra und Sydney. Daneben kam es zu sehr intensiven Begegnungen mit Pfarrergruppen am Rande der Wüste oder in den Grampians-Bergen. Unser Ausgangspunkt war jedoch die meiste Zeit über die Universität Melbourne, deren Strukturen Jahr für Jahr die Einladung eines Theologen von einem anderen Kontinent für den normalen Lehrbetrieb ermöglichte.
Die Vortragenden erhalten kein Honorar, sondern freie Kost und Logis im Rahmen der Universität sowie die Reisespesen für den Referenten und seine Ehefrau. Diese Regelung geht angeblich zurück auf den Zürcher Theologen Eduard Schweizer, der Australien mehrmals besucht hat. Das Projekt hat sich bewährt, weil es den spezifischen Bedürfnissen der australischen Hochschulen entspricht, denn aufgrund der großen Distanzen im Lande selbst und erst recht bezüglich anderer Kontinente besteht die Gefahr der Isolation. Begabte und begüterte Studenten konnten zwar schon lange in Europa oder den USA studieren, doch handelte es sich dabei immer um eine privilegierte Minderheit. Deshalb ist die regelmäßige Anwesenheit ausländischer Dozenten in Australien unabdingbar. So erreicht man breitere Kreise und stärkt das ökumenische Zusammengehörigkeitsgefühl der australischen Kirchen.
Den Gastdozenten ermöglicht diese Struktur, sich an der Universität relativ schnell und problemlos zurechtzufinden.
Das Universitätsleben spielt sich zwar an einzelnen Fakultäten und in den Fachinstituten ab, eine besondere Rolle spielen jedoch, nach britischem Vorbild, die colleges, in unserem Falle das Ormond College, wo Studenten verschiedener Fakultäten leben. Fachlich werden sie von Tutoren betreut, die sich persönlich um sie kümmern, außerdem gibt es im College ein vielfältiges Angebot sportlicher und kultureller Aktivitäten.
Dieser britische Modus eröffnet einem ausländischen Professor viele Kontaktmöglichkeiten außerhalb der Vorlesungstätigkeit. So beim gemeinsamen informellen Mittagessen oder in der gemeinsamen Dozentenunterkunft, während das Abendessen in Talaren mit lateinischem Tischgebet eingenommen wird. Die dort geführten Diskussionen über weltanschauliche

Themen spielen sich freilich meistens in einem für Australien typischen lauen Klima des milden Skeptizismus ab. Auf diese Atmosphäre anspielend, pflegte Harry Wardlaw seine australische Heimat als säkularisiertestes Land der Erde zu bezeichnen. Dabei geben Umfragen zufolge 80 Prozent der Australier an, „selbstverständlich an Gott zu glauben", womit sie zusammen mit den US-Amerikanern den höchsten Prozentsatz von Gläubigen in der industrialisierten Welt stellen.
Die Theologen sind voll in das Leben der Universität integriert, obwohl es hier keine staatlichen theologischen Fakultäten gibt, da Kirche und Staat in Australien seit 1901 strikt getrennt sind. Die Kirchen verfügen jedoch am Rande des Campus über eine Reihe von Colleges, die eng an die Universität angebunden sind. In Melbourne haben die Theologen mit der Vereinigten Theologischen Fakultät eine potentiell fruchtbare und hoffnungsvolle Struktur gebildet, in der Studenten und Dozenten aller protestantischen Kirchen und der katholischen Kirche zusammenarbeiten, darunter auch eine Gruppe von Jesuiten. Daraus hat sich die Möglichkeit ergeben, dass die Studenten ohne Probleme bei jedem Dozenten unabhängig von dessen Konfession hören können. Die Studienprogramme werden gemeinsam erarbeitet und realisiert. Das alles geschieht ohne jede Reiberei.
Bei den Studenten fiel mir auf, dass ihr Durchschnittsalter bedeutend höher ist als in Europa. Das hängt damit zusammen, dass die meisten Theologen auf dem zweiten Bildungsweg studieren, also schon ein anderes Studium oder einige Jahre Berufsleben hinter sich haben. Das hat Vor- und Nachteile. Die Studenten sind alle motiviert und zielstrebig. Zusatzsemester, ein Interesse für gesamtuniversitäre Probleme oder interdisziplinären Austausch kommen dadurch zu kurz. Das prägt auch die intellektuelle Atmosphäre der Fakultät. Dabei verfügte die Fakultät über entschieden ökumenisch engagierte Dozenten wie Prof. Davis McCaughey, der während unseres Aufenthaltes in Melbourne Gouverneur, also Stellvertreter der Königin im Staate Victoria war. Ebenfalls ökumenisch eingestellt ist Harry Wardlaw, den ich seit seinem Studienjahr in Basel als ernsthaften Theologen kannte.

Diese beiden Theologen gehörten der im Vergleich mit der anglikanischen und der römisch-katholischen Kirche Australiens kleineren Uniting Church of Australia an, mit der ich in engem Kontakt stand. Diese relativ junge Kirche entstand 1977 aus einer Vereinigung der presbyterianischen, der methodistischen und der kongregationalistischen Kirche. Der Name verdient Beachtung, denn er gehört nicht einer vereinigten, sondern einer „sich vereinigenden" Kirche. Damit drückt sie aus, dass der ökumenische Prozess auch in den Gemeinden der eigenen Kirche noch nicht abgeschlossen ist. Diese brauchen Zeit, um wirklich eine neue organische Identität zu bilden, gar nicht zu reden von den übrigen Kirchen oder jenen presbyterianischen Gemeinden, die sich der Union einstweilen noch nicht angeschlossen haben.

Die australische Kirchenunion wurde sorgfältig und theologisch verantwortungsvoll vorbereitet. Damit hat sie ein Modell für analoge Versuche in anderen Ländern geschaffen. Sie zeigt jedoch auch die Probleme auf, denen sich unierte Kirchen gegenüber sehen, z.B. die Frage nach dem eigenen konfessionellen Erbe. Den Architekten der australischen Union schien klar zu sein, dass man das althergebrachte Erbe nicht einfach ablegen kann, sondern in eine größere ökumenische Einheit einbringen sollte. Sonst droht den einzelnen Kirchen die Gefahr konfessioneller Ungewissheit und Unverbindlichkeit, wie ich sie z.B. innerhalb der Vereinigten Kirche Kanadas angetroffen habe.

Als ökumenischer Gast durfte ich an der Synode der „Uniting Church" teilnehmen. Ich war beeindruckt vom Engagement der Synodalen, besonders in sozialethischen Fragen. Australien stand damals vor der Zweihundertjahrfeier europäischer Besiedlung des australischen Kontinents. Die Uniting Church rief das Volk und insbesondere die kirchliche Öffentlichkeit dazu auf, dieses Datum nicht triumphalistisch zu feiern, sondern die Gelegenheit zum Anlass selbstkritischer Reflexion zu nehmen, zumal die Geschichte dieses Kontinents viel weiter zurückreicht als 200 Jahre. Die Öffentlichkeit wurde zu einer tieferen und breiteren Solidarität mit der Urbevölkerung Australiens, den Aborigines aufgerufen, welche heute um ihre

volle Gleichberechtigung kämpfen. So versuchen die australischen Kirchen, einschließlich der anglikanischen und der katholischen Kirche, ihr prophetisches Amt in einer säkularisierten, aber doch noch nicht ganz entkirchlichten Gesellschaft wahrzunehmen.
Wir kehrten mit guten Eindrücken aus einem im wörtlichen und im übertragenen Sinne angenehmen, freundlichen Klima zurück. Dies bezieht sich sowohl auf das Leben an der Universität und in der Kirche, als auch auf die besonders schöne Natur mit ihrer andersartigen Fauna, die uns – abgesehen von Kängurus und Koalabären – völlig unbekannt war. Noch beeindruckender ist der im Vergleich zu Europa und erst recht den USA ruhigere, überschaubarere Lebensstil Australiens.

Zurück via Korea und Japan

Von Anfang an war geplant, die Rückreise von Australien mit einem kürzeren Aufenthalt in Korea und Japan zu verbinden. Aus beiden Ländern lagen etliche Einladungen vor. Ehemalige Basler Doktoranden in beiden Ländern wünschten sich, dass ich sie besuchte, Vorträge hielt und predigte. Ein anderer Reisegrund war, dass in beiden Ländern gerade meine grundlegenden theologischen und ethischen Werke erschienen waren, die die Verlage in meiner Anwesenheit einer breiteren Öffentlichkeit vorstellen wollten.
Die Wochen in Korea und Japan waren nicht bloß Zugabe zum Aufenthalt in Australien. Hinsichtlich des mir gegenüber gezeigten Interesses waren sie sogar der Höhepunkt unserer Reise um die Welt. Das galt vor allem für Korea. Südkorea ist im heutigen Asien das Land, in welchem die Existenz christlicher Kirchen vielleicht am deutlichsten zu spüren ist. Das Christentum konnte hier einen wahrhaft phänomenalen Zuwachs verzeichnen.
Aus bescheidenen Anfängen missionarischer Arbeit vor hundert Jahren entstand trotz des tragischen Rückschlags in der nördlichen, kommunistischen Landeshälfte christliches Leben mit einzigartiger Dynamik. Mehr als ein Drittel der Bevölkerung bekennt sich heute zu einer christlichen Kirche. Mir ist

Buchpräsentation mit Kwung Moh Chung, Won Bae Kim, Meehyun Chung und Hee-Kuk Lim, die alle in Basel doktoriert haben

aufgefallen, wie Christen mit Bibel und Gesangbuch in der Hand das sonntägliche Straßenbild einer Stadt wie Seoul prägen. Aber auch auf dem Land sieht man verhältnismäßig oft Kreuze, welche Kirchen und Bethäuser einzelner Kirchen anzeigen. Sie sind weder Denkmäler noch Mausoleen, sondern weisen auf Orte intensiven oder extensiven gottesdienstlichen Lebens hin. An diesem beteiligen sich alle Generationen, insbesondere Kinder und Jugendliche. Da die Kirchen nicht groß genug sind, finden in den Gemeinden an einem normalen Sonntag morgens, mittags und abends Gottesdienste statt; so jedenfalls habe ich es in Semunan erlebt, einer Gemeinde der koreanischen presbyterialen Kirche, wo ich mehrmals gepredigt habe. Auch unter der Woche habe ich einem Gottesdienst beigewohnt, welcher bereits um fünf Uhr morgens anfing. Am schnellsten wachsen evangelikale und charismatische Kirchen. Aber auch die traditionellen Konfessionskirchen, vor allem die presbyterianische und die methodistische, haben dynamische Gemeinden.

In diesen Kirchen hat sich eine anspruchsvolle theologische Arbeit entwickelt. Ich konnte an einer Reihe von koreanischen Universitäten Gastvorlesungen halten, sowohl in Seoul an der Yonsei-, Hankuk- und Ewha-Universität, als auch in Städten wie Taegu und Taejong. Nicht nur die große Zahl von Zuhörern, sondern auch die Intensität ihres Interesses hat mich stark beeindruckt. Die koreanischen Kirchen haben unter der Studentenschaft wie auch bei den Dozenten starken Nachwuchs. Viele Professoren haben im Ausland studiert, anfänglich in den Vereinigten Staaten, dann auch in Europa, besonders in Deutschland und in der Schweiz, mit Vorliebe in Basel. Nach meiner Predigt in der Gemeinde von Dr. Kang, den ich vom Exekutivrat des ÖRK her kannte, äußerte eine Studentin namens Meehyun Chung den Wunsch, bei mir studieren zu dürfen. Sie war Schülerin von Frau Park, einer anregenden Theologin von radikal biblischer und sozialer Orientierung. Beharrlich verfolgte sie ihr Ziel, las alles, was von mir auf koreanisch oder englisch erschienen war, und wurde trotz anfänglicher sprachlicher Probleme eine meiner fleißigsten und begabtesten Doktoranden.

Die koreanischen Freunde, besonders Dr. Chai Yong Choo, Präsident des koreanischen Hochschulverbandes und Übersetzer meines Buches „Salvation as Reconciliation and Liberation“ wählte aus dem von mir vorgelegten Themenkatalog nach eingehenden Beratungen das Thema „Erlösung als Versöhnung und Befreiung“ aus, über das ich referieren sollte und um welches sich die anschließenden Diskussionen drehten. Innerhalb dieses Themenbereichs handelte ich auch die christliche Antwort auf die atheistische, insbesondere die marxistische Herausforderung ab.

Die Aktualität dieser Thematik entsprang der theologischen und sozialen Situation. In den Jahren zuvor hatten einige koreanische Theologen eine spezifisch koreanische „Theologie der Befreiung“ unter dem Namen „Minjung-Theologie“ entwickelt, deren Ausgangspunkt und zentrale Rolle das unterdrückte Volk (min-jung) darstellt. Es geht den Minjung-Theologen also um eine Theologie „von unten“, um die Solidarität mit Erniedrigten und Beleidigten in der gegebenen sozialen Situation. Nicht im Sinne einer soziologischen Analyse, sondern in einer sich auf gewisse biblische Motive stützenden theologischen Perspektive: Exodus, prophetische Solidarität mit den Armen, Jesu Hinwendung zu denen, die „beladen“

sind. In der gegebenen Situation ist dies zweifellos theologisch legitim. Aber einige radikale Vertreter der Minjung-Theologie verstiegen sich gar dazu, dem „min-jung" sozusagen Heil bringende Qualitäten zuzuschreiben. Darüber wurden unter koreanischen Theologen und bei ökumenischen Begegnungen mit Theologen aus anderen Weltgegenden leidenschaftliche Debatten geführt.

Ich erinnere mich an eine besonders heftige Debatte über eine meiner Vorlesungen zum Hauptthema. Ein Student reagierte auf meine Ausführungen sowohl zustimmend als auch kritisch. Mit meiner Definition der Erlösung als Befreiung war er voll einverstanden, dass damit aber untrennbar das Motiv der Versöhnung verbunden sei, lehnte er nachdrücklich ab. Von Versöhnung würden wir später einmal sprechen, jetzt hätten wir dem leidenden Volk die Botschaft der Befreiung entschieden zu verkündigen und uns in dieser Richtung zu engagieren.

Damit war ich nicht einverstanden. Es kann durchaus legitim sein, in der konkreten Situation eines Landes wie Korea oder in anderen Ländern mit sozialer Unterdrückung ein bestimmtes Motiv des Evangeliums, etwa die Befreiung zu betonen. Man muss jedoch sorgfältig darauf achten, dass die Botschaft von der Versöhnung nicht als Ideologie missverstanden wird, reale Konflikte in Kirche und Gesellschaft zu verwischen. Eine solche Versöhnungsbotschaft wäre mit Recht sozial verdächtig und ein pseudoreligiöses Opium des Volkes.

Das in Christi Kreuz verankerte biblische Motiv der Versöhnung ist zentral: Hier werden Konflikte und ihre ungerechten Ursachen nicht im Voraus verwischt, sondern ernst genommen und in der Perspektive des Reiches Gottes kritisch analysiert. An ihrer Aufdeckung und Überwindung muss gearbeitet werden. Diese Perspektive trägt jedoch auch einen Ausblick auf das Ziel der Versöhnung in sich. Diese lässt sich nicht auf morgen verschieben, sie gehört heute schon zum Befreiungsprozess, sonst gleitet dieser leicht in einen ideologisch unversöhnlichen Klassenkampf ab. Das Heil in Christus ist unteilbar. Es steht im Zentrum des Befreiungs- und Versöhnungsprozesses. Theologie und Kirche sind inmitten des Konfliktes einer gegebenen Gesellschaft dazu verpflich-

tet, auf die doppelte Gefahr der voreiligen Versöhnung und des falschen Friedens hinzuweisen, welcher kein Friede ist, sowie auf die drohende Verdrängung des Versöhnungsmotivs durch programmatische Unversöhnlichkeit.
Mir scheint, dass Korea im Verlauf seines Demokratisierungsprozesses den Ausgleich zwischen beiden Extremen findet und so eine Schlüsselposition in Südostasien erreicht. Es ist, glaube ich, kein Zufall, dass gerade christlich eingestellte Politiker dazu einen Beitrag leisteten. Sie verdienen unsere ökumenische Solidarität.
In Japan, dem anderen von uns besuchten asiatischen Land, wurden wir mit anderen Eindrücken und Erfahrungen konfrontiert. Wirtschaftlich gesehen ist es eine hoch entwickelte Industriegesellschaft. Politisch gesehen haben sich trotz aller Widrigkeiten tragfähige demokratische Strukturen entwickelt. Kirchlich gesehen ist Japan ein Land, in welchem das Christentum trotz seiner relativ langen Präsenz mit nur einem Prozent eine verschwindend kleine Minderheit darstellt. Der Unterschied zwischen Korea und Japan kann in diesem Sinne paradox ausgedrückt werden: In Korea lebt in einem eher ärmeren Land eine verhältnismäßig reiche Kirche, während im reichen Japan die Kirche relativ arm ist.
Die japanischen Kirchen leiden an inneren Gegensätzen: Ich kenne kein Land, in welchem nach 1968 und später innerhalb der Kirchen solch harte Konflikte ausgefochten wurden. Schon die Kyodan-Kirche, die Vereinigte Kirche Christi, mit welcher ich am meisten Kontakt hatte, ist an ihren inneren Konflikten beinah zerbrochen. Heute sind diese Konflikte mehr oder weniger überwunden. Doch die Narben sind noch frisch und sie zeigten sich im Misstrauen zwischen den Pfarrern der achtundsechziger Generation und ihren ehemals hoch verehrten Lehrern.
Ungeachtet ihrer numerischen Schwäche in einem überwiegend buddhistischen und schintoistischen Land ist der Anteil der Christen am kulturellen Leben Japans weitaus stärker als vermutet. Das hat vor allem zwei Gründe: Die christlichen Missionen und die Kirchen stellen in der Erziehung und im Hochschulbereich eine Kraft dar, die ihresgleichen sucht. Ei-

nige der renommierten japanischen Universitäten sind christlichen Ursprungs, so z.B. die ökumenische International Christian University, die Sophia University der Jesuiten in Tokio und die Doshisha University in Kyoto, wo ich zu einem Vorlesungszyklus, den sog. Ashida Lectures eingeladen war. An keiner dieser Universitäten gibt es irgendwelche konfessionellen Einschränkungen, überall sind die Christen in der Minderheit, doch überall ist der christliche Einfluss spürbar und es scheint, dass die anderen ihn respektvoll akzeptieren, was sich dann in der Öffentlichkeit niederschlägt.
Das gilt auch für die christliche Publizistik. In Japan gibt es eine Reihe prosperierender, kirchlich interessierter Verlage. Aber auch ideologisch ungebundene Verlage sind für theologische Literatur unerwartet offen. So waren die Bücher von Hideo Ohki aus Tokio über Karl Barth rasch vergriffen. Auch meine Bücher hatten in Japan Erfolg. Die grundlegenden sind alle übersetzt, ebenso eine Predigtsammlung aus den „Basler Predigten", wie sie noch in keiner Fremdsprache erschienen ist. Kein Zweifel: Japan ist theologisch gesehen kein Entwicklungsland. Es hat eine starke, eigenständige theologische Produktion aufzuzeigen und ist im Weltmaßstab stark auf die Ökumene ausgerichtet. In dieser Hinsicht können wir m.E. im deutschsprachigen Raum den Japanern nicht das Wasser reichen. Die führenden japanischen Schulen berücksichtigen nicht nur die amerikanische und die deutsche Theologie, sondern verfolgen auch, was sich in anderen Weltgegenden, besonders in Asien tut. Das konnte man an den thematischen Wünschen meiner japanischen Gastgeber ablesen. So referierte ich nicht nur über den ethischen Ansatz der Theologie Karl Barths und Dietrich Bonhoeffers, denen sich in Japan systematisch arbeitende Karl-Barth- und Dietrich-Bonhoeffer-Gesellschaften widmen, sondern auch über J.L. Hromádka und das theologische Profil der tschechischen Reformation. Typisch für die japanischen Theologen war, dass sie jeden ökumenischen Besuch dazu nutzten, ihren theologischen und ökumenischen Horizont zu erweitern und ihre Kenntnisse zu vertiefen. Ich glaube, dass sie uns darin ein mustergültiges Vorbild sind.

Erweiterter Horizont

Über den Nordpol kehrten wir von Tokio nonstop nach Europa zurück. Es war wahrhaftig kein Freisemester mit ferienmäßiger Weltreise. Aber die neuen Erkenntnisse und Erfahrungen waren eine ungeheure Bereicherung. Nicht dass die theologische Situation in den von mir besuchten Ländern und Universitäten für mich immer eine Entdeckung gewesen wäre. Viele Vertreter dieser Länder und Kirchen kannte ich schon von meinen ökumenischen Kontakten her. Aber Australier, Koreaner, Japaner in internationaler Umgebung anzutreffen, ist nicht dasselbe, wie wenn man sie zu Hause in ihren Kirchen und Gesellschaften besucht. Daraus konnte ich zum Abschluss meiner Lehrtätigkeit neue Erkenntnisse und Initiativen gewinnen. Deshalb kehrten wir mit großer Dankbarkeit zurück und ich freute mich jedes Mal, wenn ich einige Kirchen und Universitäten in den USA, in Schottland und insbesondere in Korea auch später noch besuchen durfte. Für die Fülle an Eindrücken, hauptsächlich aber für die ökumenische Solidarität mit Christen aus verschiedenen Erdteilen, zu denen auch Afrika gehört, empfinde ich tiefe Dankbarkeit.
Doch bei all diesen fast unbegrenzten Möglichkeiten, die weite Welt zu bereisen, blieb in der Tiefe meiner Seele immer ein schmerzender Punkt zurück: Mir stand die Welt offen, doch ein Weg blieb immer verschlossen, obwohl ich ihn am liebsten unter die Füße genommen hätte – der Weg in die alte Heimat.

Fahrten in die alte Heimat

Wie ein reißender Bach

Die Novembertage des Jahres 1989 waren für uns alle ein tiefer und befreiender Einschnitt. Eliška und ich waren gerade mit Regula Gessler in den Bergen, wo wir unser Ferienhäuschen in der Lenk für den Winter rüsteten. Dort hörten wir immer Radio Free Europe, das in den Alpen besser zu empfangen war als in Basel. So erfuhren wir zum ersten Mal die sensationellen Berichte von den gewaltigen Studentendemonstrationen und den brutalen Übergriffen der Prager Polizei. Das verschlug uns den Atem. Noch vor wenigen Wochen waren unser Neffe Aleš mit seiner Frau Magdaléna bei uns zu Besuch gewesen. Beim Abschied fragte sie Eliška: „Alles ist in Bewegung gewesen, auch auf der deutschen Botschaft in Prag. Was meinst du, ist so etwas auch bei uns möglich?“ „Ich sehe keine Anzeichen dafür“, lautete die Antwort. Und jetzt war es auf einmal losgegangen.

Während dieser entscheidenden Tage hingen wir fortwährend am Radio. Mit wachsender Hoffnung und tiefem Respekt hörten wir Václav Havel und die Leute aus seinem Umfeld den radikalen Wechsel beschwören. Unvergesslich sind die Parolen von Wahrheit und Liebe und jene einfachen Worte: „Wir sind anders.“ Wenn unsere Befreiung von 1945 und die Nachkriegsereignisse vom Verhalten einiger Tschechen überschattet wurden, die bewiesen, dass wir „auch nicht besser“ waren als die anderen, so war es diesmal nicht so. Und über die Letná-Wiesen ertönte dank der christlichen Inspiration des

dissidenten Priesters Václav Malý aus Hunderttausenden von Kehlen das Unservater.
An einem jener Tage fanden wir im Losungsbuch der Herrnhuter Brüdergemeine, das Eliška und ich jeden Tag lesen, folgenden Vers aus Amos 5, 24: „Aber es ströme wie Wasser das Recht, und die Gerechtigkeit wie ein unversiegbarer Bach!“ Wir konnten diese Samtene Revolution nicht anders verstehen denn als Bewegung aus der Tiefe des kostbarsten Erbes unserer Geschichte. Menschliche Verwirrungen und Gottes Vorsehung. So sehe ich es bis heute.
Begeisterung und Dankbarkeit sind nicht mit Illusion gleichzusetzen. Die biblisch orientierte Weltsicht weiß, dass wir sündigen Menschen nicht ohne Flecken und Falten davonkommen. Es dauerte nicht lange und aus jenen Wassern und reißenden Bächen wurde Rinnsale, Wahrheit und Liebe wurden mit einem Anflug von Ironie als naives „samtenes“ Beiwerk bezeichnet. Dann begann man allmählich von der „Marktwirtschaft ohne Adjektive“ zu sprechen, womit wirtschaftliche und politische Raffgier ohne irgendwelche moralische und geistige Skrupel oder rechtliche Vorbehalte gemeint war. Manches wurde auf dem Weg in eine neue Gesellschaft versäumt und falsch gemacht. Unter anderem deshalb, weil ohne Respekt für das, was der Prophet mit „Gericht“ und „Gerechtigkeit“ bezeichnet, ohne „Wahrheit und Liebe“ auf Dauer keine menschlich prosperierende Gesellschaft errichtet werden kann. Auch bleibt unter solchen Voraussetzungen der ökonomische Erfolg aus oder wird zumindest in Frage gestellt.
Dennoch gilt auch nach zwölf Jahren grundsätzlich immer noch: Der Weg war und ist offen. Es lohnt sich, sich in unserer damals und weiterhin offenen Gesellschaft weltlich und geistlich zu engagieren. Auch wir wollten unser Scherflein dazu beitragen.

Wieder wie zu Hause

Bald nach den Novemberereignissen erhielt ich eine herzliche Einladung des Synodalrats, an den traditionellen Pfarrerkursen Anfang Februar in Prag teilzunehmen. Das allein war

schon eine beglückende Gelegenheit, denn vor 1968 hatte ich Programme für diese Kurse zusammengestellt, die immer einen intensiven, manchmal sogar dramatischen Verlauf nahmen. Diese Tradition sollte jetzt fortgesetzt werden, wo die Auseinandersetzung um das Verhalten der Kirchenleitung während der „Normalisierung" und in der Epoche davor ins Rollen gekommen war. Das mir gestellte Thema befasste sich mit der Gültigkeit der Traditionen der tschechischen Reformation und der christologischen Perspektive unserer Beziehung zur säkularisierten Welt. Die Einladung faszinierte mich sowohl thematisch wie auch als Konferenz von Pfarrern.
Die Rückkehr in die Heimat nach einer so langen Zeit schlug uns aufs Gemüt. Wir hatten die Hoffnung aufgegeben, jemals wieder in die Heimat zurückzukehren und jetzt standen uns Türen und Herzen offen. Pavel Smetana, der damalige stellvertretende Synodal-Senior, ein ehemaliger Student von mir, holte mich am Flughafen ab. Das erste Brüdergesicht auf heimatlichem Boden! Wir fuhren zum Sitz der Regierung, um den Synodal-Senior Josef Hromádka aufzusuchen, der inzwischen stellvertretender Ministerpräsident geworden war und dem ich im Ausland stets gerne begegnet bin. Noch am selben Abend nahm ich an einer Fernsehdiskussion teil, dann folgte eine kurze Verschnaufpause. Am 4. Februar predigte ich in der Salvatorkirche. Der Predigt lag ein klassischer Text der tschechischen Reformation zugrunde, die Vision aus dem 21. Kapitel der Offenbarung über den neuen Himmel und die neue Erde und das Neue Jerusalem bis hin zu der Verheißung: „Siehe, ich mache alles neu." Nicht als Absegnung des zu unserer Freude in Prag Geschehenen, sondern als Ermunterung, dass die Verheißung des Neuen die Ebene des Politischen und des Privaten zwar übersteigt, aber auch auf sie hinzielt, indem sie die persönliche und gesellschaftliche Hoffnung weckt. In der gleichen Kirche hielt ich am Nachmittag einen Vortrag über das Erbe von T.G. Masaryk.
Erst danach begannen die Verpflichtungen des Pfarrerkurses. Viele meiner besten Studenten und Freunde waren nicht mehr am Leben. Bewegt dachte ich an sie, besonders an Vladimír Kalus, einen opferbereiten Pfarrer, an Jan Lukáš, der eben-

falls ein beharrlicher Gemeindeerbauer war, auch im wörtlichen Sinne. Der Kirchenneubau in seiner Gemeinde Jarov war durch behördliche Maßnahmen ständig in Frage gestellt, was uns in Basel während Jahren zu schaffen machte, weil wir die dortige Gemeinde mit namhaften Beträgen unterstützten. Mit dem ebenfalls verstorbenen Miroslav Rodr hatte ich während der Jahre der Trennung intensiven theologischen und persönlichen Kontakt. Aber bald fühlte ich mich unter den Brüdern und Schwestern, insbesondere unter meinen ehemaligen Studenten wieder ganz heimisch, obwohl wir uns jahrzehntelang nicht gesehen hatten. Nur in einigen Debatten des ersten Pfarrerkurses in der erregten Situation der ersten Versammlung in völliger Freiheit konnte ich nicht allem folgen. Über meinen ersten Heimatbesuch veröffentlichte der Kalich-Verlag eine Textsammlung mit Predigten, Vorträgen und einem Interview unter dem Titel: „Gottes Geschick in der Welt".
Nach diesem ersten Besuch verging kein Jahr, an dem ich nicht mindestens zwei- bis dreimal in die Tschechoslowakei, später nach Böhmen und Mähren reiste. Ich kann nicht alle Besuche aufzählen, vielmehr möchte ich sie thematisch gliedern. Wie gesagt habe ich mich in Prag gleich beim ersten Besuch wie zu Hause gefühlt, wobei man das Wörtlein „wie" getrost weglassen kann: Nicht „wie zu Hause", sondern: „zu Hause". Nach langen Jahren konnte ich meine beiden Schwestern endlich ohne irgendwelche Einschränkungen wieder sehen. Věra und Marie waren weit über siebzig, aber durch die Wende richtig aufgelebt. Věra hatte Mühe beim Gehen, aber der Kampf um die neue Orientierung elektrisierte sie. Dass sie das noch erleben und ihre beiden in den Westen emigrierten Söhne Jan und Petr Mířejovský wieder sehen durfte! Ihre Berichte über politische und kirchliche Themen waren für mich stets informativ und hilfreich. Auch für Eliška gab es ein frohes Wiedersehen mit ihrer Schwester Zdena und deren Kindern Aleš und Jana. Die Familie meiner Schwester Marie war ein Beispiel dafür, dass Christen, die früher von Führungspositionen ferngehalten wurden, weil sie in den Augen der Staatideologie die falschen Voraussetzungen hatten, jetzt Karriere machen konnten. Mit einem Male wurde mein Neffe Jiří Leiter der Perso-

nalabteilung eines großen Kraftwerks. Die Nichte Marie konnte an der medizinischen Fakultät Psychologie dozieren und ihre Cousine wurde Direktorin des Gymnasiums in Hradec Králové. Das, was früher hinderlich war, nämlich zur eigenen Überzeugung zu stehen, war jetzt eher ein Vorteil, obwohl sich diese Tendenz leider nicht allgemein durchgesetzt hat.

„Zu Hause" war für mich auch die Heimatstadt Nové Město. Es verging kein Sommer mehr, in dem ich nicht dorthin gefahren wäre. Es war fast beschämend, wie viele Leute sich gleich vom ersten Moment an bei mir meldeten. Unter jedem weißhaarigen Schopf, den ich von weitem erspähte, steckte womöglich ein ehemaliger Klassen- oder Spielkamerad. Auch jüngere Leute kannten mich durch Radio Free Europe, das mehrmals über meine Arbeit berichtet hatte und in dessen Sendungen ich in den Jahren des Exils öfters aufgetreten war. Bei erster Gelegenheit baten mich die Neustädter um einen öffentlichen Vortrag oder wenigstens um einen Auftritt in der Veranstaltungsreihe „Ein Stuhl für einen Gast". Auch alte Kontakte auf der sportlichen Ebene ließ ich wieder aufleben, z.B. mit Josef Grim, meinem Jugendfreund, der obwohl zweifelsfrei aus der Arbeiterklasse stammend, während der Totalität verfolgt wurde. Ermunternd waren auch die Begegnungen mit Brüdern und Schwestern aus der Gemeinde und mit anderen Kirchen, z.B. dem hussitischen Pfarrer Böhm und vor allem mit Frau Libuše Sochorová.

Ihr ist es zu verdanken, dass ich in Nové Město über meinen Freundeskreis hinaus bekannt blieb. Schließlich beschlossen die politischen Instanzen der Stadt, mir das Ehrenbürgerrecht von Nové Město zu verleihen. Der Anlass fand im September 1991 statt, als ich zu einem Klassentreffen „fünfzig Jahre Matura" anreiste. Diese Ehrung hat mich tief gerührt.

An den Universitäten

„Heimat" waren mir aber auch die tschechische Kultur allgemein und die tschechischen Hochschulen im Besonderen. Man sollte besser von tschechisch-slowakischen Hochschulen sprechen. Wiederholt wurde ich an die Komenius-Universität in

Bratislava eingeladen, wo ich Vorlesungen für die Hörer aller Fachbereiche hielt, sowie an die Evangelische Fakultät in Bratislava. Die slowakischen Hochschulen waren mir wichtig; denn ich habe von Kindesbeinen an tschechoslowakisch empfunden. Vier Universitätsprofessoren im Exil haben denn auch gegen das Auseinanderfallen der Tschechoslowakei protestiert, nämlich die Slowaken Prof. Lubomír Ďurovič aus Lund und Dozent Dušan Šimko aus Basel und als Tschechen Jan Peter Locher aus Bern und ich. Nachdem die Trennung vollzogen war, waren wir bemüht, die geistigen Bande zu bewahren. So haben wir Rektor Juraj Švec aus Bratislava bei uns in Basel willkommen geheißen.
Ein anderer offizieller Gast war der Prager Rektor Radim Palouš. Als weiser Intellektueller mit christlicher Orientierung war er darum bemüht, Ungerechtigkeiten im universitären Umfeld wieder gutzumachen. Unter ihm kehrten drei theologische Fakultäten an die Universität zurück. Darüber hinaus entwickelte er ein Programm der „universitären Spiritualität". Zu meiner Freude war er sowohl bei meiner Abschlussvorlesung in Basel anwesend als auch kurze Zeit später an der Karlsuniversität in Prag, wo er meine Ehrenpromotion präsidierte. Mit dem Prager Rektorat pflegte ich während Jahren herzlichen Kontakt. Zu meiner Genugtuung konnte ich auf Schweizer Seite den Austausch von Studenten und „Praktikanten", aber auch von Dozenten fördern. Als tschechischer Nachwuchstheologe kam Dozent Jan Štefan, wenn auch nur für kurze Zeit, zu uns und ich entdeckte in ihm einen Systematiker klassischer und anspruchsvoller theologischer Orientierung. Einer der Höhepunkte meiner Zusammenarbeit mit dem Prager Rektorat waren akademische Anlässe im Rahmen des 650. Jahrestages der Gründung der Prager alma mater. Ich referierte an einem Symposion europäischer Rektoren über das mir sehr vertraute Thema der „Idee der Universität"; ein weiteres Referat hielt ich an einem tschechischen Symposion zur Frage der Beziehung von Exil und Heimat auf akademischem Niveau.
1992 wurde aus Anlass seines 400. Geburtstags ein Jan-Amos-Comenius-Jahr begangen. In Absprache mit tschechischen Comeniologen wie Radim Palouš oder Dagmar Čapková hielt

ich an einer Reihe von europäischen und canado-amerikanischen Universitäten Vorträge über das theologische Profil von Comenius.
Einer der Höhepunkte des Comenius-Jahres war ein Kongress in Prag mit zahlreichen Teilnehmern. Im Rahmen dieses Kongresses fand dann meine Ehrenpromotion im Karolinum statt, wo ich zusammen mit dem deutschen Comeniologen Prof. Schaller den Ehrendoktor erhielt. Vor der Promotion hatte ich eine Begegnung mit Präsident Havel. Bei der Feier traf ich eine Reihe von Persönlichkeiten des tschechischen kirchlichen und akademischen Lebens, die meisten Rektoren und den Königgrätzer Bischof Karel Otčenášek, der mich immer ganz herzlich als ostböhmischen Landsmann begrüßte. Auch der päpstliche Nuntius, der Schweizer Botschafter und der damalige Basler Rektor Karl Pestalozzi waren anwesend.
Mein Ehrendoktorat geht zurück auf einen Vorschlag von Prof. Zdeněk Kučera, Dekan der Hussitischen Fakultät. Ich schätze seine dogmatische Arbeit, die die Linie derer fortsetzt, die mir

Gratulation des Rektors Radim Palouš nach der Ehrenpromotion an der Karlsuniversität in Prag. In der Bildmitte der Dekan der Hussitischen Theologischen Fakultät Zdeněk Kučera

sachlich und theologisch nahe standen. Einer dieser Theologen war Zdeněk Trtík, ein bedeutender tschechischer Theologe meiner Zeit, der sich aus der Tiefe theologischer Erkenntnis um eine biblischere und ökumenischere Orientierung seiner Kirche verdient gemacht hat. Durch Zdeněk Kučera kam ich in Kontakt mit weiteren Mitarbeitern seiner Fakultät. Zu ihnen gehörte der Neutestamentler Sázava, mein ehemaliger Student Ján Liguš und der Kirchenhistoriker Lášek, der sich um ein Hus-Symposion 1963 in Bamberg verdient gemacht hatte, an dem eine starke Gruppe katholischer Denker, u. a. der heutige Pilsener Bischof Radkovský, teilnahm. Die Hussitische Fakultät hat mich wiederholt zu Vorlesungen eingeladen, einmal zu einem ganzen Zyklus über Pneumatologie. Selbstverständlich besuchte ich auch die Evangelisch-Theologische Fakultät. Hier lehrten noch einige meiner ehemaligen Studenten wie Trojan, Balabán, Filipi und Pokorný. Es gab weniger Einladungen, aber es waren für mich wichtige Anlässe. Einmal hielt ich am Lehrstuhl von Jan Štefan einen Vorlesungszyklus über Christologie, ein andermal durfte ich von einem Angebot Gebrauch machen, das die Fakultät ihren siebzig Jahre alt gewordenen Lehrkräften unterbreitet. Ich galt als einer der ihren und so stellte ich mich der Aufgabe, im Rahmen einer Vorlesung zusammenzufassen, welche Schwerpunkte ich in meiner theologischen Arbeit gesetzt habe. Wesentliche Teile meines Vortrags bilden das Schlusskapitel dieses Buches.

Der entstandene Freiraum der demokratischen Gesellschaft führte zur Gründung neuer theologischer Schulen. Während der Totalität gab es für die evangelischen Denominationen lediglich eine theologische (Comenius-)Fakultät, was einige der kleineren evangelischen Kirchen als Unrecht empfanden. Die positive Seite dieses Zustands war, dass die aus unterschiedlichen Traditionen stammenden Studenten die Möglichkeit hatten, in belebender Weise auf einander einzuwirken. Mir persönlich kam zugute, dass ich bereits in meiner Kindheit die eher pietistisch orientierte Brüderunität hautnah miterlebt hatte, die in Bystré bei Nové Město relativ stark vertreten war und mit der wir ab und zu gemeinsame Bibelstunden

abhielten. Mit pietistisch und evangelikal ausgerichteten Studenten habe ich mich gut verstanden, solange sie nicht Anhänger eines geistlosen Fundamentalismus waren. Dasselbe galt für mein Schaffen in Basel, wo ich bis heute mit dem evangelikalen Seminar auf der Chrischona verkehre, wo eine Reihe tschechischer Prediger studiert hat, u. a. Jan Ulrich, Bischof der Herrnhuter Brüdergemeine.
Ich hatte also Verständnis für die Schaffung eines eigenen evangelikalen Seminars in Prag, obwohl es schade ist, dass sich dadurch der direkte Kontakt zu dieser Richtung des Protestantismus für die Fakultät lockert. Wenn Pavel Černý, der neue Präsident der Brüderkirche, mich das eine oder andere Mal eingeladen hat, so bin ich dieser Einladung gerne gefolgt. Einmal kam ich mit Studenten und Prager Predigern zusammen. Ein andermal in größerem Rahmen mit der Mehrheit der Prediger der Brüderkirche und anderer evangelikaler Bewegungen. Es handelte sich um eine sorgfältig vorbereitete Konferenz über Eschatologie, an der ich meinen ehemaligen Studenten Karel Taschner und Pfr. Jindřich Slabý begegnet bin, die beide bemerkenswerte Referate hielten. Anzeichen von Sektierertum, vor dem mich Einzelne gewarnt hatten, waren nicht auszumachen.

Medien und breitere Öffentlichkeit

Die Möglichkeit, eine breitere Öffentlichkeit anzusprechen, brachte mir ein weiteres Stück Heimat. Bereits in Basel habe ich diese Möglichkeit ausgekostet. Aber im tschechischen Umfeld war diese Möglichkeit neu. Dass die theologische Arbeit ihre öffentliche Dimension hat, wussten wir zur Genüge. Aber während der Totalität waren wir von einem Zaun umgeben, der hinderlich war und Gefahren in sich barg. Jetzt durfte ich das Leben ohne Zaun in der Heimat persönlich erleben. Schon in den ersten Tagen der Wende zeigten sich Rundfunk- und Fernsehsender an mir interessiert, was ich rege zu nutzen verstand. Am meisten hat mich die Sendung des Brünner Moderators Antonín Přidal „Von Auge zu Auge“ beeindruckt, die dank der Kompetenz ihres Moderators euro-

päisches Niveau hat. Die Bücher mit diesen Gesprächen waren schnell vergriffen, auch wenn der eigentliche Wert der Serie im spontanen lebendigen Gespräch liegt. Der monographische Zyklus „Genus“ besteht aus 15minütigen Porträts von über 100 tschechischen Zeitgenossen, die an den Wirkungsstätten der Porträtierten gedreht werden. In meinem Falle war es Prag, vor allem die mittelalterliche Kirche St. Martin in der Mauer und Aufnahmen von Vorlesungen an der Evangelischen Fakultät; dann vor allem Basel mit dem faszinierenden Münster, wo ich zufälligerweise predigte, als das Prager Fernsehteam seine Dreharbeiten machte; weiterhin das Frey-Grynaeum in seiner ganzen Schönheit, zusammen mit meiner Frau und unserem Kater Macek.
Daneben habe ich noch gute Erinnerungen an die einstündige, von Musik untermalte Radiosendung „Kavárna“. Auch in Zeitungen erschien eine Reihe von Interviews. Die tschechischen Kirchenblätter und theologischen Fachzeitschriften – auch katholische und hussitische – brachten regelmäßig Beiträge von mir.
Die Ansprache der breiteren Öffentlichkeit geschah jedoch nicht nur mittels der Medien. Im Brünner Stadion fanden Massenveranstaltungen statt, 1990 zu Masaryks 150. Geburtstag und zwei Jahre später eine Comenius-Feier. Die Vorträge im Stadion waren jeweils von Musik und Rezitationen umrahmt und von Nachgesprächen in Gruppen begleitet. In guter Erinnerung sind mir auch die Vorträge an der Brünner Masaryk-Universität unter Rektor Jelínek.

Masaryk und Comenius

Wie die schon öfters erwähnten Namen Masaryk und Comenius verraten, habe ich mich oft mit diesen für die Ausrichtung unserer Demokratisierungsversuche wichtigen Persönlichkeiten befasst. Beide Namen waren für mich Programm. Deshalb ein paar Worte über sie.
Masaryk war für mich ein Leben lang Leitfigur, die mir die Schule und vor allem mein Elternhaus nahe gebracht hat. Als ich alt genug war, las ich bereits kleinere Schriften wie „Hu-

manistische Ideale", oder „Über das Studium dichterischer Werke", später „Der moderne Mensch und die Religion" und Karel Čapeks „Gespräche mit T.G.M." Für meine Habilitation arbeitete ich seine „Tschechische Frage" durch. Dieser Lektüre war meine erste Seminararbeit an der Philosophischen Fakultät bei J.B. Kozák gewidmet. Jan Patočka gab mir „Russland und Europa" und „Die Weltrevolution" zu lesen. Bei meinen Auslegungen zum Marxismus leistete mir Masaryks „Soziale Frage" gute Dienste; darüber verfasste ich im Exil und später zu Hause einige Studien, z.B. für die Soziologische Zeitschrift in Tschechien. So entwickelte ich trotz Vorbehalten seiner Religionsphilosophie gegenüber ein direktes persönliches Verhältnis zu Masaryk.

Verleihung des Masaryk-Ordens durch Präsident Havel

Dazu eine kleine Bemerkung. Der Tod Masaryks 1937 machte mich wie viele meiner Zeitgenossen tief betroffen. Ich war damals 15 Jahre alt und wollte mich mit einem symbolischen Akt dazu verpflichten, Masaryk mein ganzes Leben lang in Ehren zu halten. In Anlehnung an Beneš' Gelübde an Masaryks Sarg schrieb ich folgende Worte auf einen Zettel: „Ich werde dem Erbe TGMs treu bleiben." Diesen Zettel versiegelte ich

in Glas und vergrub ihn im Garten. Dort ist er noch heute. Auch heute versuche ich mich an dieses Versprechen zu halten. Als Präsident Havel mir zum 80. Jahrestag der Republikgründung den T.G. Masaryk-Orden verlieh, empfand ich diese hohe Auszeichnung wohl als unverdient, aber irgendwie „logisch“: Auf dem Orden ist Masaryk abgebildet und die Worte „Wir werden treu bleiben“. Ich bemühte mich, gerade in den Masaryk-feindlichen Zeiten der nazistischen und der kommunistischen Diktatur das Gelübde zu halten. Nach der Wende trat ich der Masaryk-Gesellschaft bei. Mir wurde gar die Präsidentschaft dieser Vereinigung angetragen. Es war eine Ehre, aber ich konnte dieses Amt nicht annehmen. Aus der Ferne ließ sich dieser Auftrag nicht verantwortungsvoll ausüben. Ich bat also darum, mich zu entschuldigen. Den Vertrauensbeweis rechne ich der Masaryk-Gesellschaft hoch an.
Jan Amos Komenský ist die zweite Persönlichkeit, dessen Erbe ich mehrere Male in großen öffentlichen Versammlungen und auf internationalen Symposien beschwor. Er wurde mir erst in Basel zur Leitfigur im wörtlichen Sinne. In Prag lehrte ich zwar an der Comenius-Fakultät, doch Comenius selber habe ich den Fachleuten, insbesondere Amedeo Molnár überlassen. Einige tschechische Comeniologen betonten die Notwendigkeit, nicht nur dem Pädagogen und Pansophen, sondern auch dem Theologen Comenius vermehrt Aufmerksamkeit zu schenken. Unter marxistisch-ideologischer Beaufsichtigung war das für sie nur bedingt möglich. Darum sprachen sie mir zu, mich im Exil mit Comenius zu befassen. In Basel begann ich also seine Schriften zu studieren. Komenskýs Trinitätstheologie war eine Entdeckung. Ebenfalls sein Eifer für den universellen Horizont wissenschaflicher Arbeit und für die Kommunikation unter den Wissenschaften. Erst recht natürlich sein Schicksal als tschechischer Intellektueller im Exil und sein damit verbundenes beispielhaftes Europäertum. Ich schätzte die Kommunikation aus Basel mit tschechischen Comenius-Forschern wie Dr. Jiří Beneš und Dr. Marta Bečková oder mit dem Deutschen Klaus Schaller und dem Berliner Dr. Werner Korthaase.
Die dritte tschechische Persönlichkeit, mit der ich mich

befasste, war Magister Jan Hus. Die tschechische Jan-Hus-Gemeinde in Zürich veranstaltete während der ganzen Exilzeit bis heute jedes Jahr um den 6. Juli, dem Todestag des tschechischen Reformators, Zusammenkünfte in Konstanz, an denen ich wiederholt Ansprachen hielt. Über Hus referierte ich in österreichischen und deutschen Sendern, zuletzt eine Stunde lang im Süddeutschen Rundfunk, um den Hörern das revolutionäre Gedankengut des 15. Jahrhunderts näher zu bringen. Nach 1989 kam ein Schwall von Einladungen aus verschiedenen tschechischen Städten zum 6. Juli auf mich zu, die ich unmöglich alle befolgen konnte. Ich erinnere mich an einen Vortrag auf dem Hauptplatz in Hus' Geburtsort Husinec, wo der damalige Finanzminister Václav Klaus auf mich zukam und ein Grußwort übermittelte, an eine Versammlung der Gesellschaft für Wissenschaft und Kunst in der Bethlehemskapelle in Prag oder an die traditionelle Versammlung auf den „Kelch"-Felsen in der Nähe von Železný Brod.
Eine neue Erfahrung war für mich die Begegnung mit tschechischen Schülerinnen und Schülern. In Nové Město in Mähren und in Svitavy haben mich kirchlich engagierte Mittelschuldirektoren zu mehrstündigen Gesprächen mit den Schülern eingeladen. Mit der akademischen Jugend zu kommunizieren, bereitete mir nie Schwierigkeiten, mit Jüngeren hatte ich jedoch Mühe. Doch die Begegnungen mit Schülern an den erwähnten beiden Orten haben sich tief in mein Gedächtnis eingeprägt. Besonders diejenige in Nové Město in Mähren. Es war Frühling, doch draußen herrschte frostiges Wetter. In den Bergen war über Nacht Schnee gefallen. In Begleitung von Pfarrer Daniel Ženatý erreichte ich die Kirche nur mit Mühe. Die Kirche war übervoll. Kurz nach dem Grußwort des Direktors führte ich in das Gespräch ein, das sofort in Gang kam. Kaum hatte ich die Fragestunde eröffnet, lag schon eine Reihe von Zetteln mit Fragen vor, die historische, politische Fragen und Fragen des Glaubens und der Ökumene betrafen. Das Ganze dauerte einige Stunden und keiner der anwesenden Schüler schien gelangweilt. Der Direktor schrieb später in einem Zeitungsbericht, er sei schon lange nicht mehr so stolz auf seine Schüler gewesen wie an jenem Vormittag. Auch

in Svítavy war das Echo sehr herzlich. Für mich war es ein Zeichen der Hoffnung, dass unsere Schulen auf eine tiefere und kultiviertere Erziehung hinarbeiten.

In den Gemeinden und in der Ökumene

Die meisten Heimataufenthalte galten der Kirche und ökumenischen Anlässen. Zwei davon fanden jedes Jahr statt. Der katholische Priester und ehemalige Klassenkamerad P. Jaroslav Knittl hatte den Anstoß zu Akademischen Wochen in Nové Město nad Metují gegeben, die ich nicht versäumen durfte. Während der Totalität verfolgt, stürzte er sich nach 1989 mit aufgestauter Energie in eine Reihe von Unternehmen, auch der verlegerischen Richtung, die jedoch wenig erfolgreich waren. Dauerhafter waren besagte Akademische Wochen. Sie fanden in einem ehemaligen Pfadfinderlager statt, wo mitten in der Natur ein Zentrum mit Zelten und Hütten errichtet worden war, das man ohne größere Schwierigkeiten in ein Konferenz- und Freizeitzentrum umgestalten konnte. P. Jaroslav und nach seinem frühzeitigen Tod seine Nachfolger brachten es fertig, eine Reihe führender Katholiken, bald darauf auch Evangelische und Leute aus der Hussitischen Kirche als Referenten zu gewinnen. Zu einzelnen Vorträgen wurden auch Interessenten aus Nové Město eingeladen. Oft wurde ich als Referent und Diskussionsleiter angefragt.
Die zweite, ökumenisch orientierte Konferenz findet regelmäßig in Bechyně statt. Gegründet wurde sie vom Pianisten Radoslav Kvapil in Zusammenarbeit mit Věra Lukášová als Begegnung zwischen „Bibel und Kunst“ im Rahmen des Südböhmischen Musikfestivals. Ökumenische Mitarbeiter, zu denen die als katholische Dissidentin bekannte Marie Kaplanová gehört, bereiten ein anspruchsvolles theologisches Programm vor, innerhalb dessen z.B. der Philosoph Jan Sokol und die Soziologin Jiřina Šiklová anregende Vorträge halten. Ein hoher Stellenwert kommt auch dem christlich-jüdischen Dialog zu. Die Veranstaltungen dauern den ganzen Tag, der Abend ist dann der Musik gewidmet, dank Radoslav Kvapil auf hohem internationalem Niveau. Das ganze wird bereichert durch

Ausstellungen vornehmlich aus dem Œuvre von Miroslav Rada und seinem Sohn Ondřej. Zum Abschluss der mehrtägigen Veranstaltung findet dann eine Gartenparty unter der Regie von Marie Fischerová statt. Für viele Teilnehmer wird auf diese Weise die einstige Tradition des Akademischen CVJM fortgesetzt. Leider kann ich an diesen Wochen nicht immer teilnehmen.
Ein anderer, einmaliger Anlass war die ökumenische Versammlung in Libice zum Adalbert-Millennium. Der Hl. Adalbert (=Vojtěch) von Prag, der im Jahre 997 als Missionar der heidnischen Pruzzen den Märtyrertod erlitt, war eine integrative Gestalt der böhmischen Kirchengeschichte. Damit steht er im Gegensatz zum 1995 heiliggesprochenen gegenreformatorischen Eiferer Sarkander, der polarisierend wirkte. Adalbert hat darüber hinaus gesamteuropäische Bedeutung, weil der Heiligsprechungsprozess des in Gnesen begrabenen Märtyrers eng mit der Verselbständigung der katholischen Kirche in Polen durch die Gründung des Erzbistums Gnesen im Jahre 1000 verbunden ist. Vertreter aller tschechischen Kirchen kamen zur ökumenischen Versammlung nach Libice. Mir fiel die Aufgabe zu, den Kongress über sein Werk zu eröffnen und im ökumenischen Gottesdienst zu predigen.
Meine ureigene geistliche Heimat sind jedoch die Gemeinden der Evangelischen Kirche der Böhmischen Brüder. Deren Einladungen suchte ich wenn immer möglich Folge zu leisten. Ich wusste es zu schätzen, dass die erste Einladung vom Synodalrat kam und dass ich mit der Kirchenleitung, namentlich mit Synodal-Senior Pavel Smetana und der Kuratorin Dr. Lydie Roskovcová in dauerhaft herzlichem Kontakt stehe. Meine Reisen zu einzelnen Kirchgemeinden hatten zwei Schwerpunkte. Den ersten bildete, wie könnte es anders sein, Prag, indem ich bei jedem wissenschaftlich oder ökumenisch motivierten Aufenthalt in einer der Prager Gemeinden predigte, meistens in der Kliment-Gemeinde. Den zweiten Schwerpunkt bildete das Umland meiner Heimatstadt mit den Gemeinden Šonov, Náchod, Hronov, Broumov, Tis, Semonice und natürlich Nové Město selbst.
Aus der langen Reihe anderer besuchter Gemeinden möchte

ich eine erwähnen, die direkt mit Basel zu tun hatte. Vor vier Jahren erhielt ich eine Anfrage der kantonalen Behörden. Eine tschechische evangelische Gemeinde hatte ein Beitragsgesuch für die Renovation ihrer Kirche an die Stadt Basel gestellt. Eigentlich ist es nicht vorgesehen, dass der Staat ausländische Kirchen unterstützt. Dafür ist das Hilfswerk der Evangelischen Kirchen der Schweiz zuständig, das sehr wirkungsvolle Hilfe in der Dritten Welt und in den ehemaligen Ostblockländern leistet. Dr. Scheuring von der Staatskanzlei bat mich um ein Gutachten in diesem Ausnahmefall und sandte mir die Unterlagen. Daraus ergab sich, dass es sich um die kleine Toleranzgemeinde in Bukovka handelte. Der dortige Pfarradministrator hatte im Namen der Gemeinde nach Basel geschrieben und auch den Grund angeführt, warum seiner Ansicht nach die Basler Behörden eine Ausnahmeregelung in Betracht ziehen sollten. Dem Gesuch lag ein Photo der Inschrift an der dortigen Kirchenmauer bei, die daran erinnerte, dass die Kirche mit Hilfe der „freien, reformierten Stadt Basel" errichtet worden sei.
Basel ist heute eine freie, aber nicht mehr durchwegs reformierte Stadt. Aber ihre Vergangenheit ist reformiert. Auch haben die Basler Protestanten eine alte Tradition solidarischer Zuwendung zu osteuropäischen Minderheitskirchen: Schon J.A. Comenius und seine Böhmischen Brüder haben aus Basel Unterstützung erhalten. Auch die neuere Kirchengeschichte belegt diese Verbundenheit. Eine kaum bekannte Basler Stiftung der „Christentumgesellschaft" unterstützte während Jahrzehnten Pfarrerswitwen und Waisen in Böhmen und Mähren. Ich habe mich nach meiner Wohnsitznahme in Basel spontan an diesem solidarischen Werk beteiligt. So wurden Jahr für Jahr kleinere Beträge aus Basel an die Witwen in Tschechien überwiesen. Erst im Jahre 2001 wurde beschlossen, den Fonds dieser Stiftung nicht mehr von Basel, sondern von Prag aus zu verwalten. Kirchenratspräsident Dr. G. Vischer, Frau Dr. V. Truttmann, Dr. A. Barth und ich konnten anlässlich der feierlichen Übergabe des Fonds an den Synodalrat der Evangelischen Kirche der Böhmischen Brüder unvergessliche Tage der ökumenischen Solidarität in Prag erleben.

Zurück zum Gesuch der Gemeinde Bukovka. In meiner Antwort bat ich unter Berufung auf die lange Geschichte der Beziehungen zwischen Basel und der Böhmischen Kirche um eine wohlwollende Prüfung des Gesuchs. Zu meiner Freude beschloss die zuständige Kommission, einen Beitrag zur Renovation der Kirche zu leisten, mit welchem auch der Ausdruck der Dankbarkeit für das Wirken eines tschechischen Theologen an der Universität und in der Stadt verbunden sei.

Inschrift zum Gedenken an die großzügige Basler Hilfe an die Gemeinde Bukovka

Die Kirche konnte also renoviert werden. Pfr. Doležal und der Kirchgemeinderat luden mich zur Kirchweih ein. Darüber freute ich mich. Mein Beitrag war eine Predigt und ein Vortrag. So konnte mich davon überzeugen, dass die Renovation gelungen war, und die Basler Behörden darüber informieren.

Herbst 1999

Zum Schluss möchte ich über meinen Besuch vom Herbst 1999 in Böhmen und Mähren berichten, in welchem sich die kirchliche, die öffentliche und die fachliche Ebene miteinander verbanden. Anfang September fuhren Eliška und ich zusammen mit Regula Gessler nach Rhodos. Eine begeisternde Woche, angereichert mit dem kulturellen Erbe der Antike, des Mittelalters, der Orthodoxie und der Kreuzfahrer sowie dem wellenreichen Meer. Das Ende war für mich jedoch beschwerlich. Schon vor dem Abflug nach Rhodos zitierte Eliška gern den Satz, den wir vom Lateinunterricht her kannten: Hic Rhodos, hic salta. Dies musste sich einst ein prahlerischer Rhodenser sagen lassen, der außerhalb seiner Heimat behauptete, seine Landsleute sprängen auf ihrer Insel viel weiter als die restlichen Griechen bzw. Römer. Daher die Aufforderung: Rhodos ist hier, spring jetzt! Eliška nahm es ganz wörtlich und fand, ich solle den Salto lernen.

Und da geschah es, dass ich auf dem Flughafen vor dem Rückflug nach Basel unglücklich aus dem Autobus ausstieg und mir einen Riss der Achillessehne zuzog. Ich humpelte ins Flugzeug, in Basel leistete man mir sofort erste Hilfe. Mich durchzuckte der Gedanke, dass ich eine Reise nach Böhmen und Mähren geplant hatte, die ich jetzt womöglich absagen musste. Ich fragte den behandelnden Arzt, Prof. Harder, ob es denkbar wäre, nach Ablauf von vier Wochen eine solche Reise zu unternehmen und Vorträge zu halten. Er war wenig begeistert, sagte aber nicht kategorisch nein, als er sah, wie sehr mir an dieser Reise gelegen war. Ich müsse das Flugzeug nehmen, Spezialschuhe tragen und an Krücken gehen, sagte der Arzt. Daher informierte ich meine Freunde, dass ich für den Transport an die Vortragsorte Hilfe benötige.

Eliška und ich flogen am tschechischen Nationalfeiertag, dem 28. Oktober ab. Ich dachte an vergangene Nationalfeiertage in der Kindheit und an den letzten auf der Prager Burg mit der Ordensverleihung. Marek holte uns mit dem Auto am Flughafen ab, wir fuhren bei schönem Wetter an der Burg und den Letná-Wiesen vorbei – sozusagen Prag im Flug. Nach einem Ruhetag brachte mich Marek nach Heršpice, während Eliška bei ihrer Nichte Jana in Prag blieb. Wir machten einen Zwischenhalt auf dem Schlachtfeld von Austerlitz, dann erreichten wir das Pfarrhaus von Heršpice, wo Pfr. Tomáš Trusina uns empfing.

Am nächsten Tag war Sonntag. Ich machte mir Sorgen, ob ich mit den Krücken die Kanzel in Heršpice erklimmen könne. Es klappte und das Stehen während der Predigt bereitete mir keine Mühe. Am Nachmittag referierte ich über „Masaryk auf dem Wege nach Wien, Heršpice und auf die Prager Burg". Es ging darum, aufzuzeigen, was Masaryks Entscheidung bedeutete, der reformierten Kirche beizutreten, die er just in Heršpice getroffen hatte, woran heute eine Gedenktafel in der Eingangshalle der Kirche erinnert. Eine erfreuliche Veranstaltung, nicht nur weil mein Fuß mitmachte, sondern weil sich ein gutes Gespräch ergab.

Am Nachmittag brachte mich Tomáš Trusina nach Brünn, wo ein Gedenkabend für Božena Komárková, verbunden mit einer Buchpräsentation stattfand. Tomáš Trusina ist der Herausgeber der bescheiden aufgemachten, aber spritzigen evangelischen Monatszeitschrift „Protestant" und leitet den Verlag „eman", in welchem ein sechstes Bändchen aus dem Nachlass der Professorin erschienen war. Ich war um ein Vorwort gebeten worden und sollte nun im breiteren Rahmen des 10. Jahrestags der Samtenen Revolution über das Werk von Božena Komárková sprechen.

Zurück in Prag. Wenn ich nur wenige Schritte machen konnte, dann wenigstens auf dem Altstädter Ring. Nach diesen Schritten setzten wir uns in ein Straßencafé unter den Arkaden vor der Teynkirche. Alle Gäste waren Touristen. Wir bestellten Kaffee, was den Kellner dazu veranlasste, uns zuzuflüstern, es sei hier sehr teuer. Das stimmte, aber der Kaffee war ausgezeichnet und sicher nicht teurer als in der Schweiz. Als ich zahlen wollte und ihm den geforderten Betrag samt Trinkgeld reichte, meinte er: „Für Sie macht es die Hälfte." Zweierlei Preise, wie sie in Tschechien da und dort praktiziert werden, sind sicher problematisch. Andererseits haben es unsere Leute nicht verlernt, eine konkrete Situation zu erfassen. Der Kellner hatte ein tschechisches Rentnerpaar erblickt, den Mann an Krücken. Ich konnte ihm nicht klarmachen, dass wir kein Sozialfall seien. Doch seine spontane Rücksichtnahme auf zwei etwas angeschlagene alte Mitbürger hat mich beeindruckt.

Am Sonntag brachte mich Marek zur Salvatorkirche. Dort sollte ich Sváťa Karásek vertreten, der inzwischen diese größte evangelische Kirche Prags übernommen hat. Mit Karásek stand ich seit Jahrzehnten in einer besonderen Verbindung. Zuerst

als sein Lehrer, dann als Prediger bei seiner Hochzeit, dann während seines Schweizer Exils. Darüber berichtet er in seinem Buch „Der durchnässte Pfarrer" viel unterhaltsamer als ich es könnte. Und jetzt konnte ich mich persönlich davon überzeugen, welch großen Anklang mein ehemaliger Student in der Salvatorkirche fand; denn ich habe an einem normalen Sonntag in Prag noch nie vor einer so großen Gemeinde gepredigt. Entgegen den Zeitläuften und ihren Stimmungen – ein glaubhaft verkündigtes Evangelium wirkt.
Wie schon so oft in meinem Leben begleitete mich diese Erinnerung an Begegnungen mit unseren Gemeinden als kostbares Gut unserer Kirche nach Basel. Während des Exils hat mich diese Erinnerung im kirchlichen und akademischen Leben, in den Auseinandersetzungen in der Schweiz und in der Ökumene förmlich getragen. Und sie trägt mich, mit neuen Erfahrungen angereichert, bis heute. Ich erlebte diese Tage gleichsam als hinkender Bote mit Krücken auf der Kanzel. Aber vielleicht ist das ein Sinnbild für den Christen, ja für uns ältere Menschen schlechthin, wie es Josef Čapek in seinem Werk „Ein hinkender Pilger" dargelegt hat, wenn er unter diesem Stichwort auf seinen Lebensweg zurück- und vor allem nach vorne blickt. „Mit Gottes Vorsehung durch menschliche Wirrungen", dass ist unser Weg, kein Triumphzug, sondern oft ein hinkendes Wandern. Aber ein Weg zum verheißenen Ziel.
Als mir die Evangelische Fakultät der Karlsuniversität zur Feier des 75. Jahretages ihrer Gründung die Comenius-Medaille verlieh, hieß es in der laudatio: „Ecclesiae Fratrum Bohemorum theologus, totum terrarum orbem transitus, gratiam Dei cum omni fiducia docuit". (= Ein Theologe der Kirche der Böhmischen Brüder, der den ganzen Erdkreis der Länder bereist und die Gnade Gottes voller Zuversicht gelehrt hat.) Damit ist gut erfasst, um was es mir auf meinem Lebensweg gegangen ist.

Worum ging es mir in der Theologie?

Nicht allein Theologie

Mein bisheriger Lebensbericht hat gezeigt, dass es mir auf meinem Weg nicht ausschließlich um Theologie gegangen ist. Dietrich Bonhoeffer hat mir mit seinen Begriff der „Polyphonie des Lebens" aus der Seele gesprochen. Er entstammt den Briefen aus dem Gefängnis, die für viele tschechische Kollegen und mich eine theologische und menschliche Schlüsselfunktion hatten. Ein Christ muss nicht ein schmalbrüstiges, zensuriertes Leben führen. Gerade im inkarnationsmäßigen Lichte seiner christologischen Thematik ist der Theologe zu einem Leben in der „Mehrstimmigkeit" berufen. Dazu gehört die Kultur in all ihren Erscheinungsformen. Ich bereue es nicht, seit meiner Kindheit schöngeistige Literatur verschlungen zu haben, damals etwa die tschechische in der freien ersten Tschechoslowakischen Republik. Während und nach dem Krieg schrieb ich eine Reihe von Rezensionen und Essays über Literatur, Film und Theatervorstellungen. Auch die Musik hat mich angezogen, obwohl mein Klavierspiel nicht weit gediehen ist, meine Enkelinnen haben mich in dieser Hinsicht bereits überflügelt. Immerhin hat mich ein Leben lang Mozart begleitet, aber auch tschechische Musik, insbesondere diejenige Dvořáks. Als wir nach Basel kamen, besaßen wir bereits eine ansehnliche Diskothek hauptsächlich tschechischer Komponisten. In Basel selbst trug das traditionell reichhaltige Musikleben der Stadt zu unserer musikalischen Späterziehung bei, zeitweise bereichert durch Auftritte tschechischer Solisten, Kammerensembles und symphonischer Klangkörper bis hin zur Tschechischen Philharmonie. Eine besondere Freude war für uns in den letzten Jahren die Freundschaft zur Schweizer Harfenistin Ursula Holliger, die uns zu ihren nicht nur im künstlerischen Sinne reichhaltigen Hauskonzerten einlud. Sie selbst hatte ein reges Interesse an Theologie und lud Kapazitäten verschiedener Professionen in ihren Hauskreis ein.

Mein Leben lang habe ich mich für das politische Geschehen interessiert, sowohl in Zeiten eingeschränkter Möglichkeiten, wie auch in intensiver Anteilnahme am demokratischen Prozess einer Zivilgesellschaft in den USA und in der Schweiz. Falls das Barth-Wort Gültigkeit hat, ein Theologe solle täglich in der Bibel und die Zeitung lesen, dann ist die Lektüre der letzteren nie zu kurz gekommen. Und meine Liebe zum Sport habe ich in diesem Buch über Gebühr gewürdigt.

Ein vielstimmiges Leben. Aber das Bonhoeffersche Bild hat noch eine andere Dimension, die man nicht übersehen sollte. Vielstimmigkeit ist kein Durcheinander willkürlicher Stimmführungen. Ein freies und verantwortungsbewusstes Menschsein hat seinen cantus firmus, der den Reichtum menschlicher Möglichkeiten integriert. Für einen Christen heißt das vor Gott, mit Masaryk gesprochen: unter dem Blickwinkel der Ewigkeit. Und so hat sich das theologische Interesse langsam in die Mitte meiner Existenz vorgearbeitet. Damit ich nicht missverstanden werde: Die Theologie ist nicht diese Mitte, sondern sie steht nur in deren Dienst. Doch dieser Dienst erfüllte den größten Teil meines persönlichen, gesellschaftlichen und wissenschaftlichen Lebens.

Deshalb möchte ich meine autobiographischen Notizen abschließen mit einer Bilanz darüber, was mir in meiner theologischen Arbeit vorrangig am Herzen lag. Den Anstoß dazu gab mir wie gesagt meine ehemalige Prager Fakultät. In seinen Kernaussagen ist jener Vortrag vom 14. März 1995 für mich auch heute gültig. Nur einen Akzent möchte ich hinzufügen, da der Abschnitt über die Pneumatologie damals etwas zu kurz geraten ist. So entstanden die folgenden sechs Unterkapitel, die ohne biographische Einführung und unter Auslassung von zwei bis drei bereits abgehandelten Passagen eine notgedrungen unvollständige Zusammenfassung dessen bieten, um was es mir in meiner theologischen Arbeit gegangen ist.

An erster Stelle Gott

Dass die erste Aufgabe des Theologen das konzentrierte Nachdenken über die Gotteserkenntnis und das Bekenntnis seiner Wirklichkeit ist, habe ich schon zu Beginn meiner theologischen Versuche geahnt, zumal der Begriff Theo-logie an sich dies schon nahe legt. Die theistische Philosophie Tomáš G. Masaryks hat meine Überzeugung in meinen Gymnasialjahren maßgeblich geprägt. In den ersten Jahren meines Theologiestudiums im Untergrund brachte dann der energische Theozentrismus eines J.L. Hromádka heilsame Unruhe in den tschechischen Protestantismus: Biblische Frömmigkeit und Theologie können demzufolge nur im Respekt vor dem alle religiösen Ideale übersteigenden, majestätischen Willen des einzigen Herrn der Geschichte gedeihen. Das „Gott ist" war für mich und die Mehrheit meiner theologischen Freunde ein Axiom, über dessen Gültigkeit wir keine besonderen Auseinandersetzungen zu führen brauchten.
Die Nachkriegsjahre brachten in dieser Richtung eine zunächst beunruhigende, letztlich aber befreiende Erschütterung. Der langfristige Prozess einer weitreichenden Säkularisierung des Lebens in den europäischen Gesellschaften forderte zu Recht unsere Aufmerksamkeit. Im tschechischen Umfeld veränderte sich durch den gewaltsamen Umsturz vom Februar 1948 das günstige oder zumindest offene kulturelle Klima in Richtung eines militanten Atheismus. Das alles hatte seine Auswirkungen auf uns und unsere Arbeit an der Comenius-Fakultät. Wichtiger noch waren freilich die Stimmen aus dem Inneren der damaligen theologischen Situation. Einen prägenden Einfluss übte damals Dietrich Bonhoeffer auf uns aus. „Der Mensch hat gelernt, sich mit allen wichtigen Lebensfragen ohne die Arbeitshypothese: 'Gott' auseinander zu setzen … 'Gott' wird ständig aus der Welt verdrängt, er verliert an Boden…" (Widerstand und Ergebung, München 1954, S. 215f). Mit dieser Herausforderung musste sich die

Theologie auseinandersetzen. Und diese aufrüttelnden Stimmen kamen nicht nur aus anderen ökumenischen Bereichen. Wir selber versuchten in unseren konkreten Bedingungen der „veränderten Atmosphäre“ die Stirn zu bieten. Es gereicht der tschechischen Theologie zur Ehre, dass es vielfach Laien waren, die uns die Richtung wiesen: Miroslav Bula, Božena Komárková und andere. Wir folgten ihnen und setzten die Versuche zu einer „Theologie der Mündigkeit“, zu einer „zivilen Interpretation“ des Evangeliums auf die Tagesordnung, was auch in der Weltökumene gewisse Beachtung fand.

Dies hatte seine Auswirkungen auf unser zentrales Thema: Gott. Seine ehrwürdige theistische Gestalt als das Prinzip, das unangezweifelt zur herrschenden Weltanschauung gehört, die „obligatorische Gottesidee“ gleichermaßen, hatte ihre kulturell gestützte Selbstverständlichkeit verloren. Hatte das Thema Gott damit seine theologische und menschliche Relevanz eingebüßt? Weder an der Fakultät noch in unserer Kirche haben wir uns zu diesem Kurzschluss verleiten lassen. Später trafen wir in der Ökumene auf die kurzlebige Modeerscheinung der „Gott-ist-tot-Theologie“. Die Erfahrung eines vulgären Atheismus in wenig verführerischer Gestalt hat uns die Lust, auf dieser Welle zu reiten, ausgetrieben. War es im Gegenteil nicht so, dass gerade das Ende der weltanschaulich abgesicherten Gottesidee, ihre „kulturelle Heimatlosigkeit“ den Weg freimachen konnte zu einem genaueren, differenzierten Verständnis dessen, um was es eigentlich nach spezifisch biblischem Verständnis im Gottesnamen geht? Diese Frage und besonders auch die in ihr implizit enthaltene positive Antwort beschäftigten mich schon in Prag und wurde eines der Hauptthemen meiner Arbeit in Basel und in der Ökumene.

In meiner zweiten Rektoratsrede habe ich es unter Bezugnahme auf eine Äußerung von Eberhard Jüngel versuchsweise so formuliert. „Gott ist nicht notwendig, er ist mehr als notwendig.“ Damit wollte ich sagen: Der Name Gottes ist nicht in ein geschlossenes ontologisches System eingebaut, zu dem er als Anfang, Krone und Ziel notwendigerweise gehört. Der biblische Gott, der Gott Israels, der Vater unseres Herrn Jesus Christus, ist ein ganz und gar unselbstverständlicher Gott. Eine

Aura der Überraschung, des Entsetzens, aber vor allem der Freude und der Gnade umgibt ihn. Sein Wesenselement ist Freiheit. Nach biblischem Denken ist der Name Gottes untrennbar damit verbunden, dass das „Ich bin der ich bin" Israel im Rahmen des Exodus, der Herausführung aus der Knechtschaft, im Befreiungsakt des Gottesvolkes offenbart wurde. Dasselbe geschieht im Neuen Testament, wo eine der markantesten „Definitionen" Gottes so lautet: „Welcher Jesus Christus von den Toten auferweckt hat" (Röm 4, 25), die Verheißung der Freiheit also im Leben und im Tod. Helmut Gollwitzer formuliert es so: „Gott ist biblisch zentral identisch mit der Verheißung des Lebens, mit Einbruch des Lebens in die Welt des Todes" (Krummes Holz, aufrechter Gang, München 1970, S. 284).

Wie könnte die Theologie auf dieses erhabene Thema verzichten, wie sich auf akademischem Boden oder im alltäglichen Leben dafür schämen? Ich habe später im Westen solche Theologen in meiner Umgebung kennen gelernt und ihre bemühenden Anstrengungen gesehen, den Respekt gegenüber der Theologie durch Surrogate zu retten. Meine unter den Bedingungen einer totalitären Gesellschaft gemachten Erfahrungen brachten mich zu einem anderen Punkt: Wo auch immer im Leben des Einzelnen oder einer ganzen Gesellschaft Grundfragen der menschlichen Bestimmung aufbrechen, kann die biblische Perspektive in ihrem Ausgerichtet-Sein auf das Thema Gott auch heute noch ihr aufrichtendes, befreiendes Potential entfalten. Dies gilt sowohl bei der Suche nach einer auf Hoffnung begründeten personalen Identität im Leben und angesichts des Todes wie auch im sozialen Kontext durch eine grundsätzliche Infragestellung jeglichen von Einzelnen oder Institutionen gestellten obrigkeitlichen Anspruchs. Gerade wenn man auf die harten Grenzen stößt, die einem das totalitäre System setzt, eröffnet das offiziell abgehakte, ja verbotene Thema Gott vielen denkenden, engagierten Menschen Freiräume – das habe ich nie vergessen.

Vor diesem Hintergrund konnte ich vorbehaltlos jenen Sätzen zustimmen, die ich später in der Kirchlichen Dogmatik las. Karl Barth formuliert in Band II,2 fast beiläufig, aber doch programmatisch: „Die Dogmatik kann in allen ihren Teilen und Abschnitten, in ihrem Ganzen und in Einzelheiten, nichts anderes aussagen als: Gott ist.“ Und damit klar wird, dass es hier nicht nur um unser Fachwissen geht, fügt er hinzu: Wir Menschen „dürfen und müssen im Großen und Kleinen, in der Totalität unserer Existenz in der Wirklichkeit leben, die nicht nur alle und alles beleuchtet, sondern real verändert, nämlich mit dieser Wirklichkeit: Gott ist.“ (S. 288ff.) Einen von seinen Voraussetzungen her ähnlich kategorischen Satz finden wir bei Karl Jaspers: „Allein die Transcendenz ist das wirkliche Sein. Dass die Gottheit ist, ist genug. Dessen gewiss zu sein, ist das Einzige, worauf es ankommt“ (Über meine Philosophie, 1941, in: Rechenschaft und Ausblick, 1951, S. 345).

Christologische Konzentration und trinitarische Lehre

Der fundamentale Satz „Gott ist“ wurde für mich zur Voraussetzung, zum tragenden Grund, freilich nicht zum Ende meines theologischen Weges. Dieser Weg führte weiter, in vielen Windungen. Seine Grundrichtung in der Dogmatik würde ich versuchsweise mit folgendem Leitspruch umschreiben: Über die Theologie der christologischen Konzentration zur trinitarischen Theologie. Der Ausdruck „christologische Konzentration“ geht auf Karl Barth zurück und ich habe ihn mir für ein gutes Stück meines Weges angeeignet. Er wirkt wie ein theologischer terminus technicus. Dabei ist er dynamisch und vital, ja sogar politisch brisant. Ansonsten ist er nur eine Weiterentwicklung des bis heute überaus wirkungsvollen Satzes, wie er 1934 in der ersten These der Barmer Erklärung formuliert wurde: „Jesus Christus ist das eine Wort Gottes.“ Diese These hat die Christenheit angesichts jeder Versuchung, insbesondere der totalitären, zu einer klaren Grundlage und einem eindeutigen Maßstab von Glaube und Bekenntnis aufgerufen. Die Kirche darf nicht beidseitig hinken. Es gibt keine anderen frommen oder gottlosen Traditionen oder Mythen, die man dem Evangelium beifügen könnte. Das ist das Bekenntnis von Bekennern, nicht nur derjenigen in Nazi-Deutschland. Es war auch unser Bekenntnis unter zwei totalitären Systemen. Die „christologische Konzentration“ appliziert diese grundlegende Klarstellung auf den ganzen Bereich der Theologie. Man darf dies nicht mit einem wie auch immer gearteten „Christomonismus“ verwechseln, als ob sich die ganze Theologie in einer einzigen Disziplin zusammenfassen ließe. Die Christologie ist jedoch das Herzstück christlicher Theologie und es ist überaus wichtig, dass sie ihre Themen im Lichte des grundlegenden Christus-Ereignisses entwickelt, so wie es in seiner Inkarnation, seiner Lehre, seinem Kreuz und seiner Auferstehung von den Toten entfaltet wird. In dieses methodisch zentrale Postulat mündet jenes Leitwort.

Wir mussten als junge Theologen nicht erst auf einen Karl Barth warten, um uns das Programm der christologischen Konzentration anzueignen. In eine ähnliche, christologisch immer bestimmtere Richtung zielten J.L. Hromádka, aber auch andere Lehrer und spätere Kollegen an der Fakultät, namentlich J.B. Souček, an dessen Lektionen ich mich lebhaft erinnere. Dieser Lehrer sah eine ganze Reihe von Problemen bei der traditionellen neutestamentlichen Exegese, deren innere Spannungen, ja Widersprüche – und er verheimlichte uns nichts. Gleichzeitig und mehr als andere war er aber ein Denker, der in der manchmal beunruhigenden Stimmenvielfalt den apostolischen cantus firmus heraushörte: die Konzentration auf Christus. „Es ist in keinem anderen das Heil“ (Apg. 4,12) Für immer habe ich von Josef B. Souček die Gewissheit mitgenommen, dass dies kein sektiererischer Satz ist. Ja, das neutestamtentliche Bekenntnis zu Christus ist exklusiv. Aber es geht um die Exklusivität Christi: nicht um das willkürliche Prinzip der Sektiererei, sondern um die Aufforderung, dem nachzufolgen, dessen Menschlichkeit anstößig inklusiv ist und solidarisch über alle menschlichen Gräben und Grenzen hinweg. An diese überzeugende Lektion Součeks habe ich gedacht, als ich meiner ersten Rektoratsrede das Thema „Wahrheitseifer und Toleranz“ gab. Das ist kein Gegensatz, sondern ein Spannungsverhältnis auf dem inklusiven, solidarischen Weg Jesu.

Christologisch konzentriertes, dogmatisches und ethisches Arbeiten versuchte ich in der Applikation auf das ganze Themenspektrum programmatisch zu entwickeln – vor allem in den drei Bänden Dogmatik im Dialog. Hier geht es mir um das Thema Gott. Welche Konsequenzen hat die „christologische Konzentration" für die Theo-logie im engeren Sinne des Wortes? Wenn ich es recht verstehe, richtet sie unsere Aufmerksamkeit mit aller Dringlichkeit auf das Evangelium Jesu Christi aus. Willst du wissen, wer der Gott der Bibel ist, dann schaue in diese Richtung. Der christliche Gott ist kein leeres Prinzip, sondern das Wort, das Fleisch geworden ist, in diesem jüdischen Leib offenbar wurde. Und die apostolische Kirche fügt dieser Konkretisierung hinzu: „Niemand kann sagen: Herr ist Jesus, außer im heiligen Geist" (1 Kor 12, 3b). Von hier aus füllt sich jener fundamentale Satz „Gott ist" mit ausgeprägtem, unverwechselbarem Inhalt. Gott ist in Christus und im Heiligen Geist.

Das Trinitätsdogma ist weder leicht zugänglich noch „leicht verdaulich". Es erfordert sorgfältige Interpretation, was schon die alte Kirche wusste. Auch mein eigener Weg zum Verständnis der äußerst fruchtbaren Möglichkeiten dieses Dogmas war lang. Der Durchbruch zu tiefer Dankbarkeit für dieses Motiv kam dann von eher unerwarteter Seite. Die berühmte Society of Britisch Theology hatte mich zu einer Vorlesung über das Thema: „Die sozialen Implikationen der Trinitätslehre" eingeladen. Heute spricht man in der Theologie laufend darüber, z.B. im Zusammenhang mit Leonardo Boffs Befreiungstheologie. Damals im Jahre 1974 erschien der Schritt vom Dogma, das das wahrhaft überweltliche Geheimnis Gottes tangiert, zu sozial-ethischen Konsequenzen eher kurios. Dennoch gibt es zweifellos diese Konsequenzen. Und sie waren potentiell von Anfang an da. Zu Beginn der konstantinischen Ära erwies sich die Trinitätslehre als potentielle und wirkliche Bremse gegen die Versuchung, aus dem Christentum eine offizielle imperiale Ideologie zu machen. Ein „reiner" undifferenzierter Monotheismus verführte logischerweise zur Ideologie: Ein Gott, ein Kaiser, ein Reich. Und es fanden sich Theologen, die zu einer solchen Ideologisierung Hand boten.

Die Trinitätslehre jedoch ließ sich nicht so leicht missbrauchen. Das vom Trinitätsdogma ins Spiel gebrachte Beziehungsmodell ist nicht hierarchisch-autoritär. Die Beziehung von Gott-Vater, Sohn und Heiligem Geist ist nicht unterordnend, sondern – man sehe mir diesen Fachausdruck nach – perichoretisch. Einfacher gesagt: Gott ist in seinem Wesen Solidarität, ebenbürtige Liebe. Dies motiviert zu sozialen Konsequenzen. Nach Gottes Ebenbild geschaffen zu sein, verpflichtet. Hier gibt es dogmatische Impulse, die sich zwar nicht mechanisch auf den Bereich menschlicher Beziehungen übertragen lassen, die jedoch die Herzen der Bekenner eindeutig zur Glaubensbewährung in der Gemeinschaft erfinderischer Liebe hinführen.
Ein Kleinod der überreichen trinitarischen Reflexionen habe ich bei Jan Amos Komenský gefunden. Comenius war ein leidenschaftlicher Verehrer des trinitarischen Denkens. Als solcher ließ er sich sogar zu nicht sehr beweiskräftigen Spekulationen hinreißen. Allerdings hatte er tiefes Verständnis für die Intention des Dogmas. Deus non est solitarius (Gott ist nicht einsam) und weiter: Gott ist summe communicativus (äußest kommunikativ). Das ist die grundlegende Botschaft des Alten und Neuen Testaments: Der seiner Schöpfung zugeneigte Gott, der Gott des Bundes und, in letzter Konsequenz, der fleischgewordene Gott, Immanuel, Gott mit uns. Inmitten einer Welt zerbrochener Beziehungen und gestörter Kommunikation Gemeinschaft und solidarische Teilnahme zu suchen, ist für Menschen des Glaubens eine Aufforderung, die nicht nur in einzelnen biblischen Texten verankert ist, sondern im Wesen Gottes selbst.

Dynamik des Geistes

Die „Logik“ des trinitarischen Gottesbegriffs führt zur Theologie des Heiligen Geistes, zur Pneumatologie. Anders herum gesagt: die Theologie des Geistes fordert trinitarische Reflexion und Verankerung. Ich denke jedoch nicht an Logik im Sinne systematischer Folgerichtigkeit des theologischen Denkens. Ich bin zwar systematischer Theologe und weiß den anspruchsvollen, unbestechlichen Denkprozess zu schätzen. Ich kenne aber auch die Klippen und Versuchungen des Systems, die Erkenntnis des Glaubens in eine vorgegebene Konstruktion einschließen zu wollen. Dies läuft jedoch dem Geist biblischen Denkens zuwider. Deus semper major. Gottes Wahrheit übersteigt alles, was Menschen davon erfassen, und es ist gut, wenn sich ein Theologe bei jedem Schritt dessen bewusst ist. Diese überragende Dynamik von Gottes Wirklichkeit in Christus betont die Pneumatologie. Ich muss eingestehen, dass ich ihr auf einer längeren Wegstrecke wenig Aufmerksamkeit geschenkt habe. Mich hat vor allem der zweite Artikel des Glaubensbekenntnisses, die Christologie angezogen, die ich auch heute nicht hintanstellen möchte. Aber gerade die „christologische Konzentration" bewegt uns auf zwei Ziele hin: auf Gottes Schöpfung und vor allem auf seine Gegenwart und seine Zukunft. Christus praesens, der vergegenwärtigte Christus, gehört zentral zur Sendung des Heiligen Geistes. Gerade für einen Theologen ist dies besonders wichtig: Wir studieren unser Fach Theologie, dessen Disziplinen, Kapitel und Teile. Gerade hier verbirgt sich das Missverständnis, das Evangelium sei ein „Forschungsgegenstand". Es ist „Gottes Kraft zum Heil" (Röm 1,16). Dieses Verständnis lässt uns die biblische Botschaft vom Heiligen Geist gründlicher wahrnehmen.

Auf diesem Wege haben mir evangelikale und charismatische Doktoranden in Basel geholfen, besonders der amerikanische Charismatiker Frank Macchia, der seiner Denomination Assemblies of God die Treue wahrend, das Zungenreden ohne jegliche sektiererische Beschränkung auf dieses Thema interpretiert. Dabei denkt er im ökumenischen Horizont, der die höchste Gabe, das Charisma der Liebe Christi über alle Charismata stellt: „Und ich zeige euch einen noch weit trefflicheren Weg" (1 Kor 12, 31).

Eine pneumatologische Schlüsselstelle ist für mich das achte Kapitel des Römerbriefs geworden. Hier schildert Paulus offen die Nöte unseres Christseins, die Nöte der Theologie, konkret die Armseligkeit unseres Lebens vor Gott, unsere Not im Gebet. „Denn wir wissen nicht, was wir beten sollen" (Vers

26). Wir sind alle der Sünde ins Netz gegangen, leben in der Welt der Sünde (Röm 3, 10f). Der Christ und vor allem der Theologe dürfen diese Not nie außer Acht lassen. Doch diese paulinische Mahnung zur Nüchternheit ist nicht sein letztes Wort. Gerade dort, wo wir uns keinen Illusionen über uns selber hingeben, dürfen wir hören, dass der Geist „unserer Schwachheit zu Hilfe kommt" (Röm 8, 26). Das christliche Leben und das christliche Denken sind nicht bloß ein Spiel von Begriffen, kein „Schattenboxen" (1 Kor 9,26). Wir leben in unserer ganzen unverhüllten Not unter dem Zuspruch des Geistes. „Ebendieser Geist bezeugt samt unsrem Geiste, dass wir Kinder Gottes sind. Sind wir aber Kinder, so sind wir auch Erben, nämlich Erben Gottes und Miterben Christi" (Röm 8, 16–17a). In dieser Zusage liegen der innere Grund der christlichen Existenz und auch die Schönheit der christlichen Theologie.

Die Theologie des Geistes lässt sich freilich nicht nur zur eigenen Ergötzung und Erweckung entwickeln. Gewiss ist auch dies eine kostbare Gabe, aber der Geist weht weiter als nur in unser Inneres. Das achte Kapitel des Römerbriefs, das so innig von unserer persönlichen Situation spricht, öffnet im selben Augenblick und unteilbar den Horizont der Not und der Zuversicht der Schöpfung. „Die Sehnsucht des Geschaffenen wartet … Wir wissen, dass alles Geschaffene insgesamt seufzt und sich schmerzlich ängstigt bis jetzt" (Röm 8, 19,22). Wir sitzen alle bei Gott auf der Anklagebank, aber auch im Rettungsboot der gemeinsamen Hoffnung. Die Theologie des Geistes betrifft unser intimes Leben vor Gott, erweckt aber auch zur Solidarität mit dem Nächsten, ob er nun nah ist, innerhalb der Kirche oder fern. Der Zuspruch der Freiheit des Geistes führt uns nicht nur nach innen, zum Gebet und zur Konzentration auf Gottes Wahrheit, sondern unteilbar auch nach außen, zur Anteilnahme an der Not und den Perspektiven der Schöpfung. Gerade die Pneumatologie hat ihre ethische, ja ihre ökologische Dimension. Nicht nur aufgrund zeitlich bedingter Initiativen, sondern aus den tiefsten Gründen des Glaubens beschäftigen uns die brennendsten Fragen der bedrohten Menschheit und Schöpfung.

Dialog und Doxologie

Das Nachdenken über das trinitarische Wesen Gottes und die Strategien des Geistes, welche die innersten und die universellen Dimensionen des Glaubens miteinander verbinden, hatten für mich auch Konsequenzen bei meinen Überlegungen zu einer angemessenen Methode der Theologie. Ich muss zugeben, dass mich methodologische Fragen nicht allzu sehr interessierten; mir waren die Theologen fremd, deren vorrangige Aufmerksamkeit in eben diese Richtung ging, so dass sie Schwierigkeiten hatten, zu den eigentlichen Inhalten der Theologie vorzudringen. Dass die Theologie kein mutwilliger und zufälliger Prozess ist und es auch nicht sein kann, sondern ein Weg, also eine Methode, die ihre Ordnung und ihren Charakter hat, war mir klar. Wenn ich es in zwei Begriffe fassen müsste, was das für mich konkreter bedeutet, so würde ich die beiden Begriffe „Dialog“ und „Doxologie“ verwenden.

Der Begriff „Dialog“ ist für mich zunächst in eine ganz bestimmte geschichtliche Situation eingebettet. Ich denke an die Atmosphäre des realsozialistischen Systems in den Sechzigerjahren. Die Theologie wurde durch die offizielle Ideologie in ein gesellschaftliches Ghetto gedrängt. Uns war ein akademisches Kämmerlein zugewiesen, wo wir hinter J.L. Hromádkas breitem Rücken einigermaßen toleriert waren. Das Überschreiten der Einfriedung dieses Kämmerleins, die Kontaktaufnahme mit Strömungen und Menschen anderer Fakultäten und anderer Ausrichtungen galt als feindseliger Akt und wurde mit Sanktionen geahndet. Eine ihrer Sache treu ergebene Theologie konnte sich damit nicht abfinden. Wir suchten den Kontakt und fanden ihn auch innerhalb der neuen Generation dialogisch denkender Marxisten. Über deren Protagonisten und den Verlauf des Dialogs mit ihnen habe ich schon berichtet. Ich weiß, dass mit dem zeitlichen Abstand viele diese Versuche kritisch betrachten und sie wie die ganze Bewegung des Jahres 1968 mitleidig belächeln. Für uns war und bleibt es ein prägendes Erlebnis, die bürgerliche Erfahrung gemacht zu haben, nicht nur Objekt, sondern ziviles Subjekt des politischen Geschehens zu sein, und bestätigt zu bekommen, dass die Theologie und ihre Themen auch in einem feindseligen säkularisierten Umfeld gesellschaftlich relevant sein können. „Dialog“ ist freilich nicht nur ein Instrument der theologischen Orientierung nach außen, sondern auch der inneren Orientierung der theologischen Arbeit. Die typische Wesensart des biblischen Zeugnisses ist dialogisch. Gottes Offenbarung ist keine mechanische Angelegenheit, kein Meteor, der vom Himmel fällt, sondern persönliche Anrede, ein Wort, das „unter uns wohnte“ (Joh 1,14). Es entspricht dem Charakter dessen, der summe communicativus ist. Das gilt sekundär auch von der technischen Seite des Dogmas und der dogmatischen Arbeit, angefangen bei den klassischen Dogmen der alten Kirchen bis hin zu den (einige Stufen niedriger anzusiedelnden) heutigen ökumenischen Versuchen, den Glauben zu artikulieren. Es geht immer um einen dialogischen, kommunikativen Prozess, gefärbt und erschwert durch Allzumenschliches bei den Teilnehmenden, aber doch in der Hoffnung initiiert, dass es „dem Heiligen Geist und uns gut schien“ (Apg 15,28), wie es schon bei den ersten apostolischen Verhandlungen geheißen hat. Der Heilige Geist scheint mir kein Freund von Monologen zu sein.

Aus diesem Grund habe ich nach meiner Ankunft in Basel viel Energie in den Versuch einer „Dogmatik im Dialog“ investiert, dessen anregende aber auch unbefriedigenden Seiten ich oben beschrieben habe.

Es war diese letztlich ambivalente Erfahrung, die meine in Ansätzen schon vorhandene Überzeugung gefestigt hat, dass der Dialog nicht das einzige Element theologischer Arbeit sein kann. Das andere, innere, ja konstitutive Element, das doxologische Element, kommt vom Gebet her. Pectus facit theologum – das Herz macht den Theologen aus. Unkritisch übernommen führt dieser Satz in die Irre und suggeriert, dass Frömmigkeit an sich schon Theologie schafft. Theologie ist Denken des Glaubens, d.h. ein Denken, das genauso anspruchsvoll ist wie die gedankliche Arbeit anderer Fakultäten. Es geht allerdings um ein Denken, dass seinem Gegenstand angemessen ist. Wenn der „Gegenstand der Theologie“ Gott in seinem Christus-Ereignis ist, dann kann das Denken des Theologen in seinem Wesen nicht abstrakt, nicht neutral sein, sondern hat eine doxologische, d.h. adorative Dimension. Das Gebet gehört zu den Voraussetzungen und Begleitern der theologischen Arbeit. Gottes Zuwendung zum Menschen ruft beim Menschen Zuneigung zu Gott, Gotteslob aus den Höhen und Niederungen unseres Lebens hervor. Es war kein Zufall, dass ich meine kleine theologische Trilogie, die Auslegung der grundlegenden Katechismustexte, nach der Erklärung des Dekalogs und des Apostolischen Glaubensbekenntnisses mit dem Unservaterband abgeschlossen habe. In dieser Würdigung des Herrengebets ging es mir nicht nur um einen Aufruf zur praxis pietatis, auch wenn diese einem Theologen gut anstehen würde. Vielmehr ging es mir um die Klärung des ureigensten Wesens der Theologie als Wissenschaft. Seit den Kirchenvätern wird der Grundsatz Lex orandi – lex credendi oft in Erinnerung gerufen: Das Gesetz des Betens ist das Gesetz des Glaubens. In erweiterter Form gilt dasselbe für das Gesetz der theologischen Lehre, ja sogar für das Gesetz des Lebens, die lex docendi und die lex vivendi. Und hier behaupte ich: die ureigenste Unruhe theologischen Denkens ist doxologisch. Wir können die klassischen dogmatischen Texte, konkret das Trinitätsdogma und gleicherweise das christologische Dogma nicht verstehen, wenn wir deren Formulierungen statisch und beschreibend auffassen. Sie erschließen sich uns erst, wenn wir sie als Texte verstehen, die in ihrem Wesen aus der Bewegung eines dankbaren, Dank sagenden Glaubens über sich hinaus weisen. Lesen wir dazu Texte von Denkern wie Augustin oder Anselm von Canterbury oder besser noch: der Reformatoren. Sie sind das Ergebnis disziplinierter denkerischer Arbeit, gleichzeitig aber auch Texte, deren tragendes Element Staunen und Lob über Gottes Gnade und Wahrheit ist. Zu Recht spricht man in der heutigen ökumenischen Theologie über die „doxologische Struktur des Dogmas“ (E. Schlink).

Was für das Denken Gültigkeit hat, gilt auch für das Leben. Aus den „apokryphen“ Äußerungen Karl Barths erinnere ich mich gerne an den Satz: „Die Hände zum Gebet falten ist der Anfang der Auflehnung gegen die Unordnungen der Welt.“

Dieser Satz verdient Aufmerksamkeit wegen seiner beiden Glieder, hauptsächlich aber wegen der unteilbaren Verbindung derselben. Es ist nötig und gut, die Hände zum Gebet zu falten. Dieser Anfang und Begleiter des Denkens des Glaubens hat seine unveräußerliche Würde, aber eben nicht als Selbstzweck oder Ausweichbewegung. Der Anfang hat seine Fortsetzung und diese zielt auf den Areopag, auf Dialog und auf Zusammenarbeit mit nahen und fernen Menschen im Bemühen um die „Verbesserung der menschlichen Dinge“. Die doxologische Bewegung der Theologie hat ihre dialogische, kirchliche und bürgerliche Dimension.

Kirche und Universität

Ich komme zu einer Frage, die mich schon durch die biographischen Begleitumstände auf meinem theologischen Pilgerweg beschäftigte, eine Frage, die, scheinbar sekundär, eher praktischer Art, für mich dennoch grundlegend ist – die Frage nach der sozialen Grundlage, der zwischenmenschlichen Heimat der Theologie. Welcher Gemeinschaft sind wir in unserer Arbeit vor allem verpflichtet? Auf diese Frage möchte ich ohne zu zögern antworten. Der Ort, wo Theologie sich zu bewähren hat, ist die Kirche. Aber nicht ausschließlich. Die Sache der Theologie hat eine universelle, nicht nur eine ekklesiale Dimension. Dennoch ist die Heimat der Theologie, der Ort ihrer Bewährung, in erster Linie und unzweifelhaft die Kirche. Diese Überzeugung hat mich von den Anfängen meines theologischen Weges in der guten Tradition der Böhmischen Brüder bis heute immer getragen. Der theologische Dienst war mit unseren Gemeinden verbunden. Eine grundlegende, nicht nur theologische, sondern elementar menschliche Loyalität gehörte ihnen, vor allem in Zeiten der Bedrohung durch den totalitären Druck, der während meines Studiums und Wirkens in der Heimat eigentlich immer vorhanden war. Diese elementare Solidarität mit der Kirche und ihren Gemeinden haben meine theologischen Lehrer und Kollegen eindeutig praktiziert. Sämtliche Lehrer sowohl in den Kursen des Synodalrates während des Krieges als auch später an der Comenius-Fakultät waren gänzlich mit der Kirche verbunden. In Schottland war es nicht anders, doch im Ausland begegnete ich auch Theologen, die am Rand der Kirche lebten und darüber war ich erstaunt. Die rein akademische Karriere eines Theologen ist zwar offensichtlich möglich, für mich aber keineswegs über jeden Zweifel erhaben, zumal sie auf diese Weise einer Dimension entbehrt, die nicht nur soziologisch, sondern wesensmäßig zur Theologie gehört. Gemäß einer halbwegs passablen Definition ist die Theologie eine Funktion der Kirche. Welchen Erfahrungsschatz aus den Gemeinden einer diskriminierten, unterdrückten aber in jenen schwierigen Zeiten trotz allem lebendigen Kirche konnte ich in der Schweiz und in der Ökumene einbringen, und welche Hilfe war er mir auch unter den neuen Bedingungen! Die unerwartet spontane Aufnahme in den Schweizer Kirchen hing offensichtlich damit zusammen, dass es mir auch in der Schweiz um die Verbindung mit konkreten Gemeinden ging, was bald offenkundig war. So stand und steht für mich außer Zweifel, dass die Heimat der Theologie die Kirche ist.

Zur zweiten Heimat wurde mir die Universität. Solange ich in Prag lebte, war die Universität in der totalitären politischen Struktur außer Reichweite. Institutionell haben wir sie unter dem Diktat der damals herrschenden Ideologie auch nicht vermisst. Was wir vermissten, war die breitere Möglichkeit des Austauschs und der Kommunikation mit Lehrern und Studierenden der übrigen Fakultäten und wir haben uns von Mensch zu Mensch darum bemüht, den uns umgebenden Panzer zu durchbrechen. Dass der Gedanke der universitas literarum einem Theologen nicht nur aus historischen Gründen teuer ist, wussten wir freilich. Deshalb habe ich die Berufung an die Basler Universität von Anfang an als neue und doch klassische theologische Herausforderung aufgefasst. Der Gedanke eines Dialogs mit anderen Fächern war eine faszinierende Möglichkeit und ich suchte sie nicht erst und nicht nur während meines Rektorats möglichst gut auszunützen, damals jedoch besonders intensiv. Die Voraussetzungen dazu wurzelten bei mir im lebendigen Erbe des tschechischen Denkens und seiner Lehrer, im Hus'schen Motiv der tschechischen Reformation, in der Treue zur Wahrheit, die der Wissenschaft und den Wissenschaftlern die letzte Weihe gibt; im oft überhörten Aufruf Komenskýs an die Wissenschaften, untereinander zu kommunizieren; aber auch in der Betonung der Souveränität der Wahrheit bei Rádl und Patočka, später auch bei Jaspers – das alles wurde für mich im unerwartet aktuellen Kontext des akademischen Amtes mit seinen für mich ungeahnten Möglichkeiten zu einer verpflichtenden Herausforderung und Hilfe.

Die Universität wurde mir also zur zweiten Heimat. Deshalb ziehe ich die Schlussfolgerung: Kirche und Universität sind für die Theologie keine falsche Alternative im ausschließenden Sinn eines Entweder–Oder. Beide bieten legitimen Raum für die theologische Arbeit. Im konkreten Kontext kann man allerdings Prioritäten setzen. Meine Wahl wurde im Bild der „ersten" und der „zweiten" Heimat der Theologie angedeutet.

Ich möchte ein Bild gebrauchen. Mein älterer Sohn Tomáš ist als Archäologe Fachmann für antike Statuen, bei deren typischen Grundstellung zwischen einem Standbein und einem Spielbein unterschieden wird. So würde ich – eine gewisse Unbeholfenheit des gewählten Bildes sei mir verziehen – die Kirche als das Bein bezeichnen, auf dem die Theologie steht,

Während eines Gottesdienstes in Jihlava

und die akademische Gemeinde als das Bein, mit dem sie spielt. Beide sind für die theologische Pilgerfahrt notwendig. Ebenso das Spiel. Nicht nur im wörtlichen Sinn. Ich denke an das Spiel der Erkenntnis, des Suchens nach Weisheit, den Wettstreit derer, die sich aus verschiedenen Perspektiven um Erkenntnis bemühen. Auch das gehört zur Theologie. Deshalb ist die Universität, ihre zweite Heimat, eine so willkommene und wertvolle Chance, falls man es nicht unterlässt, sie in der Freiheit der Kinder Gottes engagiert zu nutzen. Und dieses Spiel der Erkenntnis wird das Wohl der Theologie und der Theologen fördern, außer wenn sie die Basis schwächen, mit der die Theologie steht und fällt, nämlich die Kirche, die communio sanctorum.

Status mundi renovabitur

Ich kann diesen Rechenschaftsbericht über meinen theologischen Weg nicht ohne einen Schlussakord der Hoffnung abschließen. In Amedeo Molnárs Aufsatz „Die eschatologische Hoffnung der tschechischen Reformation" bin ich schon vor langer Zeit auf einen unscheinbaren Satz von Jan Želivský aus dem Jahre 1419 gestoßen: status mundi renovabitur (Der Stand der Welt wird erneuert.) Wie oft habe ich diesen Satz in meiner theologischen Arbeit zitiert! In meinem letzten englischen Buch „Zeal for Truth and Tolerance" (1996) versuchte ich diese ökumenische Aktualität der tschechischen Reformation gerade in ihrer eschatologischen Dimension auszulegen. Die christliche Hoffnung geht nicht mit günstigen Umständen einher, sie ist kein Abklatsch optimistischer Stimmungen. Sie ist offenkundig tiefer verankert, nämlich in der Ostererfahrung der Kirche, im Glauben an ihre eschatologische Gültigkeit. Diesen Glauben hat unsere Reformation ausdrucksvoll gelebt. Und es gelang ihr, ihn nicht nur auf den Einzelnen im Angesicht des Todes zu beziehen, sondern auch auf Kirche und Gesellschaft. Von Jan Milíč von Kroměříž über Comenius wurden vielstimmige Initiativen der Hoffnung ergriffen. Gerade Comenius hat mich im Rahmen meiner Aufgaben an der Universität in den letzten Jahren besonders angesprochen. In Anknüpfung an die vorhin angedeuteten Überlegungen über

Kirche und Universität, die erste und zweite Heimat der Theologie, hat die eschatologisch verankerte, auf gute und schlechte Zeiten ausgerichtete Hoffnung Comenius, den treuen Sohn seiner „sterbenden Mutter“ Brüderunität und universalen Lehrer, zu einem Programm und Versuch der „Verbesserung der menschlichen Angelegenheiten“ in dialogisch-doxologischer Dynamik von außerordentlicher Tiefe und Weite hingeführt. Ihm auf diesem Wege nachzufolgen, dazu sind wir Theologen an unseren manchmal bescheidenen und vielleicht einsamen Orten durch die uns anvertraute Sache, die Dynamik des Evangeliums, aufgerufen. „Der Stand der Welt wird erneuert.“ Diese Parole hat in der harten Zeit der totalitären Diskriminierung getragen. Sie trägt aber auch in der „weicheren“ Zeit der postmodernen Unübersichtlichkeit. Der Satz ist in beiden Teilen wegweisend. Er fordert mit seinem status mundi unsere Theologie heraus, sich in wacher Zeitgenossenschaft nicht bloß individuell und kirchlich, sondern auch auch sozial und politisch auf den Areopagen unserer mannigfaltig bedrohten Welt zu engagieren. Zugleich legt er mit seinem renovabitur für ein solches Engagement den Horizont der Verheißung frei, welche, in Gott und seinem Reich begründet, in allen Brüchen unseres persönlichen und gemeinsamen Lebens uns dennoch hoffen lässt. Dieses plus ultra der Hoffnung ist und bleibt das ceterum autem meines – nicht nur theologischen – Lebenslaufs.

Auswahl-Bibliographie

- Die Bedeutung geschichtlicher Ereignisse für ethische Entscheidungen, Zürich 1963 (auch tschechisch und englisch);
- Herrschaft Christi in der säkularisierten Welt, Zürich 1970 (auch englisch);
- Perspektiven politischer Theologie, Zürich 1971;
- Christus oder Prometheus? Die Kernfrage des christlich-marxistischen Dialogs und die Christologie, Hamburg 1972 (auch französisch, italienisch, koreanisch, englisch);
- Das radikale Erbe – Versuch einer theologischen Orientierung in Ost und West, Zürich 1972;
- Dogmatik in Dialog (mit Fritz Buri und Heinrich Ott): 1. Die Kirche und die letzten Dinge, Gütersloh 1972; 2. Theologie – Offenbarung – Gotteserkenntnis, Gütersloh 1974; 3. Schöpfung und Erlösung, Gütersloh 1976;
- Trägt oder trügt die christliche Hoffnung?, Zürich 1974;
- Marx begegnen: Was Christen und Marxisten eint und trennt? Gütersloh 1975; (auch englisch, holländisch);
- Gottesrecht und Menschenrechte (mit Jürgen Moltmann), Neukirchen/Vluyn 1976 (auch englisch);
- Versöhnung und Befreiung: Absage an ein eindimesionales Heilsverständnis, Gütersloh 1977 (auch englisch, niederländisch, koreanisch);
- Wegweisung der Freiheit: Abriss der Ethik in der Perspektive des Dekalogs, Gütersloh 1979, neu Stuttgart 1995, (auch englisch, holländisch, italienisch, französisch, koreanisch, japanisch, ungarisch, tschechisch);
- Die begründete Hoffnung: Gottes Leiden im menschlichen Ringen, Basel 1980 (auch koreanisch, englisch);
- Wahrheitseifer und Toleranz (Rektoratsrede), Basel 1981, (auch englisch, tschechisch);

- Reich, Kraft und Herrlichkeit, München 1981 (auch englisch, holländisch);
- Das Glaubensbekenntnis: Grundriss der Dogmatik im Anschluss an das Credo, Gütersloh 1982 (auch englisch, koreanisch, japanisch, ungarisch, tschechisch);
- Vom Sinn der Feste, Basel 1982 (auch koreanisch, tschechisch);
- Comenius, Freiburg/Hamburg 1982 (auch französisch);
- Im Namen Gottes des Allmächtigen! (Rektoratsrede), Basel 1982;
- Unser Vater: Auslegung des Vaterunsers, Gütersloh 1988 (auch englisch, japanisch, koreanisch, ungarisch, tschechisch).

Die Bibliographie von J.M. Lochman für die Jahre 1942–1960 ist erschienen in Theologická příloha Křesťanské revue XXVII (Praha 1960), 155–157; für die Jahre 1961–1991 in: Theologische Zeitschrift Jg. 48, Basel 1992, 187–206.

Register

Register: zusammengestellt von Rudolf Bohren